全国技工院校新能源汽车检测与维修专业教材
（中／高级技能层级）

国家级职业教育规划教材
人力资源和社会保障部职业能力建设司推荐

新能源汽车底盘检测与维修

人力资源社会保障部教材办公室　组织编写

主　编　刘　亮
副主编　刘　锋

中国劳动社会保障出版社

简介

本书主要内容包括新能源汽车底盘总体结构认知、传动系统的检修、换挡控制系统的检修、转向系统的检修、行驶系统的检修、制动系统的检修。

本书内容丰富、通俗易懂、实用性强，适用于全国技工院校或职业院校新能源汽车检测与维修专业的教学使用，也可作为新能源汽车技术人员培训教材及参考用书。

本书由刘亮任主编，刘锋任副主编，施保连、冯凯骏、韦利、王慧、董城参与编写，许云珍任主审。

图书在版编目（CIP）数据

新能源汽车底盘检测与维修 / 刘亮主编. -- 北京：中国劳动社会保障出版社，2024
全国技工院校新能源汽车检测与维修专业教材：中 / 高级技能层级
ISBN 978-7-5167-6219-6

Ⅰ. ①新⋯ Ⅱ. ①刘⋯ Ⅲ. ①新能源－汽车－底盘－车辆检修－技工学校－教材
Ⅳ. ①U469.707

中国国家版本馆 CIP 数据核字（2024）第 043914 号

中国劳动社会保障出版社出版发行

（北京市惠新东街 1 号 邮政编码：100029）

*

北京宏伟双华印刷有限公司印刷装订 新华书店经销

787 毫米 ×1092 毫米 16 开本 14.75 印张 262 千字

2024 年 4 月第 1 版 2024 年 7 月第 2 次印刷

定价：35.00 元

营销中心电话：400-606-6496

出版社网址：http://www.class.com.cn

http://jg.class.com.cn

前 言

PREFACE

2012 年 6 月，国务院颁布《节能与新能源汽车产业发展规划（2012—2020 年）》，其中对新能源汽车进行了定义：新能源汽车是指采用新型动力系统，完全或主要依靠新型能源驱动的汽车，本规划所指新能源汽车主要包括纯电动汽车、插电式混合动力汽车及燃料电池汽车。

随着国家不断推动新能源汽车的发展，目前我国新能源汽车保有量已经突破百万，成为新能源汽车产销量第一的国家。

相对于传统汽车而言，新能源汽车大量使用高压电，这对维护和维修工作提出了更高的要求。为了满足全国技工院校新能源汽车检测与维修专业的教学需求，人力资源社会保障部教材办公室组织有关学校的骨干教师和行业、企业专家，在充分调研企业生产和学校教学情况的基础上，开发了本套新能源汽车检测与维修专业教材。

教材体系

新能源汽车检测与维修专业核心课教材：

- 新能源汽车概论
- 新能源汽车高压电安全
- 新能源汽车维护
- 混合动力汽车发动机检测与维修
- 新能源汽车底盘检测与维修
- 新能源汽车电气检测与维修
- 新能源汽车电池与管理系统检测与维修
- 新能源汽车充电系统检测与维修
- 新能源汽车驱动电机系统检测与维修
- 新能源汽车空调检测与维修
- 新能源汽车故障诊断与排除
- 新能源汽车车载网络系统检修

新能源汽车检测与维修专业基础课教材：

- 汽车机械识图
- 汽车机械基础
- 汽车电工电子技术基础
- 汽车文化
- 钳工与焊工实训

编写特色

◆ 紧贴企业实际情况　通过行业、企业调研，掌握企业对新能源汽车检测与维修专业人才的岗位需求和技能要求，确定人才培养目标（中级 / 高级），构建科学合理的课程体系。根据课程教学目标，合理确定学生应具备的知识与能力结构；充分考虑企业生产实际，选择当前市面上广泛使用的新能源车型进行教学。

◆ 体现行业技术发展　根据相关专业领域的最新发展，在教材中充实新知识、新技术、新设备、新材料等方面的内容，体现教材的先进性。采用最新的国家技术标准，使教材内容更加科学和规范。

◆ 符合学生阅读习惯　在教材内容的呈现形式上，较多地利用实物照片和表格等形式将知识点生动地展示出来，力求让学生更直观地理解和掌握所学内容。部分教材采用四色印刷，图文并茂，增强了教材内容的表现效果。

教学服务

本套教材配有习题册和方便教师上课使用的多媒体电子课件等教学资源，可以通过技工教育网（http://jg.class.com.cn）下载。另外，在部分教材中针对教学重点和难点制作了微视频等多媒体资源，学生使用移动终端扫描二维码即可在线观看相应内容。

致谢

本次教材编写工作得到了北京、黑龙江、辽宁、江苏、浙江、湖南、山东、山西、福建、广东、广西等省、自治区、直辖市人力资源社会保障厅及有关院校的大力支持，以及深圳市信力达机电科技有限公司的协助，在此我们表示诚挚的谢意。

人力资源社会保障部教材办公室

2020 年 6 月

目录
CONTENTS

模块一
新能源汽车底盘总体结构认知

课题一 | 新能源汽车底盘的组成

学习目标

1. 掌握汽车底盘的组成。
2. 掌握底盘各系统的结构组成和分类。
3. 掌握新能源汽车底盘和传统汽车底盘的区别。
4. 能正确区分不同类型的底盘结构。

●任务描述

某4S店准备上市一款纯电动车型，该新能源汽车底盘和传统汽车底盘略有不同，需要对新车的相关技术特点进行培训，小张接到的是底盘部分的培训任务，该如何进行培训？

任务分析

新能源汽车底盘与传统汽车底盘略有不同，其中传动系统变化较大，整体结构得以简化，车辆由驱动电机直接驱动，因此离合器、变速器等部件被取消或被替代。行驶系统基本上沿用传统汽车的结构和技术，但不同的厂家之间略有差异。转向系统最大的特点是统一采用电动助力转向。制动系统的整体结构依旧沿用传统汽车的，不同之处在于产生制动助力的真空由独立的电动真空泵产生。

相关理论

一、传统汽车底盘的组成

传统汽车底盘主要由传动系统、行驶系统、转向系统和制动系统四大部分组成，其主要作用是支承、安装汽车发动机及其各部件、总成，并接受发动机的动力，使汽车产生运动，保证正常行驶。

1. 传动系统

传动系统一般由离合器、变速器、万向传动装置、主减速器、差速器和半轴等组成。汽车发动机所发出的动力靠传动系统传递到驱动车轮。传动系统具有变速、倒车、中断动力、轮间差速和轴间差速等功能，与发动机配合工作，能保证汽车在各种工况条件下正常行驶，并具有良好的动力性和经济性。

（1）传动系统的种类和组成

传动系统按能量传递方式不同，分为机械传动、液力传动、电传动等。

1）机械传动系统的组成

传统的发动机多数纵向或横向安装在汽车前部，发动机发出的动力经离合器、变速器、万向传动装置传到驱动桥，如图 1-1-1 所示。万向传动装置是用来在工作过程中连接不在同一直线上的变速器输出轴和主减速器输入轴的，并保证在两轴之间的夹角和距离经常变化的情况下，仍能可靠地传递动力，其由万向节、传动轴和中间支承组成。在驱动桥处，动力经过主减速器、差速器和半轴传给驱动车轮，如果发动机的布置方式是前置、纵置，则为前桥驱动，变速器和主减速器连在一起，省略了万向传动装置。

2）液力传动系统的组成

液力传动系统是利用液体介质在主动元件和从动元件之间循环流动过程中动能的变化来传递动力。在液力传动装置中串联一个有级式机械变速器，这样的传动称为液力机械传动，如图 1-1-2 所示。

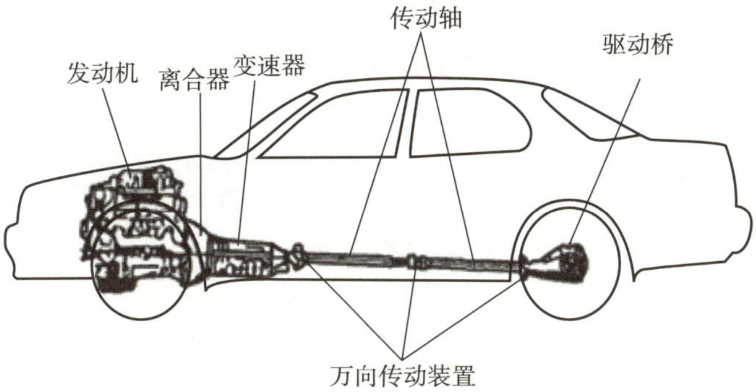

图 1-1-1 机械传动系统的组成

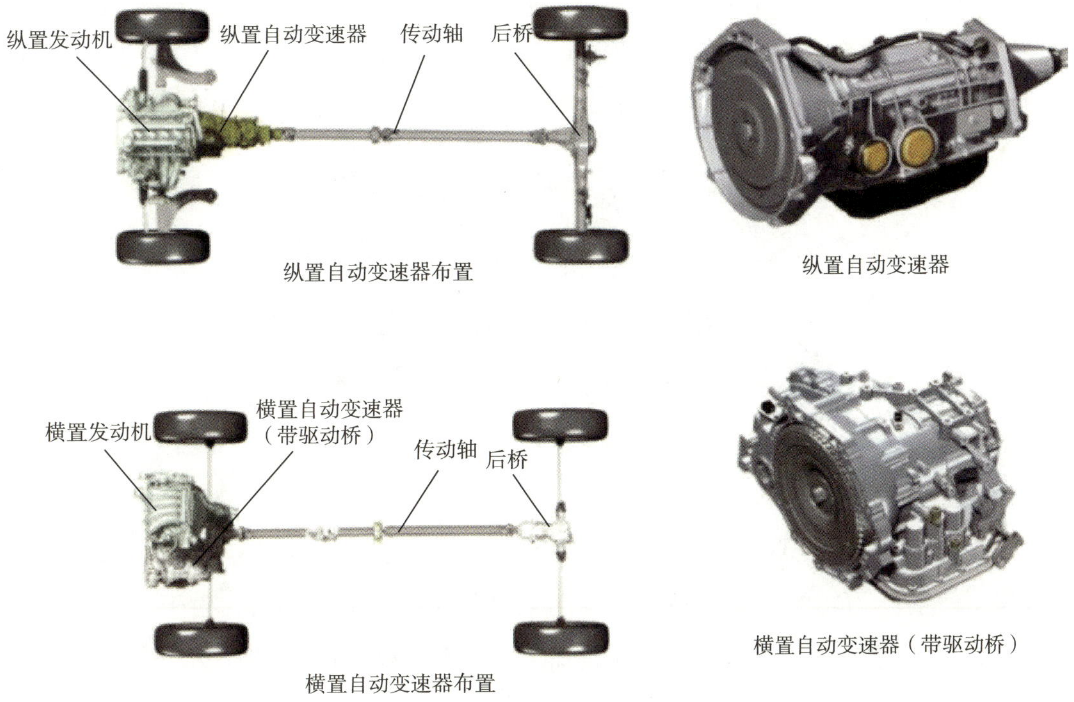

图 1-1-2 液力机械传动系统的组成

（2）传动系统的布置形式

机械传动系统常见的布置形式主要与发动机的位置及汽车的驱动形式有关。

1）前置后驱（FR）

发动机前置、后轮驱动是一种传统的布置形式，国内外的大多数货车、部分轿车和部分客车均采用这种形式。它是前轮转向、后轮驱动，发动机输出动力通过离合器、变速器、传动轴输送到驱动桥上，减速增扭后再传送到后面的左、右半轴上，驱动后轮使汽车运行，转向与驱动分开，载荷分布比较均匀，如图 1-1-3 所示。

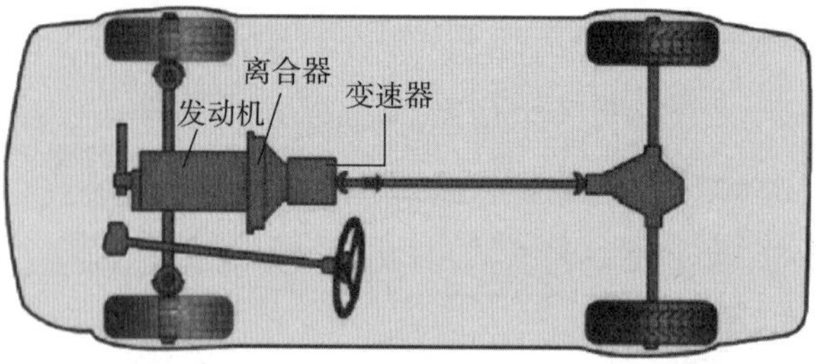

图 1-1-3　前置后驱布置形式

2）后置后驱（RR）

在大型客车上多采用发动机后置、后轮驱动布置形式，少量微型、轻型轿车也采用这种形式，如图 1-1-4 所示。发动机后置使前轴不易过载，并能充分地利用车厢面积，还可有效地降低车身底板的高度或充分利用汽车中部底板下的空间安置行李，也有利于减轻发动机的高温和噪声对驾驶人的影响。这种布置的缺点是发动机散热条件差，行驶中的某些故障不易被驾驶人察觉，远距离操纵使操纵机构复杂、维修不便。

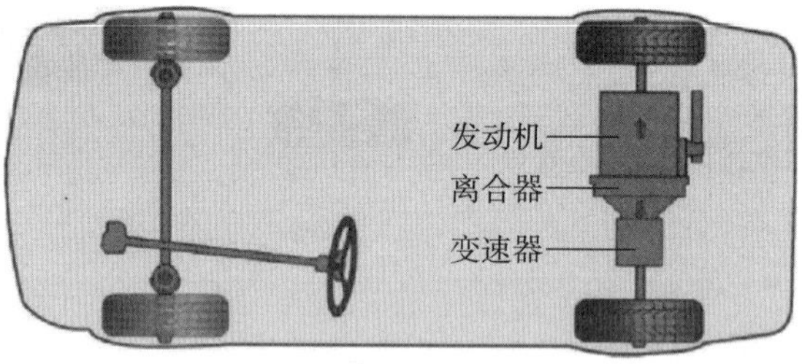

图 1-1-4　后置后驱布置形式

3）前置前驱（FF）

发动机前置、前轮驱动形式操纵机构简单、发动机散热条件好，但上坡时汽车质量后移，使前驱动轮的附着力减小，驱动轮易打滑；下坡制动时，由于汽车质量前移，前轮负荷过重，高速时易发生翻车现象。现在大多数轿车均采取这种布置形式，如图 1-1-5 所示。

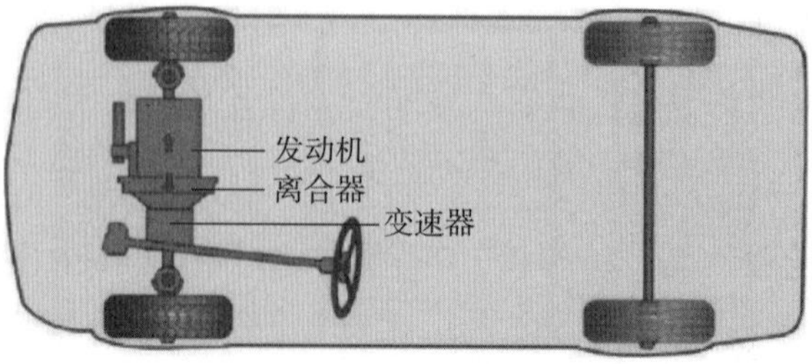

图 1-1-5　前置前驱布置形式

4）四轮驱动（4WD）

四轮驱动是发动机前置，在变速器后装有分动器将动力传递到全部车轮上，如图 1-1-6 所示。四轮驱动一般用在 SUV 上，很多中高档轿车和豪华跑车也采用了该配置。四轮驱动系统最显著的特征是具有分动器，通过分动器将发动机的动力按需分配给前轮轴和后轮轴。同时，根据四轮驱动力分配情况，四轮驱动又分为分时四驱、全时四驱和适时驱动。

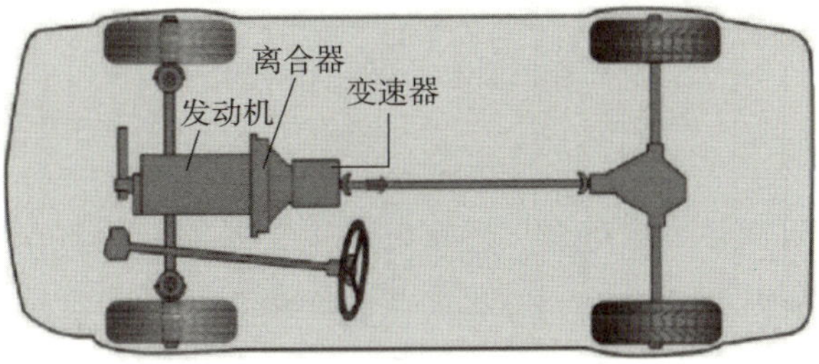

图 1-1-6 四轮驱动布置形式

2. 行驶系统

汽车行驶系统将汽车各总成、部件安装在适当的位置，对全车起支承作用和对路面起附着作用，缓和道路冲击和振动，以保证汽车的正常行驶。同时，行驶系统与转向系统配合，保证汽车操纵稳定性。汽车行驶系统通常由车架、车桥、车轮和悬架等组成。

（1）车架

车架是汽车的基体，发动机、变速器、传动机构、操纵机构、车身等总成和部件都安装于车架上，如图 1-1-7 所示。

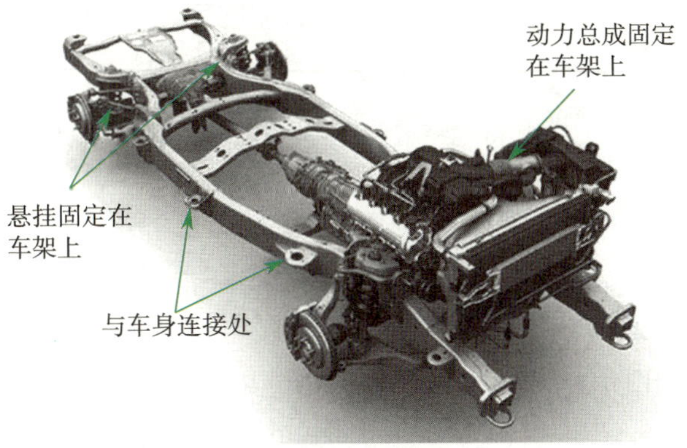

图 1-1-7 车架

车架按其结构形式不同，可分为边梁式车架、中梁式车架、综合式车架。边梁式车架由位于左右两侧的两根纵梁和若干横梁构成，横梁和纵梁之间采用铆接或焊接，如

图 1-1-8 所示。中梁式车架只有一根位于汽车中央的纵梁，纵梁断面为圆形或矩形，其上固定有横向的托架或连接梁，使车架成鱼骨状。

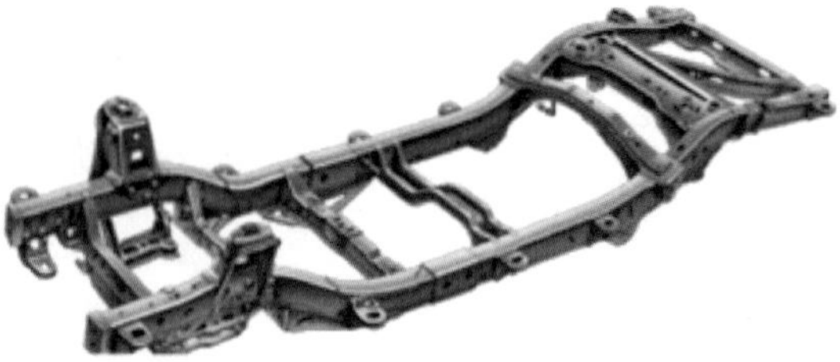

图 1-1-8　边梁式车架

（2）车桥

车桥是通过悬架与车架（或车身）连接的部件，两端安装汽车车轮。车桥的作用是将车轮的牵引力、制动力以及侧向力经悬架传给车架。根据悬架的结构不同，汽车车桥通常分为整体式和断开式两种。汽车采用非独立悬架时，车桥中部刚性连接，这种车桥称为整体式车桥；汽车采用独立悬架时，车桥为活动关节结构，左右车轮可以独立运动，这种车桥称为断开式车桥。

根据车桥上车轮的作用，车桥又可分为转向桥、驱动桥、转向驱动桥和支持桥四种类型。转向桥是利用车桥中的转向节使车轮可以偏转一定角度，以实现汽车的转向。它除承受垂直载荷外，还承受纵向力和侧向力及其力矩。转向桥通常位于汽车前部，因此也称为前桥。

驱动桥是指后驱车的后车桥，它接受发动机传来的动力进行驱动，也要支承车架和安装轮胎。

转向驱动桥是包含了驱动、转向、支承等功能的车桥，它一般指的是前驱车或者四驱车的前车桥，如图 1-1-9 所示。

既无转向功能又无驱动功能的车桥称为支持桥，前置前驱轿车的后桥为典型的支持桥，如图 1-1-10 所示。

（3）悬架

悬架的作用是把车架与车桥弹性连接起来，吸收或缓和车轮在不平路面上受到的冲击和振动，传递各种作用力和力矩。悬架一般由弹性元件（螺旋弹簧）、导向机构（横向稳定杆、控制臂、纵向推力杆等）和减振器三部分组成，如图 1-1-11 所示。

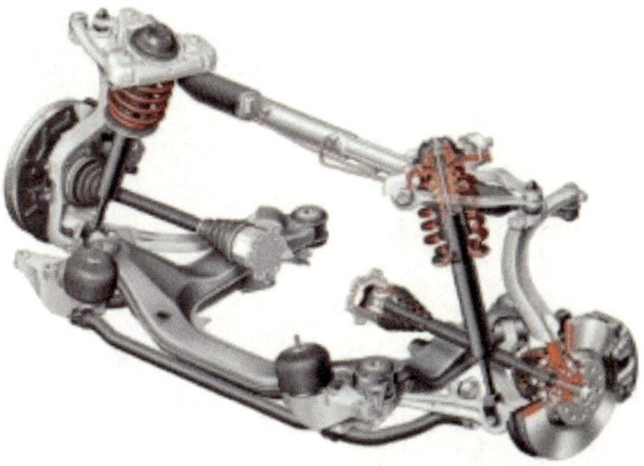

图 1-1-9 转向驱动桥

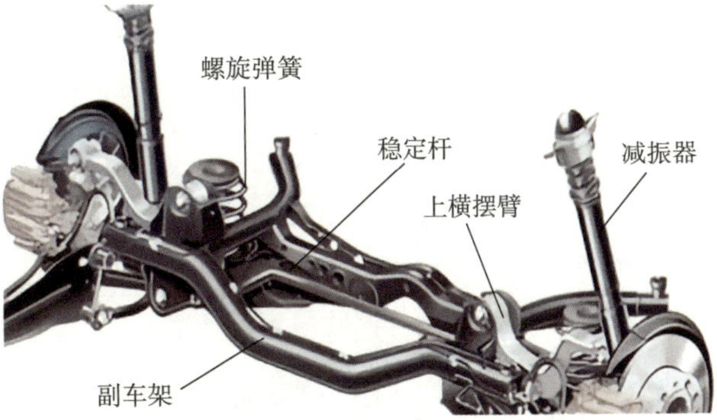

图 1-1-10 支持桥

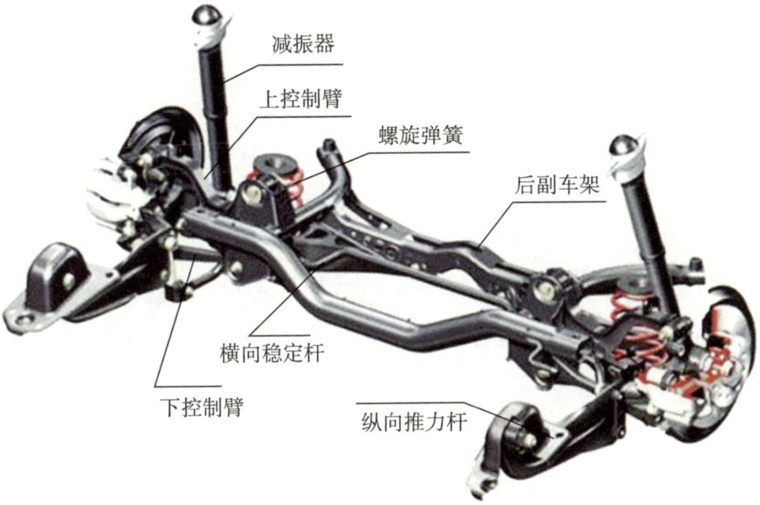

图 1-1-11 悬架的组成

1）分类

悬架分为独立悬架和非独立悬架两类。独立悬架的特点是每一侧车轮单独通过弹簧悬挂在车架下面，汽车行驶中，当一侧车轮跳动时，不会影响另一侧车轮的工作。独立悬架中多采用螺旋弹簧作为弹性元件，并配有导向机构和减振器，如图 1-1-12 所示，独立悬架在轿车上应用广泛。

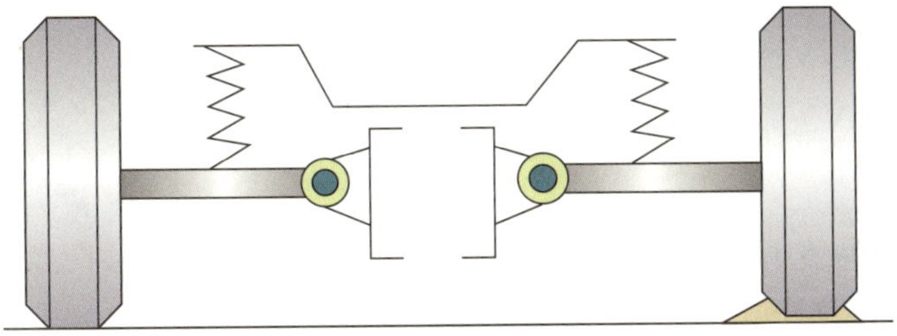

图 1-1-12 独立悬架

非独立悬架的特点是两侧车轮分别安装在同一整体式车桥上，车桥通过弹性元件与车架相连，在汽车行驶中，当一侧车轮跳动时，另一侧车轮也随之跳动。非独立悬架采用钢板弹簧作为弹性元件，如图 1-1-13 所示，非独立悬架在中、重型汽车上应用广泛。

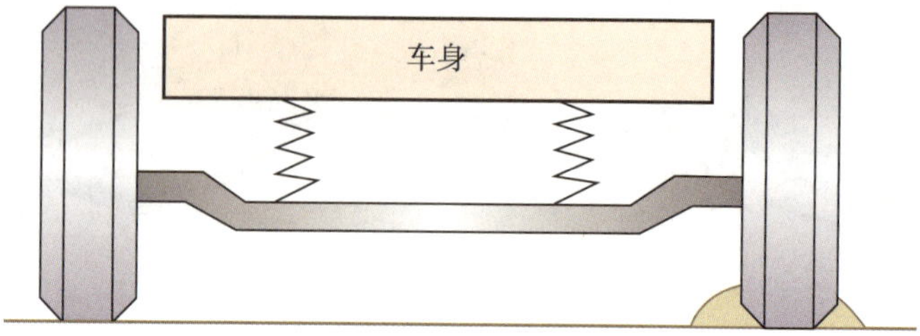

图 1-1-13　非独立悬架

2）弹性元件

悬架采用的弹性元件有钢板弹簧、螺旋弹簧、扭杆弹簧、空气弹簧等。

①钢板弹簧

钢板弹簧又称叶片弹簧，它是由若干不等长的合金弹簧片叠加在一起组合成一根近似等强度的梁。钢板弹簧的第一片（最长的一片）称为主片，其两端弯成卷耳，如图 1-1-14 所示。钢板弹簧在载荷作用下变形，各片之间因相对滑动而产生摩擦，可使车架的振动衰减。

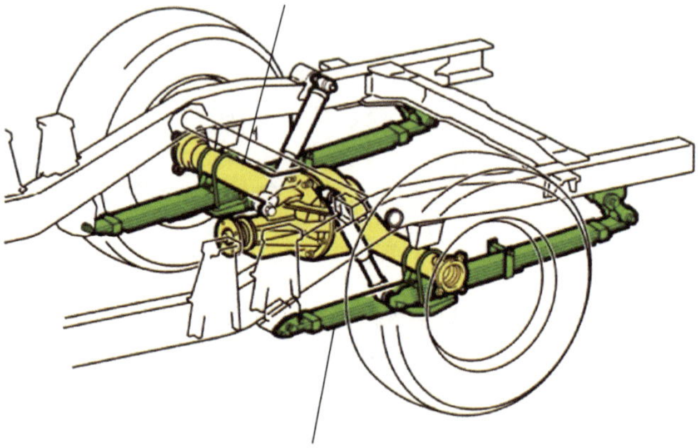

图 1-1-14　钢板弹簧

②螺旋弹簧

螺旋弹簧是由弹簧钢棒卷制而成的，可分为刚度不变的圆柱形螺旋弹簧和刚度可变的圆锥形螺旋弹簧，如图 1-1-15 所示。螺旋弹簧大多应用在独立悬架上，尤其是前轮独立悬架，有些轿车后轮非独立悬架也有采用螺旋弹簧作为弹性元件的。螺旋弹簧只承受垂直载荷，用它作为弹性元件的悬架要加设导向机构和减振器。与钢板弹簧相比，螺旋弹簧具有无需润滑、防污性强、占用纵向空间小、质量小的特点，因此在现代轿车上应用广泛。

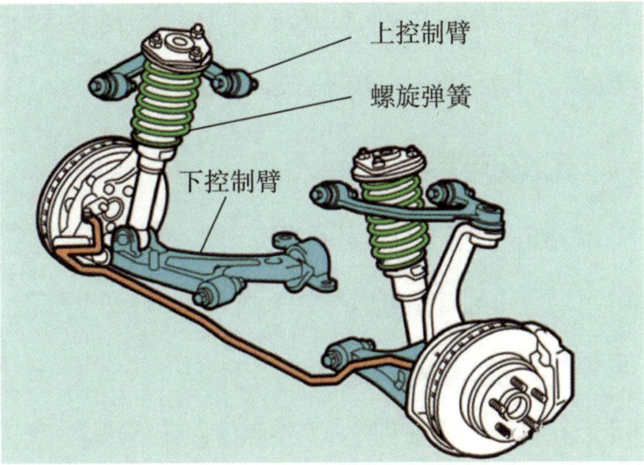

图 1-1-15 螺旋弹簧

③扭杆弹簧

扭杆弹簧是用铬钒合金弹簧钢制成的，其表面经过加工，可以防腐蚀和磨损，提高了扭杆弹簧的使用寿命。

④空气弹簧

空气弹簧是以空气作为弹性介质，即在一个密闭的容器内充入压缩空气（气压为 0.5～1 MPa），利用气体的可压缩性实现弹簧作用。空气弹簧分为囊式和膜式，如图 1-1-16 所示。

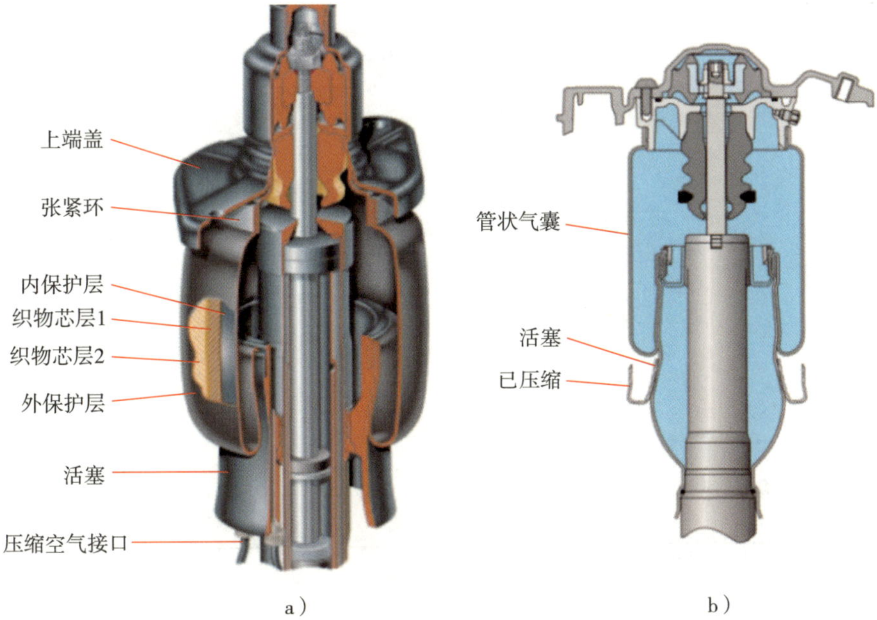

图 1-1-16 空气弹簧内部结构

a）囊式 b）膜式

3）减振器

减振器的作用是改善汽车行驶中的平顺性，汽车悬架系统中多采用液力减振器。

当车架（或车身）和车桥间受振动发生相对运动时，减振器内的活塞上下移动，减振器腔内的油液便从一个腔经过不同的孔隙流入另一个腔内，如图 1-1-17 所示。此时孔壁与油液间的摩擦和油液分子间的内摩擦对振动形成阻尼力，使汽车振动能量转化为油液热能，再由减振器吸收散发到大气中。在油液通道截面积等因素不变时，阻尼力的大小随车架与车桥（或车轮）之间的相对运动速度增减，并与油液黏度有关。

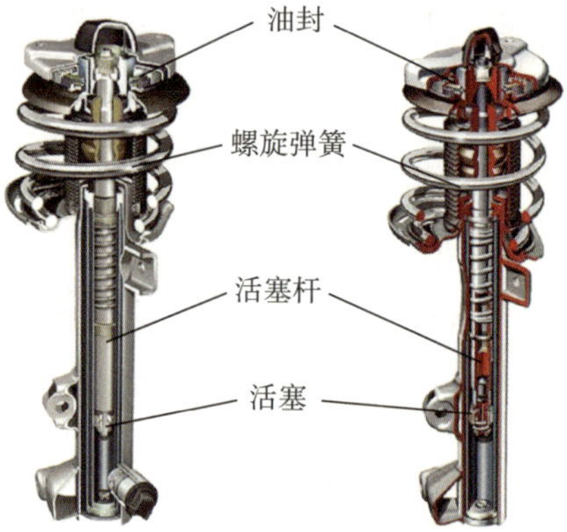

图 1-1-17　减振器

3. 转向系统

转向系统的作用是保证汽车按驾驶人选定的方向行驶。转向系统除改变汽车的行驶方向，使其按驾驶人操控的方向行驶外，还可以克服由于路面侧向干扰力使车轮自行产生的转向，恢复汽车原来的行驶方向。

汽车转向系统主要由转向操纵机构、转向器和转向传动机构三部分组成，如图 1-1-18 所示。按转向动力来源的不同，转向系统可分为机械转向系统和动力转向系统。

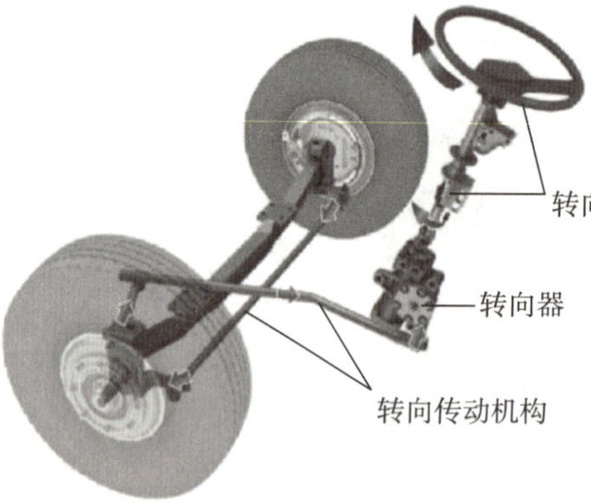

图 1-1-18　转向系统的组成

（1）机械转向系统的组成

机械转向系统的作用是以人力作为动力来改变和保持汽车的行驶方向，它由转向操纵机构、转向器、转向传动机构三大部分组成。

1）转向操纵机构

转向操纵机构指的是转向器前的一些部件，包括转向盘、十字方向传动轴、电控机械助力转向系统电动机、转向管柱、转向辅助控制单元、转向器等，如图 1-1-19 所示。

2）转向传动机构

转向传动机构主要由转向摇臂、转向直拉杆、转向节臂与转向横拉杆等组成，如图 1-1-20 所示。转向传动机构是从转向器到转向轮之间所有传动机械、杆件的总称，其作用是把转向器输出的力传递到转向节上，从而实现车轮转向，同时使转向轮之间的转角遵循一定的规律，保证轮胎和地面之间的相对滑动控制在最低程度。

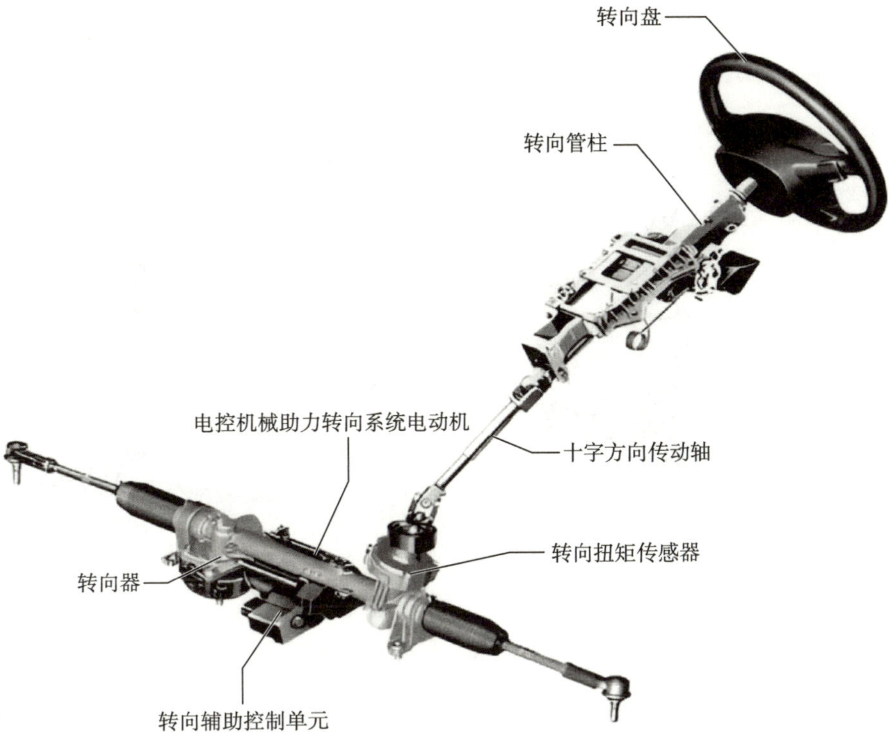

图 1-1-19　转向操纵机构

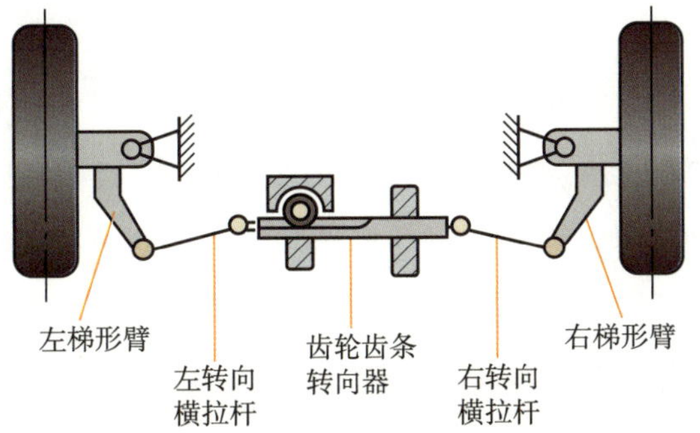

图 1-1-20　转向传动机构

3）转向器

转向器是整个转向系统的核心部件，是完成由旋转运动到直线运动（或近似直线运动）的一组齿轮机构，同时也是转向系统中的减速传动装置，其作用是放大驾驶人传递的力并同时改变力的传递方向。转向器常见的形式有齿轮齿条式、蜗杆曲柄指销式、循环球齿条齿扇式、循环球曲柄指销式、蜗杆滚轮式等。

以齿轮齿条式转向器和循环球齿条齿扇式转向器为例介绍其结构和工作原理。

①齿轮齿条式转向器。齿轮与齿条直接啮合，将齿轮的旋转运动转化为齿条的直线运动，使转向拉杆横向拉动车轮产生偏转，如图 1-1-21 所示。齿轮齿条式转向器中的

齿轮是特殊的螺旋形状，这是为了尽量减小齿轮与齿条之间的啮合间隙，使转向盘的微小转动能够传递到车轮，提高操作的灵敏性，其优点是结构简单、紧凑，刚度大，成本低，转向灵敏，便于布置，还可以直接带动转向横拉杆，简化转向传动机构。

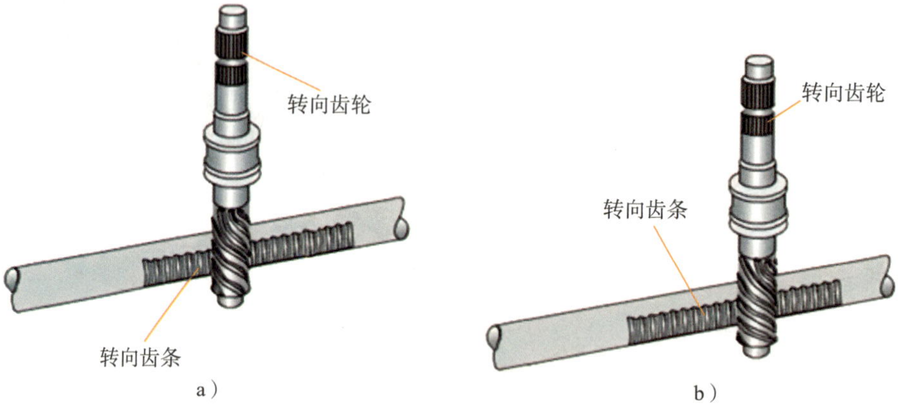

图 1-1-21　齿轮齿条式转向器

a）向右转动　b）向左转动

②循环球齿条齿扇式转向器。循环球齿条齿扇式转向器一般有两级传动副，第一级是螺杆螺母传动副，第二级是齿条齿扇传动副，如图 1-1-22 所示。为了减少转向螺杆与转向螺母之间的摩擦，二者的螺纹并不直接接触，其间装有多个钢球，以实现滚动摩擦。转向螺杆和转向螺母上都加工出断面轮廓为两段或三段不同心圆弧组成的近似半圆的螺旋槽，二者的螺旋槽能配合形成近似圆形断面的螺旋管状通道。转向螺杆转动时，通过钢球将力传给转向螺母，转向螺母即沿轴向移动。同时，在转向螺杆及转向螺母与钢球间的摩擦力偶作用下，所有钢球在螺旋管状通道内滚动，形成“球流”。转向器工作时，两列钢球只是在各自的封闭通道内循环，不会脱出。

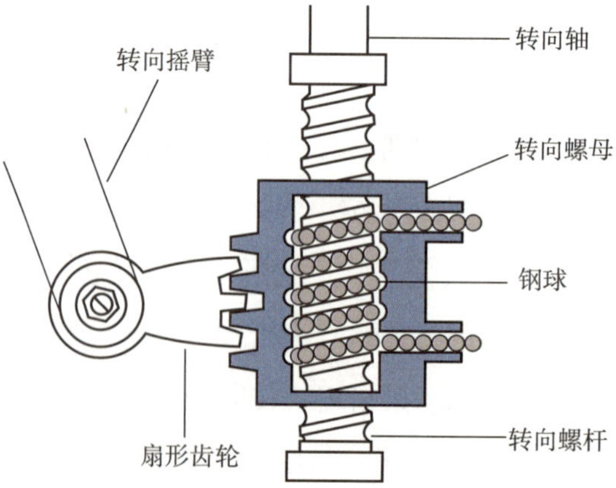

图 1-1-22　循环球齿条齿扇式转向器

（2）动力转向系统

动力转向系统除具有机械转向系统的三大部件外，还配备了辅助动力装置即转向助力装置。转向助力装置最常用的是电液动力转向系统和电动转向系统，电液动力转向系统如图 1-1-23 所示。

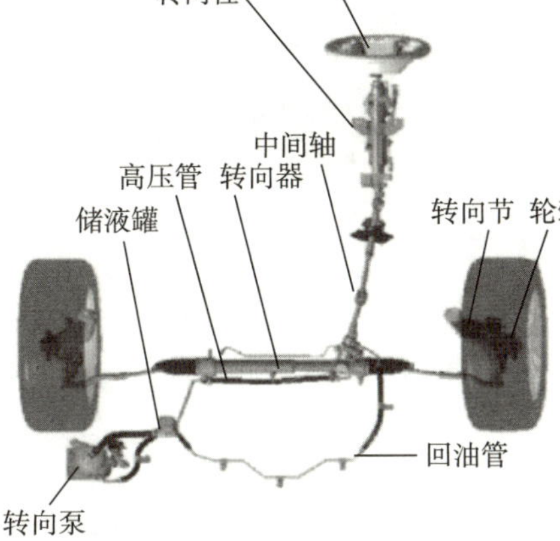

图 1-1-23　电液动力转向系统

4. 制动系统

制动系统的作用是使汽车减速或驻车，保证驾驶人离车后能使汽车停驻在原处，其包括前轮制动器、后轮制动器、控制装置、传动装置和供能装置等。

（1）分类

1）按作用分

行车制动系统又称脚制动系统，其作用是使正在行驶中的汽车减速或在最短的距离内停车；驻车制动系统又称手制动系统，其作用是使已经停在路面上的汽车驻留在原地不动。

2）按制动能源分

人力制动系统是以驾驶人作为唯一制动能源的制动系统；动力制动系统是完全靠发动机的动力转化而成的气压或液压形式的势能进行制动的制动系统；伺服制动系统是兼用人力和发动机动力进行制动的制动系统。

（2）液压制动系统的组成及工作原理

如图 1-1-24 所示，汽车液压制动系统由车轮制动器和液压传动机构组成。车轮制动器主要由旋转部分（制动盘或制动鼓）、固定部分（制动蹄、制动底板等）和调整机构等组成；液压传动机构主要由制动踏板、推杆、制动主缸、制动轮缸和油管等组成。

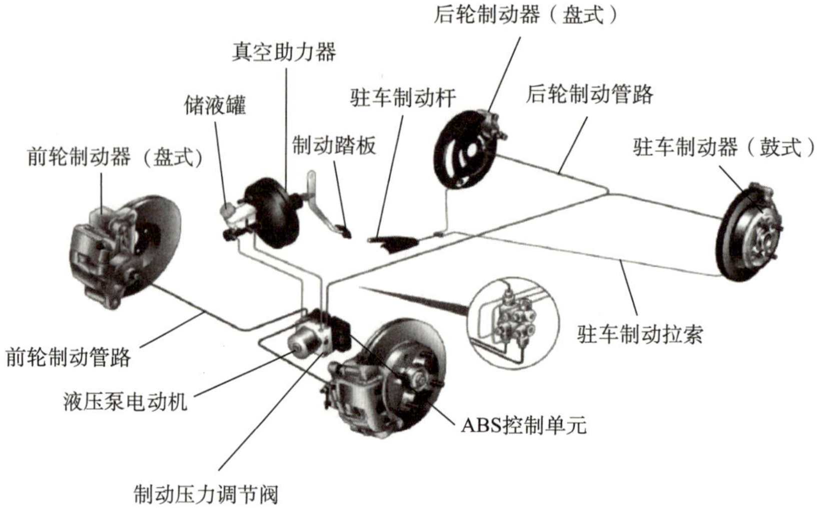

图 1-1-24　汽车液压制动系统

制动系统不工作时，制动鼓的内圆面与制动蹄摩擦的外圆面之间留有一定的间隙，使制动鼓可以随车自由旋转。

制动时，踩下制动踏板，推杆便推动制动主缸活塞，使制动主缸中的油液以一定压力流入制动轮缸，通过制动轮缸活塞使两制动蹄的上端向外张开，从而使摩擦片压紧在制动鼓内圆面上。这样，不旋转的制动蹄就对旋转着的制动鼓产生一个摩擦力矩，其作用方向与车轮旋转方向相反。制动鼓将该力矩传到车轮后，由于车轮与路面间的附着作用，车轮对路面作用一个向前的圆周力，同时，路面对车轮作用一个向后的反作用力，即制动力。制动力由车轮经车桥和悬架传给车架及车身，迫使整个汽车减速。制动力越大，汽车减速度也越大。当松开制动踏板时，回位弹簧即将制动踏板拉回原位，摩擦力矩和制动力消失，制动作用终止。

（3）制动器

制动器是产生阻碍车辆的运动或运动趋势的力（制动力）的部件。汽车上常用的制动器都是利用固定元件与旋转元件工作表面的摩擦而产生制动力矩，称为摩擦制动器。制动器分为鼓式制动器和盘式制动器两种结构形式。

鼓式制动器主要由制动鼓、制动蹄、制动底板、回位弹簧、制动轮缸、调整机构等组成，如图 1-1-25 所示。盘式制动器摩擦副中的旋转元件是用端面工作的金属圆盘，称为制动盘，摩擦元件从两侧夹紧制动盘而产生制动力，如图 1-1-26 所示。

二、新能源汽车底盘的组成

新能源汽车是指采用非常规车用燃料作为动力源（或采用常规车用燃料和新型车用动力装置），集成了车辆动力控制和驱动等先进技术，具有先进技术原理、新技术和新结

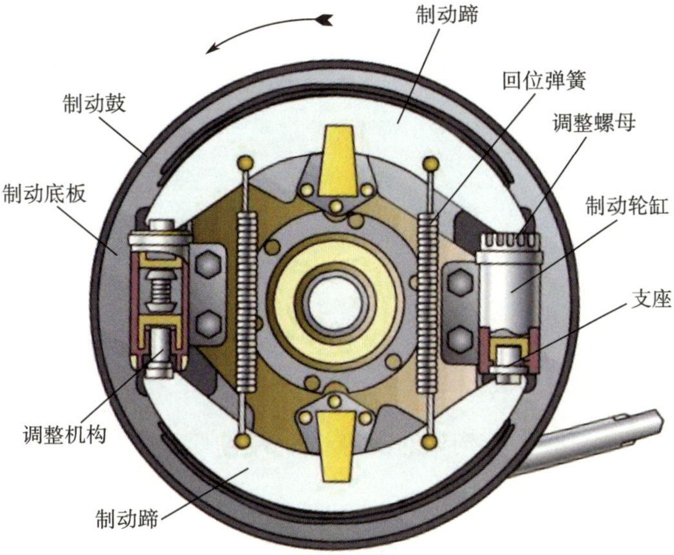

图 1-1-25 鼓式制动器

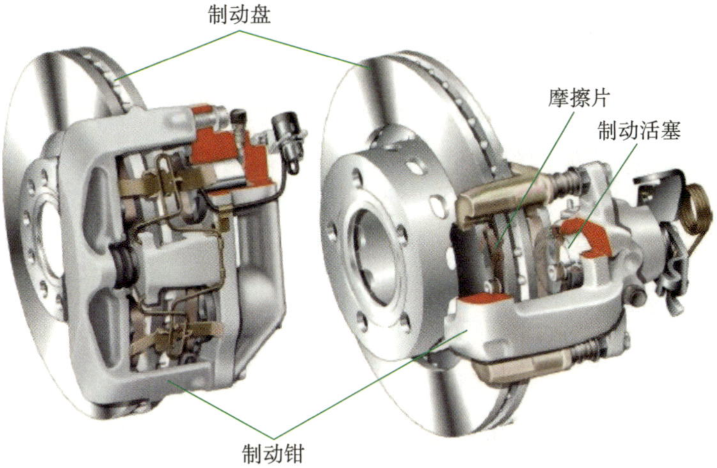

图 1-1-26 盘式制动器

构的汽车。新能源汽车主要包括纯电动汽车、混合动力电动汽车、燃料电池电动汽车、氢燃料发动机汽车、燃气汽车、醇醚汽车等。新能源汽车底盘由传动系统、行驶系统、转向系统和制动系统等组成。新能源汽车底盘与传统汽车底盘相比，取消了原有的传动轴等部件，增加了动力电池包。纯电动汽车采用电动机驱动，电动机的放置可以根据车型灵活调整，从而省去了部分传动机构和发动机，动力传动系统大幅优化。

1. 新能源汽车传动系统

传动系统是新能源汽车电动动力系统的一个重要部件，它是驱动电机转轴和车轮之间的机械结构。对于新能源汽车，由于驱动电机的转矩和转速完全可以由电子控制器控制，因此新能源汽车传动系统可以有多种不同的选择，既可用传统的变速齿轮变速，还可以用电子驱动器控制电动机直接变速。

（1）纯电动汽车传动系统

传动系统是电动汽车的核心部分，其性能直接决定纯电动汽车行驶性能的好坏。根据纯电动汽车上驱动电机安装位置的不同，电动汽车驱动方式可分为单电机集中式驱动和多电机分布式驱动两种。

1）单电机集中式驱动。单电机集中式驱动与传统汽车结构相似，用电动机代替内燃机，通过传动系统将电动机的转矩传递到驱动轮上使汽车行驶，具有操作技术成熟、安全可靠的优点，但其存在底盘结构相对复杂、车内空间狭小、体积较大、传动效率低、控制复杂等缺点。

单电机集中式驱动常见的传动方式有三种，如图 1-1-27 所示。图 1-1-27a 为带有离合器的机械传动方式，采用该方式的纯电动汽车变速器一般设有 2～3 个挡位，换挡中离合器起中断动力、降低换挡冲击的作用；图 1-1-27b 的传动方式取消了离合器，将驱动电机通过传动轴与固定速比减速器相连，使传动系统质量和传动装置体积减小，利于增加车内空间；图 1-1-27c 的传动方式则把驱动电机、变速器和差速器集成一体，通过左、右半轴分别驱动对应侧车轮，结构紧凑，适宜用在小型汽车上。

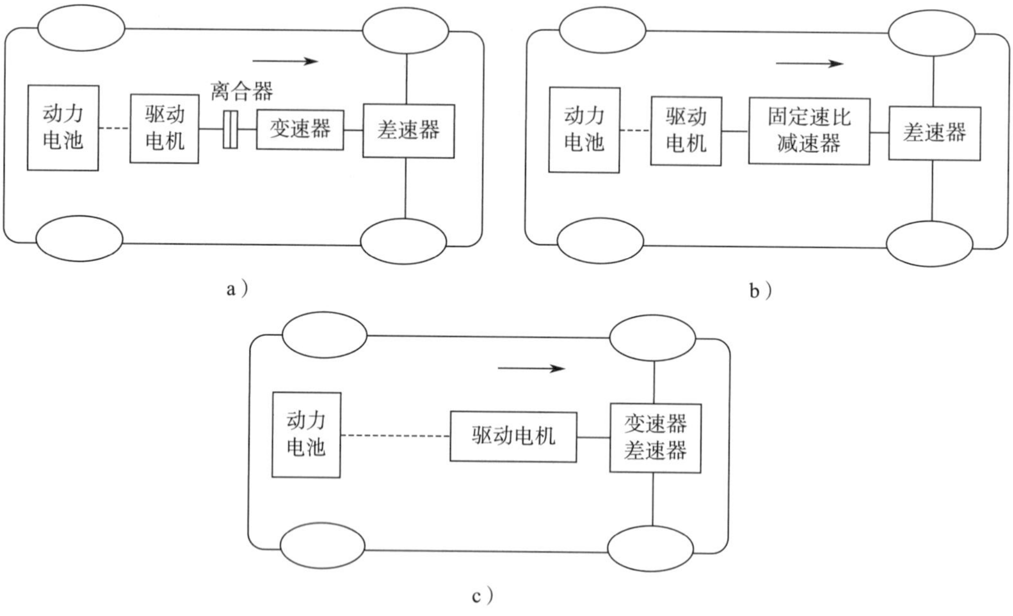

图 1-1-27　纯电动汽车单电机集中式驱动布置方式

a）带有离合器的机械传动　b）无离合器的机械传动　c）机电集成传动

2）多电机分布式驱动。多电机分布式驱动是将多个电动机集成在车轮附近或轮辋内，将动力传给相应车轮，这种布置方式具有驱动传动链短、传动效率高、结构紧凑等突出优点。电动机即为汽车信息单元，也是快速反应的控制执行单元，通过独立控制电动机驱动或制动转矩实现多种动力学控制功能。多电机分布式驱动按电动机位置和传动不同，可分轮边电动机驱动和轮毂电动机驱动两种。

轮边电动机驱动是将驱动电机安装在副车架上的驱动轮旁边，通过或不通过减速器直接驱动对应侧车轮，如图 1-1-28 所示。带减速器的驱动方式是将电动机与固定速比减速器连接，通过半轴实现对应侧车轮的驱动，它是从集中式驱动到轮毂电动机驱动之间的过渡形式。两个电动机通过对应侧减速器分别驱动相应侧车轮，可对每个电动机的转速进行独立调节控制，采用电子差速器实现左右半轴差速，对驱动轮有更加精准的掌控力。

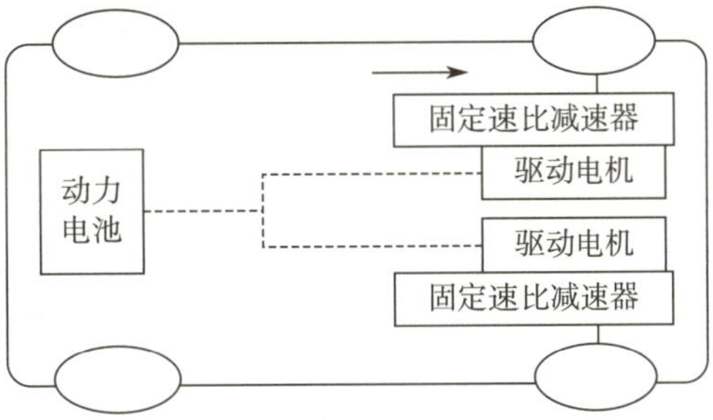

图 1-1-28　轮边电动机驱动布置形式

轮毂电动机驱动作为最先进的电动汽车驱动技术，是将两个、四个或者多个电动机安装在车轮内部，直接驱动车轮，也称电动轮，特别适用于纯电动汽车，其最大特点就是将动力、传动和制动装置都整合到轮毂内，因此电动汽车的机械部分将大大简化。如图 1-1-29 所示，轮毂电动机驱动彻底取消了离合器、变速器、差速器和半轴等传动系统部件，使底盘结构简单、传动效率提高、车内获得更多空间，同时减小了整车质量且驱动布置合理，便于实现底盘智能化和电气化控制。

图 1-1-29　轮毂电动机驱动

（2）混合动力电动汽车传动系统

根据混合动力电动汽车驱动模式、布置形式及动力传输路线不同，混合动力电动汽车传动系统主要分为串联式传动系统、并联式传动系统和混联式传动系统。

串联式传动系统一般由发动机直接带动发电机发电，产生的电能通过控制单元传到电池，再由电池传输给电动机转化为动能，最后通过变速机构来驱动汽车，如图 1-1-30 所示。在这种连接方式下，电池对在发电机产生的能量和电动机需要的能量之间进行调节，从而保证车辆正常工作。

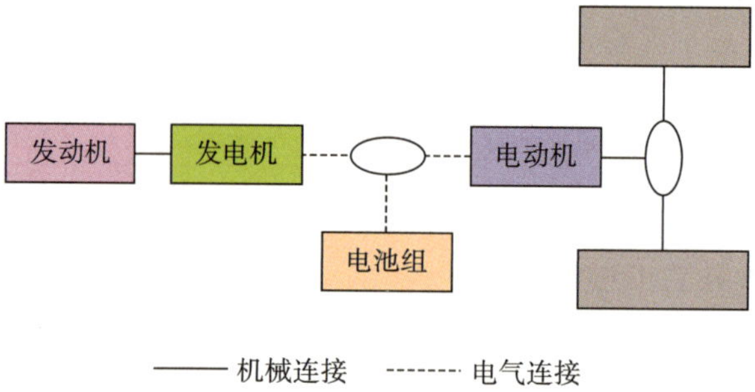

图 1-1-30　串联式传动系统

并联式传动系统有传统的发动机驱动机构和电动机驱动机构，两驱动机构既可以同时协调工作，也可以各自单独工作驱动汽车，如图 1-1-31 所示。这种系统适用于多种不同的行驶工况，尤其适用于复杂的路况。

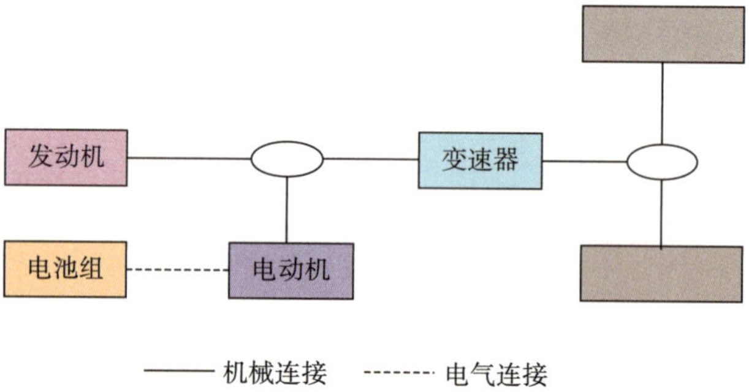

图 1-1-31　并联式传动系统

混联式传动系统的特点在于发动机驱动系统和电动机驱动系统各有一套机械变速机构，两套机构通过齿轮系或行星轮式结构结合在一起，从而综合调节发动机与电动机之间的转速关系，如图 1-1-32 所示。与并联式传动系统相比，混联式传动系统可以更加灵活地根据工况来调节发动机的输出功率和电动机的运转，但这种联结方式系统复杂、成本高。

2. 新能源汽车行驶系统

新能源汽车的行驶系统主要由车身、车桥、车轮和悬架等组成。车轮分别支承在各车桥上，车桥又通过悬架与车身连接，保证汽车平顺行驶。行驶系统的主要作用是将整

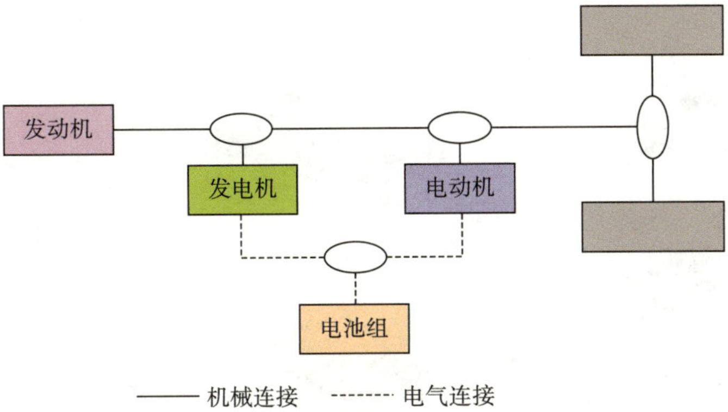

图 1-1-32 混联式传动系统

个汽车连接成一整体，支承全车质量，接受传动系统的转矩，并通过驱动车轮与路面的附着作用，产生路面对汽车的牵引力，传递并承受路面作用于车轮上的各种反力及形成的力矩，缓和不平路面对车身造成的冲击并减少车身振动。

（1）车架

新能源汽车车架的设计与传统汽车有很大的区别，尤其是纯电动汽车的动力系统由内燃机变为电动机，底盘需要安装电池包，并且为满足汽车智能化的需求，还融合了新进的平台制造技术，因此新能源汽车的车架得到了重新设计。

电池底盘技术即动力蓄电池与车架的结合技术，是未来新能源汽车底盘技术的发展方向。早期的电池集成技术，是最传统的标准化模块，将电芯组成模组与电池包安装在车身底盘中，如图 1-1-33a。后来的无模组技术（Cell To Pack，CTP）就是减少或去除电池模组，直接将电芯、电池包整合挂到车身底盘中，如图 1-1-33b。电池底盘一体化技术（Cell to Chassis，CTC）则是再次进化，直接将电芯和车身底盘融合在一起，进一步减轻了车体的重量，如图 1-1-33c 所示。

以特斯拉为例，CTC 电池封装技术直接将电芯或是模组安装在底盘上，电池组作为车身结构的一部分，连接前后两个车身大型铸件（前车身、底盘电池包、后车身组合成车身），原有座舱底板被电池上盖所取代，座椅直接安装在电池上盖上，如图 1-1-34 所示。

除上述电池底盘的结合技术以外，滑板式底盘也是当前新能源汽车行业最重要的革命性技术之一，该类底盘拥有独立的承载能力，可以独立行驶，与非承载式车身类似，如图 1-1-35 所示。应用此类型底盘的车辆所有操作均通过电气线缆传输控制，尤其区别于传统汽车在转向、加速、制动时通过机械结构和液压系统实现控制的方式。

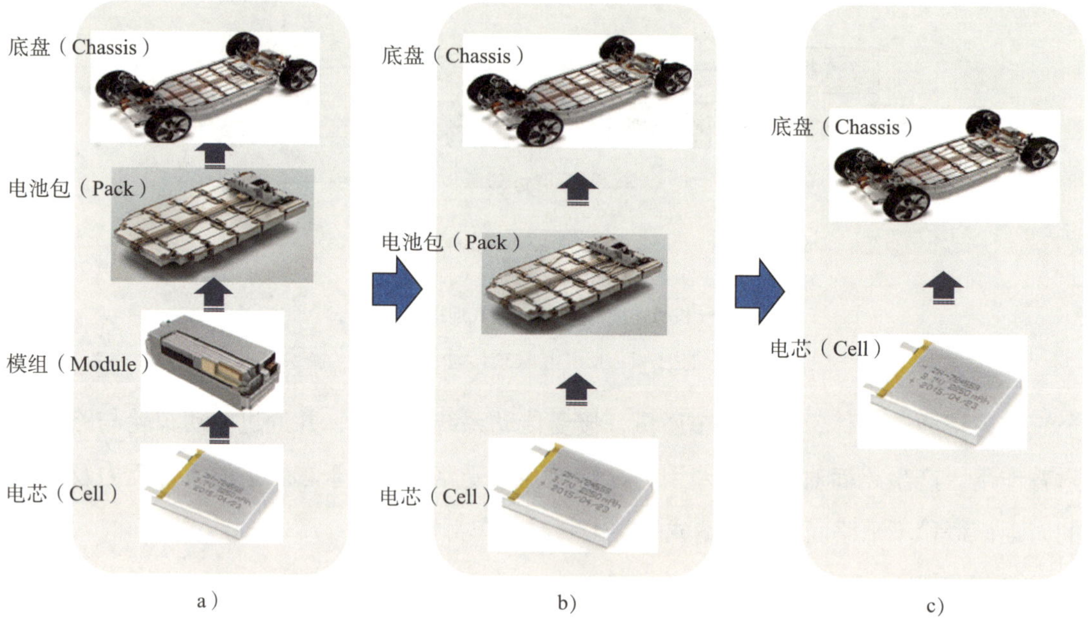

图 1-1-33　三种电池与底盘结合技术的车架

a）传统技术　b）CTP 技术　c）CTC 技术

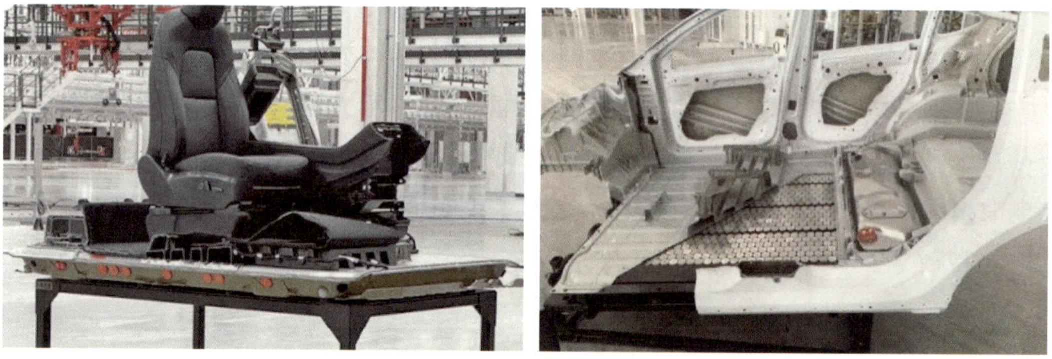

图 1-1-34　特斯拉 CTC 电池封装技术的车架

图 1-1-35　滑板式底盘

（2）电控悬架

悬架可以分为被动式悬架、半主动式悬架和主动式悬架，其中半主动式悬架及主动式悬架均属于电控悬架。电控悬架能够根据车身高度、车速、转向角度及速率、制动等信号，由 ECU 控制悬架执行机构，使悬架的刚度、减振器阻尼力及车身高度等参数相应改变，能够根据不同路况和行驶状态做出反应，使汽车具有良好的乘坐舒适性、操纵稳定性和通过性，如图 1-1-36 所示。

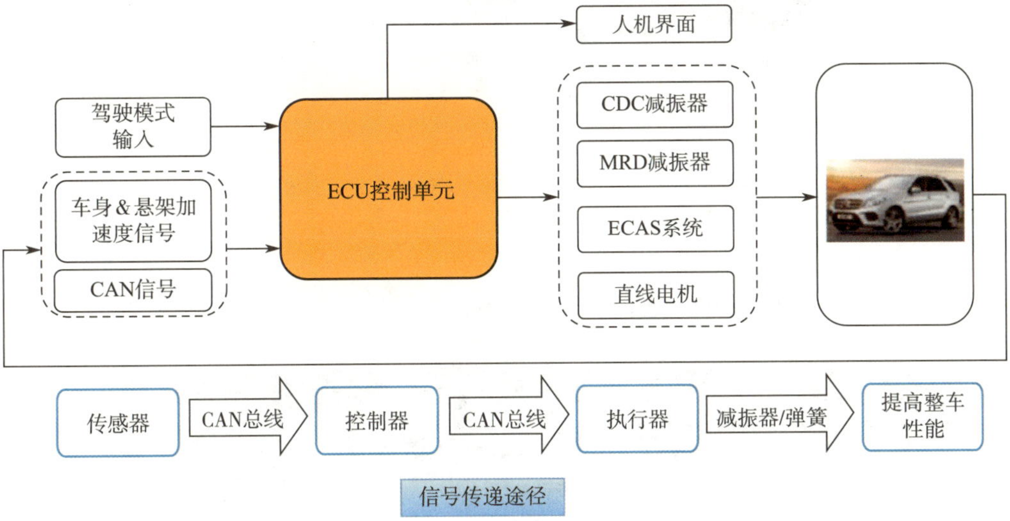

图 1-1-36　电控悬架的工作原理

1）半主动式悬架。半主动式悬架技术主要分为阻尼控制悬架和刚度控制悬架两大类。连续阻尼控制减振器（Continuous Damping Control，CDC）和磁流变减振器（Magneto Rheological Damper，MRD）属于阻尼控制，以 CDC 为例，控制器向 CDC 减振器的电磁阀发送电信号，驱动电磁阀的阀芯做上下移动，上下移动过程中阀体的节流面积发生改变，实现了阻尼的改变，电信号的量值根据控制算法来确定，如图 1-1-37 所示。

2）主动式悬架。主动式悬架技术一般可实现刚度、阻尼同时调节，常见的是液压悬架和空气悬架。空气悬架在前轮和后轮的附近设有车身高度传感器，按车身高度传感器的输出信号，判断出车身高度，再控制压缩机和排气阀，使弹簧压缩或伸长，从而控制车身高度。在减振器内设有电动机，电动机改变通气孔大小，从而改变衰减力的大小，如图 1-1-38 所示。空气弹簧属于刚度控制，替代了原来的螺旋弹簧。空气弹簧在密闭的压力缸内充入惰性气体或油气混合物，使腔体内的压力高于大气压几倍或几十倍，利用活塞压力差来实现活塞杆的运动。

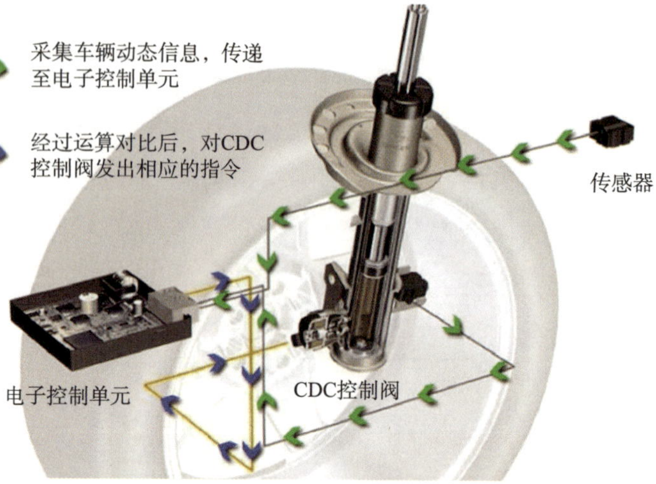

图 1-1-37 连续阻尼控制减振器（CDC）

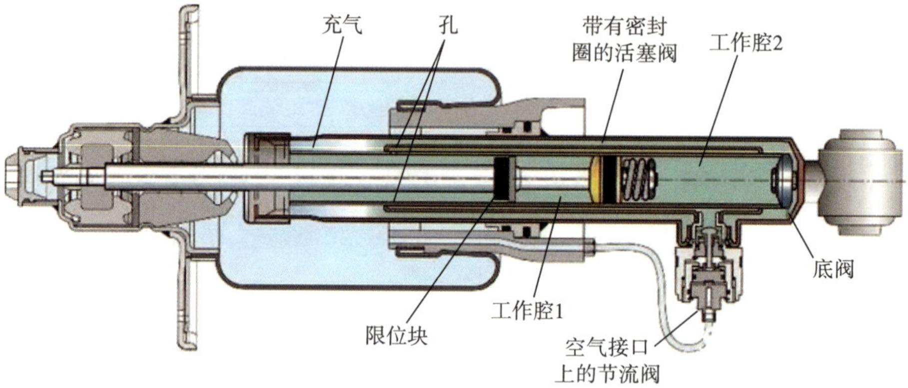

图 1-1-38 空气悬架

液压悬架同样能做到车身高度和阻尼的调节。每个车轮都有一个液压分泵，根据液压分泵向液压缸内加注油液的多少来控制车身高度，阻尼则是通过控制阀门大小来调节。相比于空气悬架，液压悬架的体积更小，且易于布置。

3. 新能源汽车转向系统

新能源汽车转向系统从机械式向电控助力式不断升级，经历了从机械转向系统（Manual Steering，MS）、机械液压助力转向系统（Hydraulic Power Steering，HPS）、电子液压助力转向系统（Electrical Hydraulic Power Steering ，EHPS）、电子助力转向系统（Electric Power-assistant Steering，EPS）到线控转向系统（Steering By Wire，SBW）的发展，电动化程度越来越高。应用最为广泛的是 EPS 系统，其具有半线控转向功能，该系统仍保留转向轴及齿轮齿条，电动机仅起到助力作用，可满足 L0 ~ L2 级别自动驾驶。未来转向系统的发展方向是 SBW 系统，其具有线控转向功能，该系统彻底取消转向盘和齿条间的机械连接，采用 ECU 传递指令，执行电动机驱动和转向轮转动。

（1）电子助力转向系统（EPS）

EPS 系统是指利用电动机提供转向动力，辅助驾驶人进行转向操作的转向系统，该系统由传感器（转矩传感器、转向角传感器、车速传感器）、控制器（EPS 电子控制单元）、执行器（电动机）以及其他相关机械部件组成。

EPS 系统是在机械转向系统的基础上，将电子技术和高性能的电动机控制技术应用于汽车转向系统，能够在各种环境下给驾驶人提供实时转向盘助力。EPS 系统由电动机提供动力，动力大小由 EPS 电子控制单元实时调节与控制。根据车速的不同，提供不同的动力，改善汽车的转向特性，减轻驻车和低速行驶时的操纵力，提高高速行驶时的转向操纵稳定性和安全性，如图 1-1-39 所示。

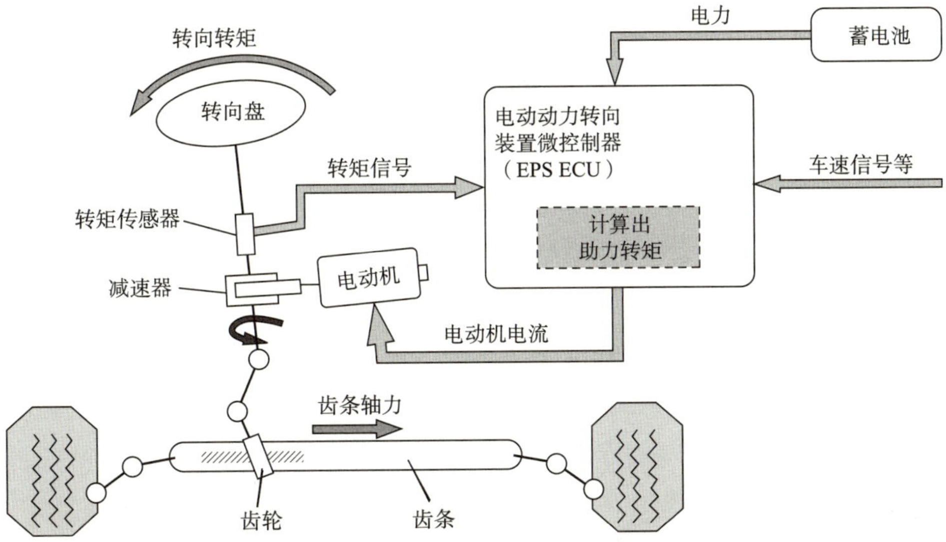

图 1-1-39　电子助力转向系统

（2）线控转向系统（SBW）

SBW 系统是利用转矩传感器和转向角传感器检测驾驶人的转向数据，然后通过数据总线将信号传递给 ECU，ECU 再将转向指令发送至转向电动机，从而控制车轮转向。相比 EPS，SBW 的最大差异在于转向盘和执行机构间不再有机械连接，在成本控制、底盘设计灵活性、驾驶感可调节性、行车安全、占用空间上均有明显优势，如图 1-1-40 所示。

4. 新能源汽车制动系统

新能源汽车都采用线控制动系统，切断了制动踏板和制动系统本身之间的物理联系。

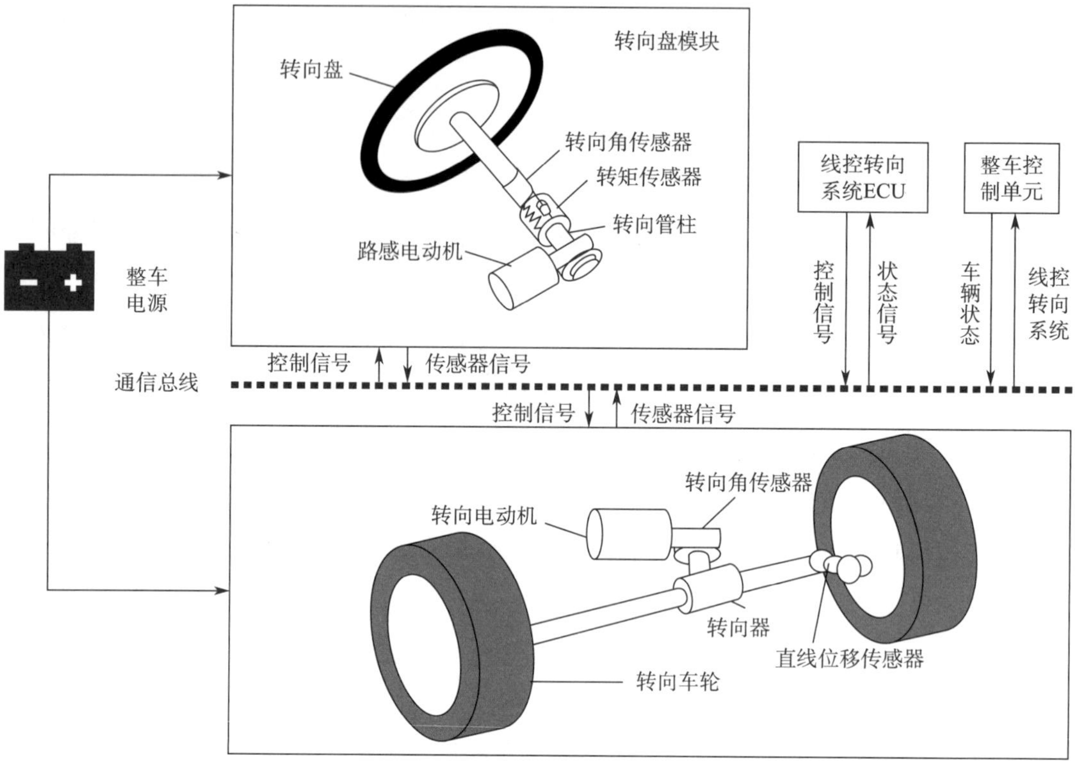

图 1-1-40　线控转向系统

当踩下制动踏板后，位置传感器监控踩下制动踏板的距离，用于确定所需的制动力，此时控制单元瞬时确定需要多少液压，使汽车减速或停车。

（1）线控电子驻车制动

如图 1-1-41a 所示，拉索式电子驻车系统通过电控方式，将驻车制动拉索进行拉紧和放松，其除了具备传统手制动的静态驻车和静态释放功能外，还能够集成自动驻车和上坡起步辅助功能，并省去了制动拉杆，使驾驶舱内空间布局有较大优化。

集成式电子驻车系统在拉索式电子驻车系统基础上，通过使用电动机代替拉索，当驾驶人操作驻车电子按钮后，电子控制单元控制左右制动卡钳中的电动机工作，带动制动卡钳活塞产生机械夹紧力，从而完成驻车动作，如图 1-1-41b 所示。

（2）线控行车制动

线控行车制动将原有的制动踏板用一个模拟发生器替代，用以接收驾驶人的制动意图，产生、传递制动信号给控制和执行机构，并根据一定的算法模拟反馈给驾驶人。线控行车制动包括电子液压制动系统和电子机械制动系统，如图 1-1-42 所示。

1）电子液压制动系统

电子液压制动系统采用制动踏板传感器，用于给 ECU 输入踏板位置信号，ECU 通

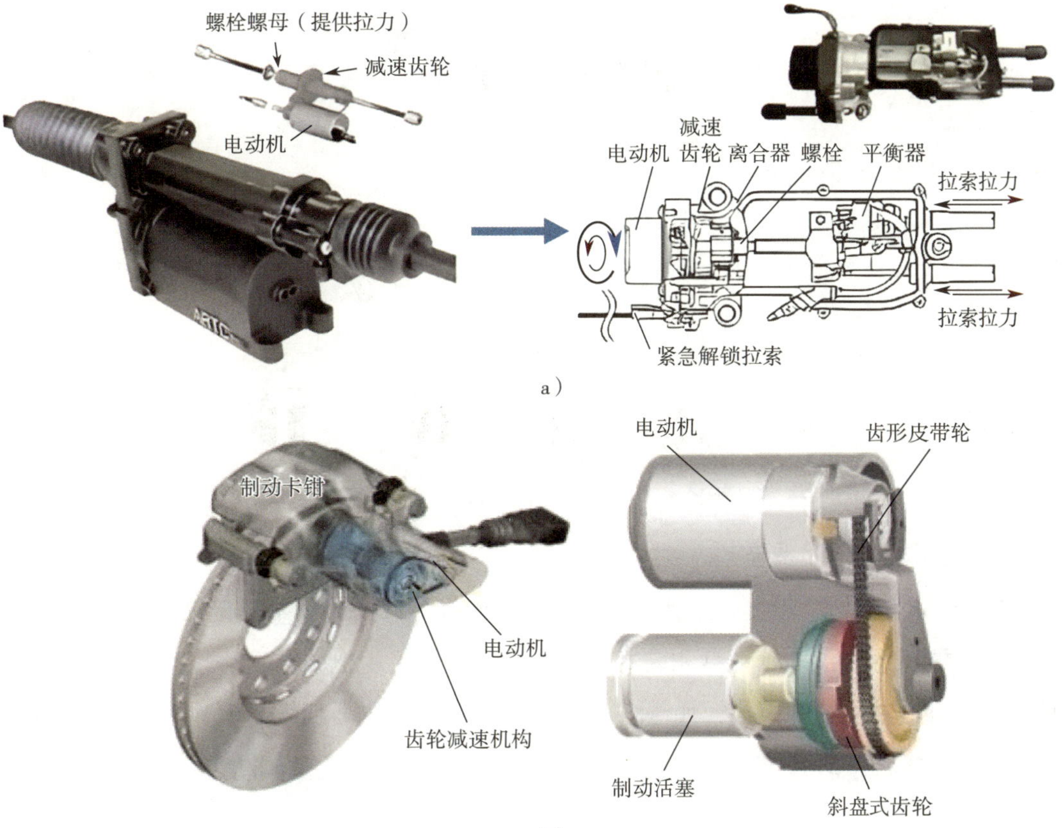

图 1-1-41 线控电子驻车制动系统

a）拉索式电子驻车系统 b）集成式电子驻车系统

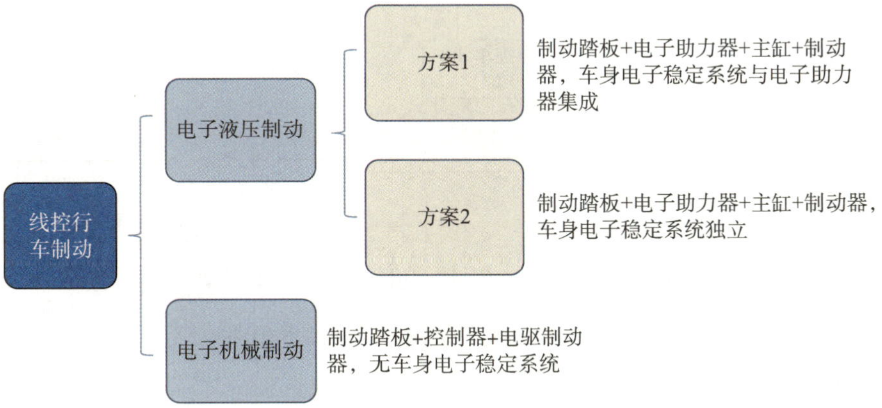

图 1-1-42 线控行车制动

过传感器信号判断驾驶人的制动意图，并通过电动机驱动液压泵进行制动。当电子液压制动系统发生故障时，备用阀打开，电子液压制动系统变成传统的液压系统进行制动，如图 1-1-43 所示。

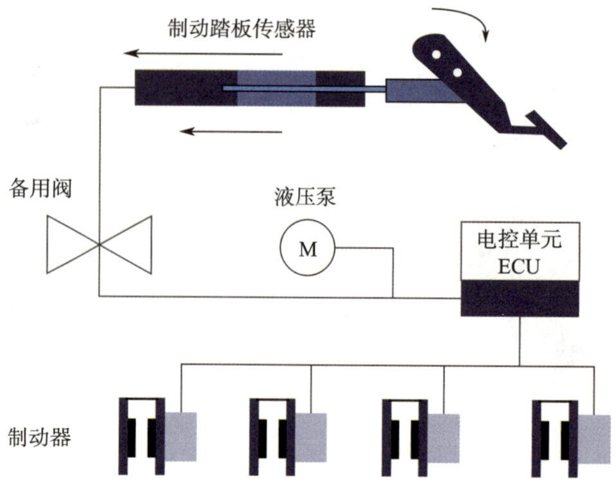

图 1-1-43　电子液压制动系统工作原理

2）电子机械制动系统

电子机械制动系统将传统制动系统中的液压装置（主缸、液压管路、助力装置等）用电子机械系统替代，制动盘和鼓式制动器的调节器也用电动机驱动装置取代，每个车轮均有各自的车轮制动模块，如图 1-1-44 所示。ECU 需要根据制动踏板传感器信号以及车速等车辆状态信号来驱动和控制执行机构电动机产生所需的制动力。

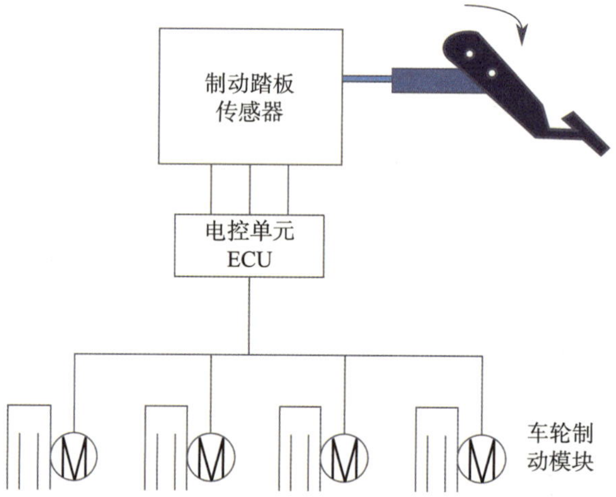

图 1-1-44　电子机械制动系统工作原理

（3）制动能量回收

传统的燃油汽车在制动时是将汽车的惯性能量通过制动器的摩擦转化成热能散发到周围环境中去。对于新能源汽车而言，由于电动机具有可逆性，即电动机在特定的条件下可以转变成发电机运行，因此可以在制动时采用回馈制动的方法，电动机以发电方式工作，为动力电池充电，实现制动能量的再生利用，提高新能源汽车的续行里程。与此同时，产生的电动机制动力矩又可通过传动系统对驱动轮施加制动，产生制动力。

对于部分车型，线控电液制动系统还与智能电子辅助系统相结合，比如偏航传感器检测到车辆偏航，将启动车辆稳定控制系统；轮速传感器检测到车轮抱死，将启动 ABS 防抱死系统。

思考与练习

1. 电子助力转向系统由哪些部分组成？
2. 简述纯电动汽车的驱动方式。
3. 简述主动式悬架的工作过程。
4. 简述线控电子驻车制动的分类和工作原理。
5. 简述电子液压制动的工作过程。

课题二 | 新能源汽车底盘日常检查与维护

学习目标

1. 掌握新能源汽车传动系统日常检查与维护的内容。
2. 掌握新能源汽车行驶系统日常检查与维护的内容。
3. 掌握新能源汽车转向系统日常检查与维护的内容。
4. 掌握新能源汽车制动系统日常检查与维护的内容。

任务描述

某新能源汽车按照维护要求到 4S 店进行日常检查与维护，现安排对该车底盘进行日常检查与维护。新能源汽车底盘的日常检查与维护内容有哪些？有哪些注意事项？

任务分析

新能源汽车和传统汽车驱动方式不同，底盘结构有所区别，但仍要进行日常的检查与维护。在正常行驶的过程中，车辆底盘有些零部件处于高温、高速、多尘、颠簸的工作环境，会导致零部件的磨损或老化，因此对新能源汽车底盘各零部件的检查、调整或更换是有必要的。

相关理论

新能源汽车底盘的性能直接影响到车辆的驾驶平顺性、乘坐舒适性以及安全性等，为确保汽车正常行驶，必须对车辆底盘部件进行日常检查与维护。日常维护是减少行车事故、节约维修费用、降低能耗和延长汽车使用寿命的重要环节，是每个驾驶人在开车前及行车中必须做到的。

一、传动系统日常检查与维护

新能源汽车传动系统的大多数零部件长期进行高速旋转工作，工作环境恶劣，容易受复杂的外力、温度等因素影响，因此传动系统必须做好日常检查与维护。

传动系统日常检查与维护内容见表 1-2-1。

表 1-2-1　传动系统日常检查与维护

步骤名称	操作步骤	图示
驱动电机及减速器日常检查与维护	目测检查驱动电机外壳是否有磕碰、损坏现象，并判断是否影响电动机正常工作	
	目测检查减速器表面是否有磕碰、损坏、漏油现象，如有应予以更换	

续表

步骤名称	操作步骤	图示
驱动电机及减速器日常检查与维护	检查驱动电机及其控制器可见线束及插件是否存在松动、老化、破损、腐蚀等现象	
	检查驱动电机及减速器的紧固情况，若有松动则按规定力矩拧紧	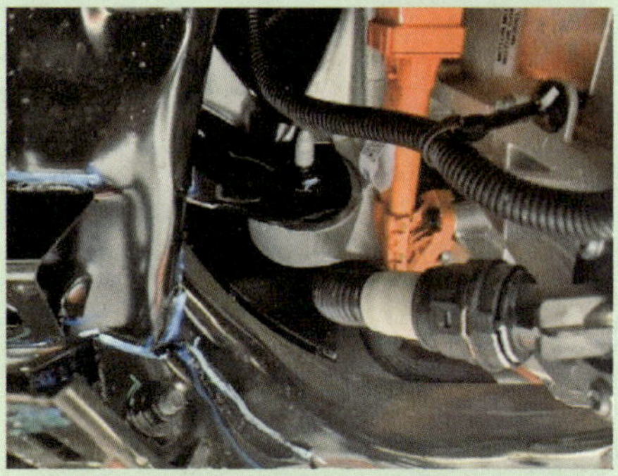
传动轴日常检查与维护	转动车轮，检查传动轴的转动是否正常，有无异响	
	检查万向节保护套是否破损	

续表

步骤名称	操作步骤	图示
驱动电机冷却液日常检查与维护	检查水箱是否有冷却液，若无冷却液或冷却液不足，则必须补充	
	检查管道及其接头处有无泄漏、破损、锈蚀	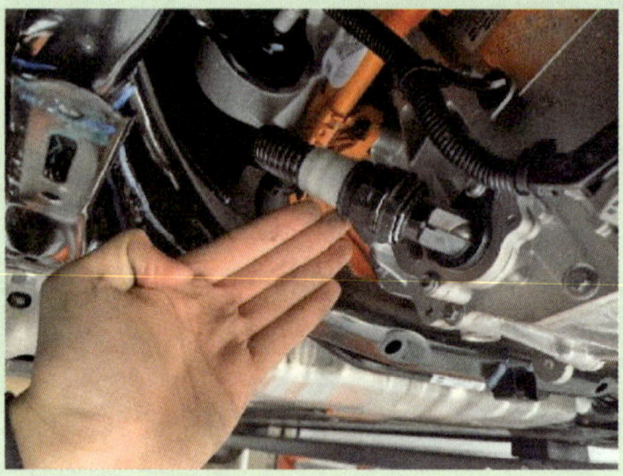

二、行驶系统日常检查与维护

新能源汽车行驶系统若出现故障，车辆的舒适性、安全性将受到严重影响，甚至会造成安全事故，因此行驶系统必须做好日常检查和维护。

行驶系统日常检查与维护内容见表 1-2-2。

表 1-2-2　　行驶系统日常检查与维护

步骤名称	操作步骤	图示
悬架日常检查与维护	将车辆停放在坚实、平整的地面上，保持四个车轮胎压一致，目测车身是否倾斜，若倾斜则需进一步检查各减振器、减振弹簧的状况	

续表

步骤名称	操作步骤	图示
悬架日常检查与维护	分别用力按压车辆前后左右四侧，检查各减振器、悬架是否有异响或漏油现象	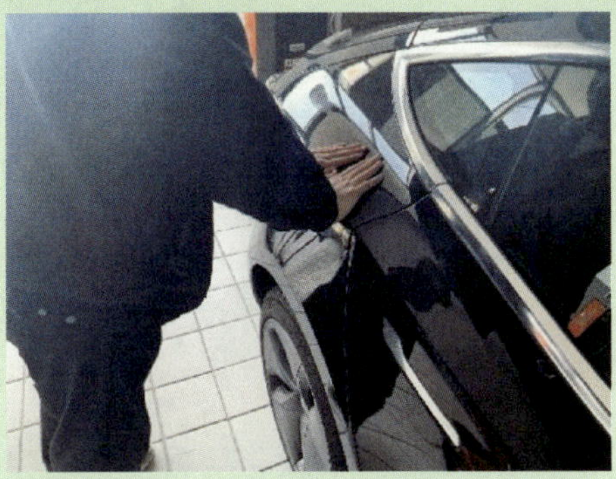
	使用扭力扳手检查减振器上方连接螺栓是否松动，并按要求拧紧	
	目测检查减振器是否出现凹痕、损坏、变形等情况以及减振弹簧有无扭曲、裂纹等情况	
	检查减振弹簧上下座有无松脱、开裂现象，前后减振器是否漏油，防尘罩有无裂纹，油封是否完好	

续表

步骤名称	操作步骤	图示
悬架日常检查与维护	使用扭力扳手检查悬架螺栓、各支架螺栓是否松动，并按要求拧紧	
轮胎日常检查与维护	检查轮胎胎面和胎壁有无裂纹、划痕或其他损坏 检查轮胎胎面和胎壁有无嵌入金属碎屑、石子或其他异物 检查轮胎花纹深度应不小于 1.6 mm（小汽车应用的子午线轮胎纹路磨损极限为 1.6 mm，大货车和客车应用的子午线轮胎纹路磨损极限为 2.0 mm），轮胎胎面磨损标志应可见 检查轮辋和轮辐是否损坏、腐蚀、变形，平衡块是否脱落	 
	检查轮毂轴承间隙有无明显松旷，运转是否良好，有无明显噪声	

续表

步骤名称	操作步骤	图示
轮胎日常检查与维护	按照车辆使用手册上规定的标准气压执行，并在冷态时用气压表测量胎压。若在热态时测量，应略高于标准气压，取适当的修正值	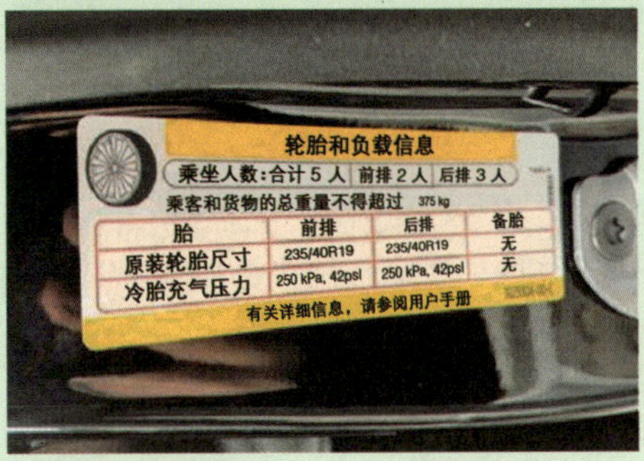
	对轮胎进行换位可使磨损均匀，延长轮胎使用寿命	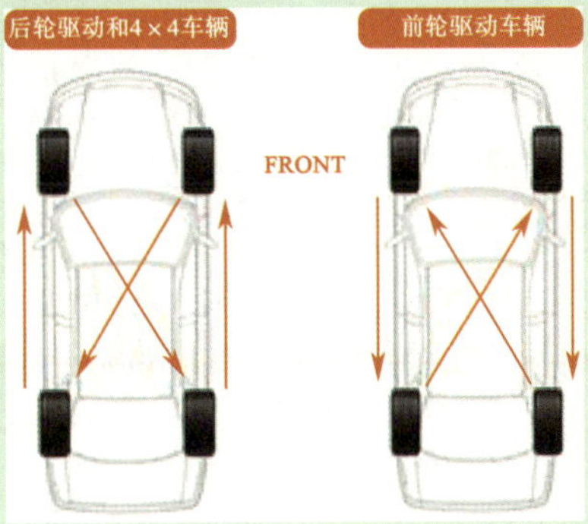

三、转向系统日常检查与维护

转向系统是用来改变或保持汽车行驶方向的重要部件，应经常检查和维护，否则会造成安全事故。

转向系统日常检查与维护内容见表 1-2-3。

表 1-2-3 转向系统日常检查与维护

步骤名称	操作步骤	图示
转向盘日常检查与维护	前后、左右晃动转向盘，检查有无松动或异响。如果发现问题，应及时维修或更换	

续表

步骤名称	操作步骤	图示
转向盘日常检查与维护	检查转向盘的自由间隙，应为10°～15°或0～30 mm。若不在规定范围内，则检查可能损坏的部位，发现缺陷应及时更换	
转向传动机构日常检查与维护	用手晃动转向传动机构，检查是否松动或者摆动 检查转向节主销和衬套润滑是否良好，若润滑效果不好或产生锈蚀，会导致转向困难 检查转向传动机构是否弯曲或者损坏	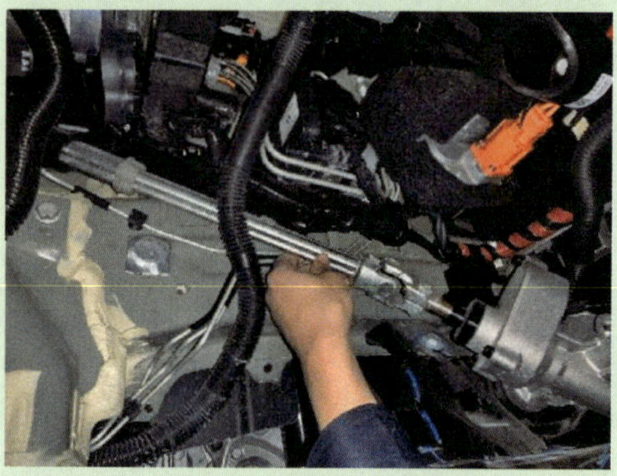
	检查防尘罩有无裂纹或破损	
	检查转向横拉杆球头销是否磨损，如磨损严重，应及时更换	

续表

步骤名称	操作步骤	图示
转向助力功能检查	在道路试车过程中，通过原地转向和在低速行驶中转向，检查转向时转向盘是否沉重 将转向盘分别向左或向右打至极限位置，检查是否有转向盘抖动、转向器异响等故障	
转向盘回正能力检查	缓慢或迅速转动转向盘，检查两种情况下转向盘的操作力有无明显差别，并检查转向盘能否回到中间位置 汽车低速行驶时，将转向盘顺时针或逆时针转动 90°，然后放开 1~2 s，如果转向盘能自动回转 70° 以上，说明工作正常，否则应查明故障原因并予以排除	

四、制动系统日常检查与维护

制动系统各部件随着汽车运行里程的增长会因摩擦而逐渐磨损，还有橡胶制品等材料，会受化学腐蚀而老化变质，影响其使用性能。因此，汽车在行驶中，制动系统常出现磨损、松旷等故障，应及时检查维护，消除隐患。

为预防制动系统失效，确保行车安全，应定期检查制动管路，保持良好技术状况，消除事故隐患。金属管不应有裂纹和凹陷，且不允许安装在容易划伤的地方；制动管路必须牢固可靠，固定夹松弛会引起管子振动，导致管子折断；制动油管接头处不允许有制动液泄漏现象；软管不应与矿物油脂接触。检查时，用力踩制动踏板，在软管上不应有凸起、胀大现象，一旦出现老化或有裂纹，必须更换新件。

制动系统日常检查与维护内容见表 1-2-4。

表 1-2-4　　制动系统日常检查与维护

步骤名称	操作步骤	图示
制动液日常检查与维护	检查储液罐中制动液液面位置，应处在高（MAX）和低（MIN）位刻线之间	

续表

步骤名称	操作步骤	图示
制动液日常检查与维护	检查制动液含水量，使用制动液检测笔，将金属测试头放入被检测制动液中，按下测试开关，根据笔身上的指示灯闪烁颜色来判定制动液是否可以继续使用	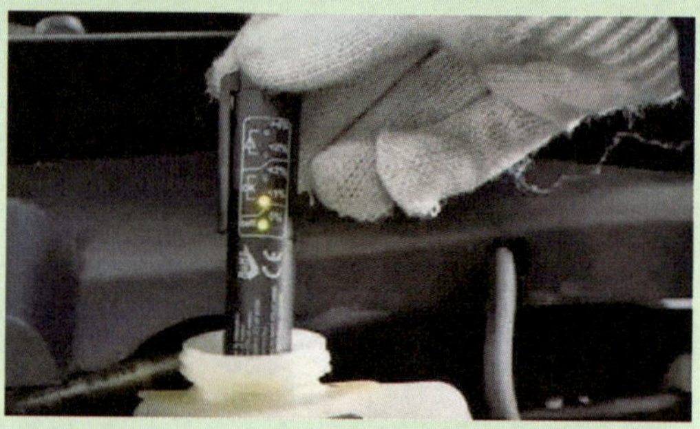
制动踏板检查	检查制动踏板有无反应灵敏度差、踏板不完全落下、异常噪声、过度松动等现象	
	使用直尺测量制动踏板高度，如果超出规定范围，应调整其高度	
	踩下制动踏板数次，然后用手指轻轻按压制动踏板并使用直尺测量制动踏板自由行程	
制动管路检查	目测制动系统液压管路及接头处有无泄漏、破损、锈蚀	

思考与练习

1. 简述新能源汽车传动系统日常检查与维护内容。
2. 简述新能源汽车行驶系统日常检查与维护内容。
3. 简述新能源汽车转向系统日常检查与维护内容。
4. 简述新能源汽车制动系统日常检查与维护内容。

技能实训 1　行驶系统日常检查与维护

技能实训		日期		成绩	
学生姓名		学号		班级	

一、实训目标

1. 能明确行驶系统的组成。
2. 能明确行驶系统日常检查与维护的项目。
3. 能根据技术规范完成悬架的日常检查与维护。
4. 能根据技术规范完成轮胎的日常检查与维护。

二、实训器材

查阅相关资料，写出下列实训器材的名称及用途。

外形	名称	用途

续表

外形	名称	用途
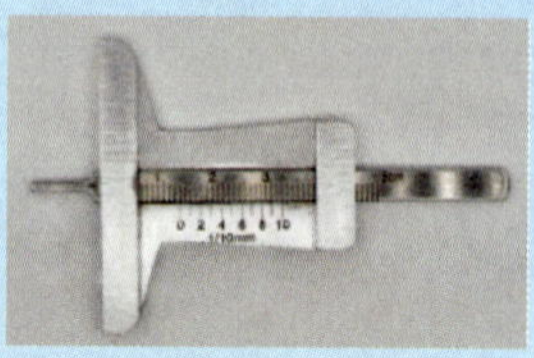		

三、实训内容及步骤

1. 作业前准备

准备作业工具及设备，检查工作场地和设备设施是否清洁，是否存在安全隐患，如不正常请汇报给实训教师。

检查项目	检查内容
安全防护用品	
作业工具	
实训设备设施	
辅助资料	

2. 编写行驶系统日常检查与维护流程

编写行驶系统日常检查与维护流程，填写下表。

序号	检查与维护流程

续表

序号	检查与维护流程

3. 小组分工

分工	组员	分工	组员
操作员		记录员	
监护员		展示员	

4. 安全注意事项

查阅相关资料，填写下表。

序号	注意事项

5. 行驶系统日常检查与维护

通过相关知识的学习，填写下表。

序号	图示	操作步骤
1		

续表

序号	图示	操作步骤
2		
3		
4		
5		

续表

序号	图示	操作步骤
6		
7		
8		
9		

续表

序号	图示	操作步骤
10	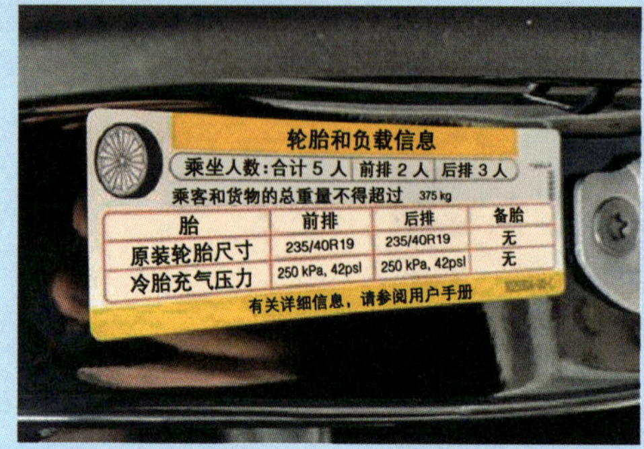	
11	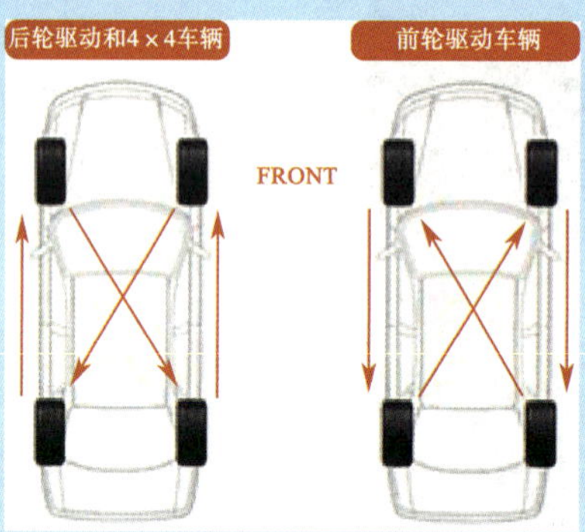	

四、检验与评估

1. 小组互评

小组选派代表进行实训操作展示，其余小组根据展示和阐述进行评价，并记录评价结果。

序号	评价标准	评价结果
1	任务目标制定是否合理	
2	任务过程表述是否清晰	
3	任务结果是否符合实际情况	
4	任务计划是否切实、有效执行	
5	任务体会是否深刻	
综合评价		

2. 组内互评

每个成员对组员的表现进行打分，并填写下表。

组长：________　　组号：________

序号	1	2	3	4	5	6
姓名						
分工						
评价						

注：评价采用 5 分制。

3. 自我反思和评价

根据个人在课堂上的实际表现，填写下表。

自我反思	
自我评价	

五、实训考核

对各小组技能实训情况进行考核，并完成下表。

项目	评分标准	分值	得分
工作任务接收	能正确接收并理解工作任务及要求	10	
资料收集	熟知行驶系统的结构组成	10	
计划制订	能按规范作业要求，制订完成任务的计划，写出行驶系统日常检查与维护的主要内容	15	
计划实施	悬架的日常检查与维护	20	
	轮胎的日常检查与维护	25	
质量检查	任务完成良好，操作过程规范	10	

续表

项目	评分标准	分值	得分
评价反馈	能根据自身及组员表现进行客观评价	5	
	能在任务实施过程中发现自身及组员的问题	5	
合计		100	

模块二
传动系统的检修

课题一 纯电动汽车变速器的结构组成与拆装

学习目标

1. 掌握纯电动汽车变速器的结构组成。
2. 掌握纯电动汽车变速器的工作原理。
3. 能进行纯电动汽车变速器的拆装。

任务描述

某比亚迪 e5 汽车行车时发现前机舱位置有异响，且车速越快响声越大，经检查发现该车辆变速器总成部位有异响，应如何进行检测与维修呢？

任务分析

发现异响存在于车辆变速器总成部位，若更换变速器油后仍有异响，且声音像齿轮的啮合声，应分解变速器查看内部齿轮啮合情况。

相关理论

一、纯电动汽车变速系统概述

传统燃油汽车需要变速器改变发动机的输出功率和车轮的转速，而纯电动汽车通常只有一个单速减速器来将电动机的高速低转矩转换为车轮的低速高转矩。这种设计简化了纯电动汽车的传动系统，减少了机械损耗，同时也降低了维护成本。

随着对新能源汽车能耗要求的提升，两挡变速器、同轴变速器等新型变速器不断出现。以两挡变速器为例，如图 2-1-1 所示，其与减速比为 9～10.5 的单挡变速器相比，两挡变速器的低速挡减速比设置为 11～12，可满足加速和爬坡性能，而且所需电动机最大转矩可以降低；高速挡减速比设置为 5～9，可满足最高车速要求，而且所需电动机最高转速可以降低。电动机最大转矩和最高转速降低，可使得电动机小型化、轻量化。

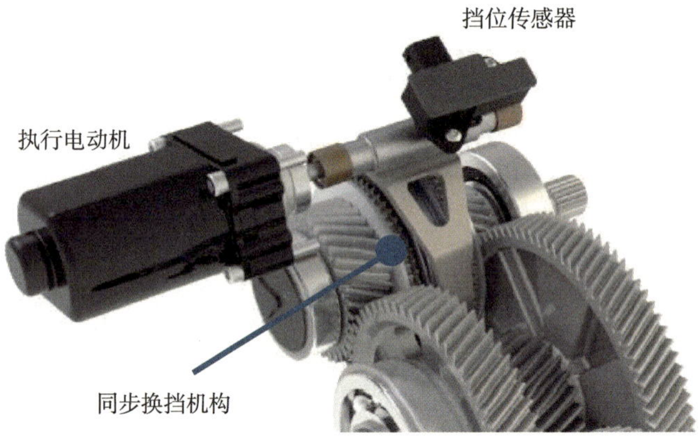

图 2-1-1　两挡变速器

二、齿轮变速器的组成

1. 齿轮变速器的结构

齿轮变速器主要由差速器、输入轴、输出轴组成，如图 2-1-2 所示。

（1）差速器的结构

差速器主要由轴承座、圆锥滚子轴承、差速器壳和主减速器齿圈等组成。

（2）输入轴的结构

输入轴主要由花键、滚珠轴承和常啮合齿轮等组成。

（3）输出轴的结构

输出轴主要由圆锥滚子轴承、输出轴小齿轮、输出轴大齿轮和锁止齿轮等组成。

图 2-1-2 齿轮变速器的结构

2. 齿轮变速器的工作原理

（1）N 挡动力传递路线：半轴→差速器齿轮→输出轴小齿轮→输出轴大齿轮→输入轴小齿轮→电动机，如图 2-1-3 所示。

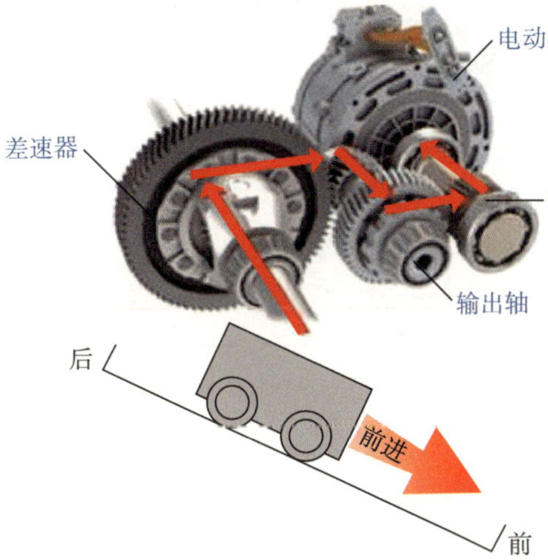

图 2-1-3 N 挡动力传递路线

（2）D 挡动力传递路线：电动机→输入轴小齿轮→输出轴大齿轮→输出轴小齿轮→差速器齿轮→半轴，如图 2-1-4 所示。

（3）R 挡动力传递路线：电动机→输入轴小齿轮→输出轴大齿轮→输出轴小齿轮→差速器齿轮→半轴，如图 2-1-5 所示。

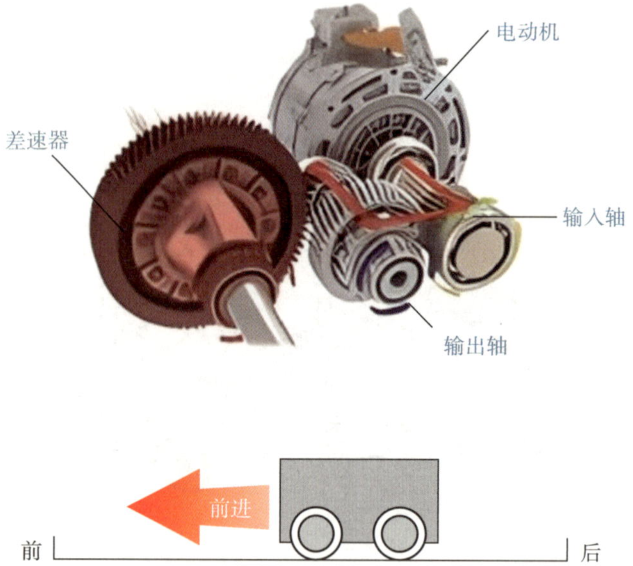

图 2-1-4　D 挡动力传递路线

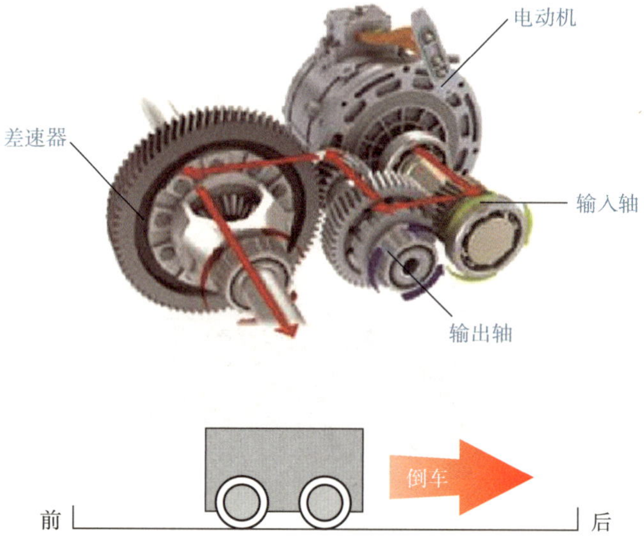

图 2-1-5　R 挡动力传递路线

三、变速器的拆装

1. 准备工作

（1）做好车辆安全防护与隔离。

（2）准备常用工具套装、绝缘工具套装、数字万用表等。

2. 变速器的拆装

变速器总成的拆装见表 2-1-1。

表 2-1-1　　　　变速器总成的拆装步骤

步骤名称	操作步骤	图示
排放润滑油	分别拧松放、注油螺栓	
	将润滑油排放干净，同时检查放油螺栓和 O 形圈是否完好	
分离前后箱体	交错拆卸前后箱体固定螺栓	
	拆卸前后箱体固定螺栓	

续表

步骤名称	操作步骤	图示
分离前后箱体	分离箱体 **注意：保管好拆卸下的零部件**	
拆卸齿轮组件	在齿轮组件未取下之前，先转动主轴或主减速从动齿轮，检查整个齿轮轮系是否有卡滞	
	检查主轴前轴承内外圈是否有磨损、变形	
	分离差速器壳体组件	

续表

步骤名称	操作步骤	图示
拆卸齿轮组件	拆卸副轴组件固定螺栓	
	分离副轴组件	
	拆卸主轴定距环固定螺栓	
	分离主轴组件	

续表

步骤名称	操作步骤	图示
清洗变速器	将圆锥滚子轴承、差速器壳体表面的粉尘、铁屑等杂质清理干净	 
清洗副轴组件	将差速器组件表面及差速器壳体内部的粉尘、铁屑等杂质清洗干净；转动行星齿轮或半轴齿轮，检查其是否有卡滞并进行清洁 **注意：保管好差速器半轴固定环**	
清洗主轴组件	将球轴承、圆柱滚子轴承、主轴、主轴定距环和 P 挡棘轮表面的粉尘、铁屑等杂质清理干净	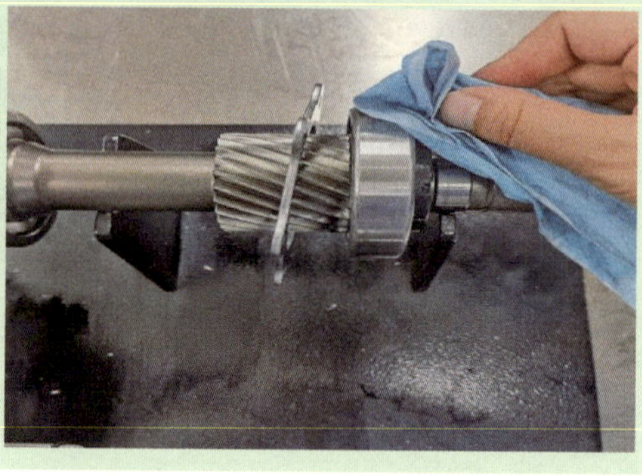

续表

步骤名称	操作步骤	图示
安装主轴组件	安装主轴组件	
	按规定力矩拧紧固定螺栓	
安装副轴组件	安装副轴组件	
	按规定力矩拧紧固定螺栓	

续表

<table>
<tr><th>步骤名称</th><th>操作步骤</th><th>图示</th></tr>
<tr><td rowspan="3">调整垫片</td><td>先将前箱体放置在工作台上，保持前后箱体合箱面向上且尽量水平。用游标高度卡尺测量右图 B 和 C 两个面（副轴轴承的外圈端面）距 A 面（前后箱体合箱面）的距离</td><td>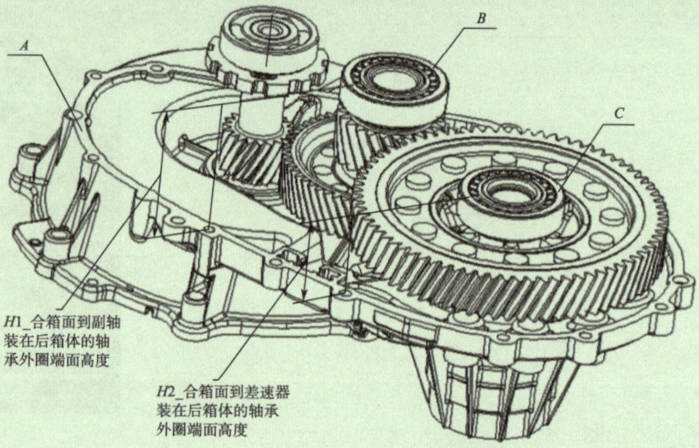
</td></tr>
<tr><td>测量差速器前箱体上放置的差速器组件高度 H</td><td>

</td></tr>
<tr><td>测量后箱体轴承孔底深度 D</td><td>
</td></tr>
</table>

续表

<table>
<tr><th>步骤名称</th><th>操作步骤</th><th>图示</th></tr>
<tr><td rowspan="2">调整垫片</td><td>测量后箱体轴承孔底深度 *D*</td><td></td></tr>
<tr><td>副轴调整垫片的参照表</td><td>
<table>
<tr><th>序号</th><th>厚度 / mm</th><th>序号</th><th>厚度 / mm</th><th>序号</th><th>厚度 / mm</th></tr>
<tr><td>1</td><td>0.60</td><td>7</td><td>0.90</td><td>13</td><td>1.20</td></tr>
<tr><td>2</td><td>0.65</td><td>8</td><td>0.95</td><td>14</td><td>1.25</td></tr>
<tr><td>3</td><td>0.70</td><td>9</td><td>1.00</td><td>15</td><td>1.30</td></tr>
<tr><td>4</td><td>0.75</td><td>10</td><td>1.05</td><td>16</td><td>1.35</td></tr>
<tr><td>5</td><td>0.80</td><td>11</td><td>1.10</td><td>17</td><td>1.40</td></tr>
<tr><td>6</td><td>0.85</td><td>12</td><td>1.15</td><td>18</td><td>1.45</td></tr>
</table>
</td></tr>
<tr><td rowspan="2">安装前后箱体</td><td>安装前后箱体</td><td></td></tr>
<tr><td>按规定力矩拧紧前后箱体固定螺栓</td><td>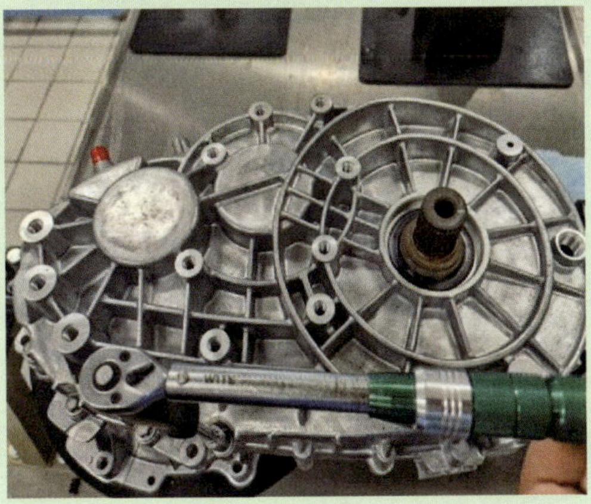</td></tr>
</table>

续表

步骤名称	操作步骤	图示
安装前后箱体	按规定力矩拧紧放、注油螺栓	
	按规定力矩拧紧前后箱体另一侧固定螺栓	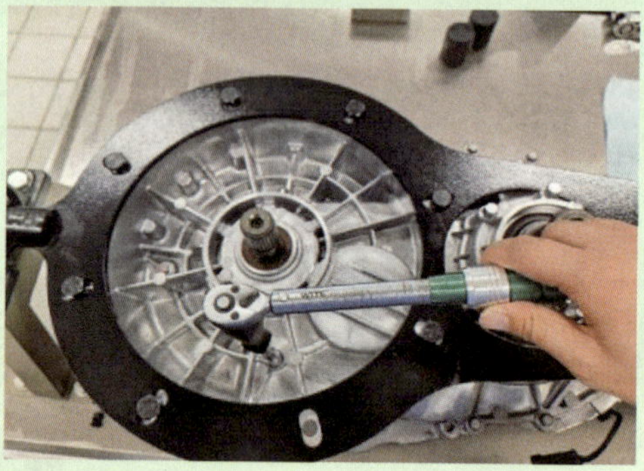

更换变速器总成后，经过路试，汽车前机舱不再发出异响，维修任务完成。

思考与练习

1. 简述比亚迪 e5 变速器的组成。
2. 简述 D 挡动力传递路线。

课题二 | 混合动力电动汽车传动系统的结构组成与拆装

学习目标

1. 掌握混合动力电动汽车传动系统的工作原理。
2. 掌握混合动力电动汽车的工作模式。
3. 掌握混合动力电动汽车传动系统的分类。
4. 能对混合动力电动汽车驱动桥进行拆装。

●任务描述

某丰田普锐斯混合动力电动汽车在行驶过程中发生异响，客户将车辆送到4S店进行诊断和维修。维修技师确认故障信息后，发现该车辆变速驱动桥存在异响，现要求维修工将变速驱动桥总成拆卸下来进行分解检查，应如何进行拆卸?

●任务分析

丰田普锐斯混合动力电动汽车的传动系统由动力分配装置、发电机、电动机和减速机构等组成，发动机的动力经过动力分配装置分成两个部分，其中一个输出轴连接到电动机，另一个连接到发电机。将车辆举升至合适高度，启动车辆，挂入前进挡，检查发动机、发电机、电动机和驱动桥等部位，发现驱动桥存在异响，且车速越高声音越大。

相关理论

一、混合动力电动汽车传动系统

混合动力电动汽车可以节省燃油、降低二氧化碳和有害物质排放，同时也可以提高驾驶乐趣和行驶舒适性。混合动力电动汽车不仅使用内燃机，还使用至少一台电动机作为驱动装置。

1. 分类及工作原理

混合动力电动汽车一般情况下分为微混合型混合动力电动汽车、轻度混合型混合动力电动汽车和全混合型混合动力电动汽车，按照其功能只有后两种形式的混合动力电动汽车可以进行纯电动行驶。

微混合型混合动力电动汽车是在传统内燃机上加装了用带传动驱动的电动机，这种电动机是启动、发电一体式的，可以用来迅速启动发动机，因此该类车型取消了发动机怠速，降低了油耗与排放。轻度混合型混合动力电动汽车使用电动机对内燃机提供支持，其在不同工作状态下提供附加的驱动功率和制动功率。全混合型混合动力电动汽车将内燃机与一台（或两台）电动机组合在一起，其除依靠内燃机提供动力行驶及依靠电动机提供支持外，也可以纯电动行驶。

轻度混合型混合动力驱动系统和全混合型混合动力驱动系统都需要一个给电动机供电的蓄电池，一般来说，使用电压相对高的牵引蓄电池作为蓄能器。

相对于传统的驱动系统，轻度混合型混合动力汽车与全混合型混合动力汽车的电动机和内燃机驱动源的组合有下列优势：电动机在低转速下持续提供高转矩，对内燃机提供理想的支持，其转矩从平均转速起才开始升高，电动机和内燃机可在所有行驶状况下提供高的行驶动力；通过电动机的辅助作用可让内燃机在最佳效率范围内进行驱动或者处于较低污染物排放的范围内；与一台电动机组合在一起可在总功率不变的情况下使用一台较小的内燃机，以缩减设备尺寸；与一台电动机组合在一起可在总功率不变的情况下使用一台传动比较大的变速器。

2. 工作模式

根据工作状态和所需转矩，内燃机和电动机各自负责不同程度的驱动功率，混合动力控制系统根据车辆行驶状况来自动控制内燃机和电动机的转矩分配。内燃机、电动机和蓄电池协作的方式规定了不同的工作模式，即包括纯电动行驶模式、混合动力行驶模式、发电机运行模式、加速或爬坡运行模式、再生制动运行模式。

（1）纯电动行驶模式

当汽车启动时，混合动力系统仅使用由动力蓄电池提供能量的电动机的动力，这时发动机并不运转，因为发动机不能在低速时输出大转矩，而电动机可以灵敏、顺畅、高效地启动，如图 2-2-1 所示。

对于发动机而言，在低中速时的效率并不理想，而电动机在低中速时性能优越。因此，低中速行驶时，混合动力系统使用动力蓄电池的电力驱动电动机行驶，如图 2-2-2 所示。

图 2-2-1　启动时的动力传递路线

图 2-2-2　低中速行驶时的动力传递路线

动力蓄电池的电量少时，利用发动机带动发电机发电，为电动机提供动力；只有在动力蓄电池电能充足的情况下，车辆才能依靠动力蓄电池进行纯电动行驶，且只有全混合型动力装置才能在较长的行驶里程上单独通过电动机来驱动车辆进行纯电动行驶。

（2）混合动力行驶模式

混合动力系统使用发动机为主要动力源，由发动机产生的动力直接驱动车轮，依照驾驶状况部分动力被分配给发电机，发电机产生的动力用来驱动电动机和辅助发动机驱动，如图 2-2-3 所示。利用发动机和电动机这一双重传动系统，使发动机产生的动力以最小消耗被传向地面。动力蓄电池的电量少时，发动机输出功率会被提高以加大发电量，给动力蓄电池充电。

图 2-2-3　混合动力行驶模式的动力传递路线

（3）发电机运行模式

混合动力系统在高速运转时是采用发动机来驱动的，而发动机有时会产生多余的能量，这时多余的能量由发电机转换成电力，用于储存在动力蓄电池中，如图 2-2-4 所示。

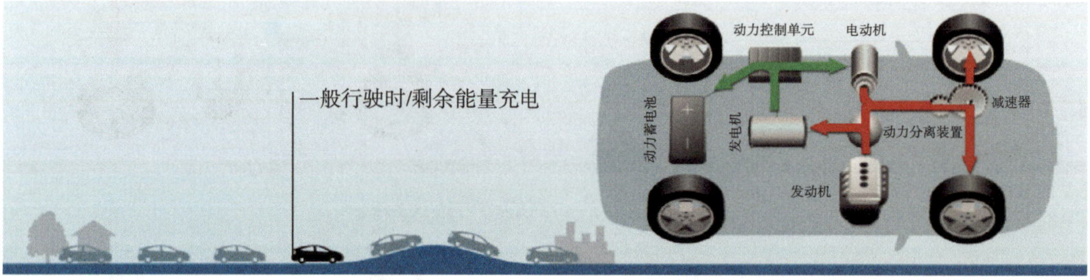

图 2-2-4　发电机运行模式的动力传递路线

（4）加速或爬坡行驶模式

在需要强劲加速力（如爬陡坡或超车）时，动力蓄电池也提供电力，来加大电动机的驱动力，如图 2-2-5 所示。发动机和电动机双动力结合输出的最大转矩使车辆得到最大牵引转矩，混合动力系统使车辆得以实现与高一级发动机相同的加速性能。

图 2-2-5　加速或爬坡行驶模式的动力传递路线

（5）再生制动运行模式

在踩制动踏板和松开加速踏板时，混合动力系统使车轮的旋转力带动电动机运转，将其作为发电机使用。减速时，在传统汽车中通常作为摩擦热散失掉的能量，在再生制动运行模式下被转换成电能，回收到动力蓄电池中进行再利用，如图 2-2-6 所示。

二、混合动力电动汽车的混合度

混合动力电动汽车的混合度说明了在某种程度上内燃机和电动机之间驱动功率的分配是可以变化的。混合动力汽车的混合度可分为微混合动力、轻度混合动力和全混合动力，其根本区别在于，电动机的功率或者涉及电动驱动装置的功率占总驱动功率的比例。另外，混合度不同，其动力蓄电池的能量含量也不一样。

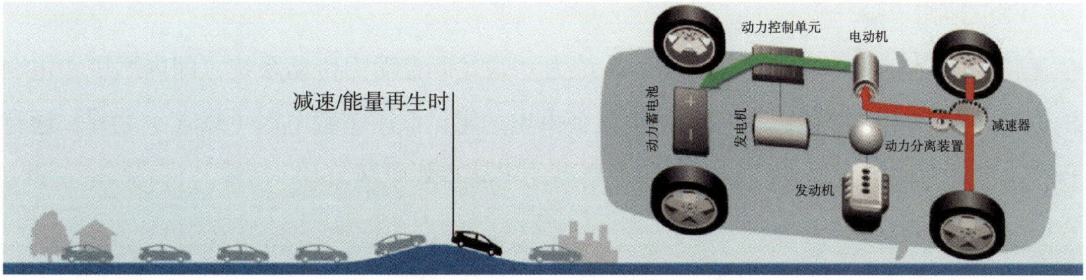

图 2-2-6　再生制动运行模式的动力传递路线

1. 微混合型混合动力传动系统

（1）功能

停车时，发动机电子控制单元进行如下检查：是否未挂入任何挡位；防抱死系统的转速传感器是否显示为零；蓄电池电子传感器是否报告有启动车辆所需的足够能量。如满足这些条件，发动机会自动关闭。当松开制动踏板时，起动机收到信号，发动机便会再次启动，且启动迅速、平稳并立即处于准备工作状态。

（2）结构

启动 / 停止系统用增强型起动机代替了传统起动机。启动 / 停止系统需要一个具有与起动机和传感器附加接口匹配的发动机电子控制单元。由于启动 / 停止系统是一个与排放有关的系统，因此其必须满足车载诊断系统的要求，也就是说必须在行驶模式下对其进行监控并将与废气相关的故障存储在控制单元的故障存储器中。

由于要进行多次快速的启动过程，因此蓄电池必须是深循环式的。用一个蓄电池传感器对蓄电池进行监控，在自动关闭内燃机之前，传感器会检查蓄电池的充电状态并告知发动机电子控制单元。

（3）燃油消耗

相对传统车辆，在行驶过程中的微混合型混合动力系统可以节约 3.5%～4.5% 的燃油。

2. 轻度混合型混合动力传动系统

（1）功能

除了启动 / 停止功能外，轻度混合型混合动力系统也可进行再生制动以及通过电动机进行转矩支持，电动机提供一种叠加在内燃机转矩之上的附加转矩。在这种情况下，动力蓄电池提供不超过 20 kW 的电功率，一般将其用于起步或在发动机转速低时进行加速。

（2）结构

轻度混合型混合动力汽车的传动系统为并联式混合动力传动系统，即内燃机和电动机位于同一个轴（曲轴）。除了向用电设备供电的常见低压车载电网（12 V）之外，还有一个为电动驱动装置供电的、电压明显更高的电动车载电网。

（3）燃油消耗

相对于传统车辆，在行驶过程中的轻度混合型混合动力汽车最多可节约 15% 的燃油。

3. 全混合型混合动力传动系统

（1）功能

相对于轻度混合型混合动力传动系统，全混合型混合动力传动系统可在较长的行驶里程上仅利用电驱动装置行驶，且在电动行驶期间，内燃机不工作。电动车载电网或动力蓄电池的电压大多为 200～350 V。

（2）结构

可通过并联式或串联式能量流以及并联式和串联式能量流的组合实现全混合动力，也可以通过电传动装置产生并联式能量流。为了实现串联式能量流，动力传动机构中必须有两个电传动装置。

对于带两个离合器的并联式混合动力传动系统，内燃机和电动机之间有一个离合断开装置，这样在纯电动行驶时可将内燃机从电动机上分离。

带串联式和并联式组合能量流的全混合动力传动系统是一种功率分流式系统，其中中央变速元件是一个行星齿轮。

（3）燃油消耗

在行驶过程中，全混合型混合动力汽车最多可节约 30% 的燃油。

三、混合动力电动汽车的传动装置配置

根据混合动力传动的联结方式，混合动力系统主要分为串联式混合动力传动系统、并联式混合动力传动系统、混联式混合动力传动系统。

1. 串联式混合动力传动系统

串联式混合动力传动系统即用电动机驱动车轮，电动机的电力来自发动机。串联式混合动力传动系统由电动机、发动机、发电机、动力蓄电池、变压器等组成，如图 2-2-7 所示。由一个小输出功率的发动机运转来带动发电机，直接向电动机提供电力，或一边给动力蓄电池充电一边行驶。由于发动机的动力是以串联的方式传给电动机，

因此称为串联式混合动力传动系统。

串联式混合动力传动系统一般由内燃机直接带动发电机发电，产生的电能通过控制单元传到蓄电池，再由蓄电池传输给电动机转化为动能，最后通过变速机构来驱动汽车。蓄电池在发电机产生的能量和电动机需要的能量之间进行调节，从而保证车辆正常工作。这种动力系统在城市公交上的应用比较多，轿车上很少使用。

2. 并联式混合动力传动系统

并联式混合动力传动系统即用电动机和发动机来驱动车轮，用发动机给动力蓄电池充电。

并联式混合动力传动系统由电动机、发动机、动力蓄电池、变压器和减速器组成，如图 2-2-8 所示。并联式混合动力传动系统中利用动力蓄电池的电力来驱动电动机，电动机兼用为发电机，不能一边发电一边行驶。动力的流向为并联，因此称为并联式混合动力传动系统。

并联式混合动力传动系统包括传统的内燃机驱动系统和电动机驱动系统。两个系统既可以同时协调工作，也可以各自单独工作驱动汽车，并联式混合动力传动系统适用于多种不同的行驶工况，尤其适用于复杂的路况。

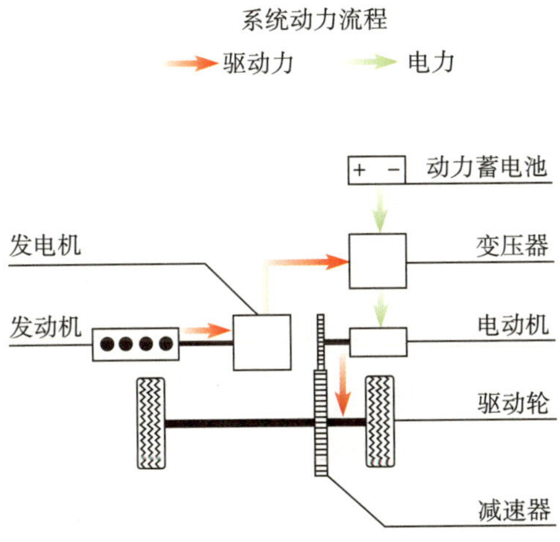

图 2-2-7　串联式混合动力传动系统的组成

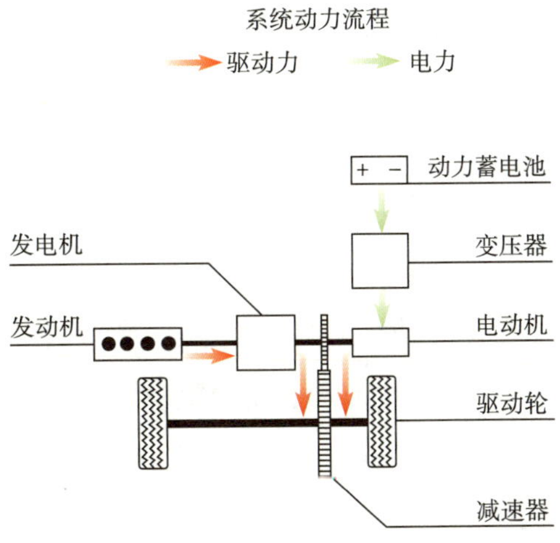

图 2-2-8　并联式混合动力传动系统的组成

3. 混联式混合动力传动系统

混联式混合动力传动系统利用电动机和发动机来驱动车轮，并可用发电机来发电，同时电动机在行驶中也可用来发电。

根据行驶条件不同，混联式混合动力传动系统可以仅靠电动机驱动力来行驶，也可同时利用发动机和电动机驱动行驶。另外，还安装有发电机，可以一边行驶，一边给动力蓄电池充电。混联式混合动力传动系统由电动机、发动机、动力蓄电池、发电机、动力分离装置、电子控制单元（变压器、转换器）等组成，如图 2-2-9 所示。利用动力分离装置将发动机的动力分开，一部分用来直接驱动车轮，另一部分用来发电，给电动机供应电力和给动力蓄电池充电。

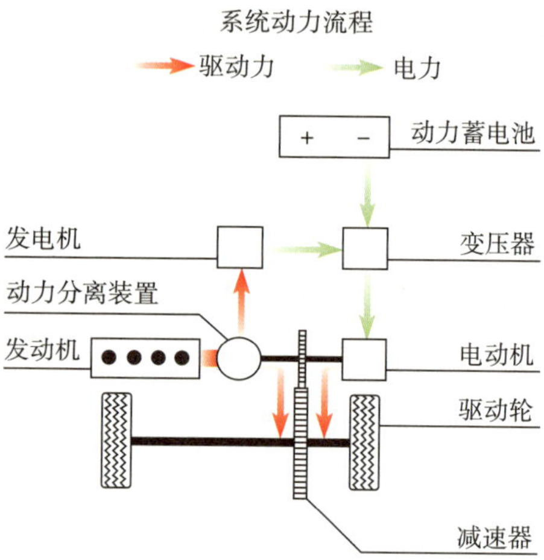

图 2-2-9　混联式混合动力传动系统的组成

混联式混合动力传动系统的特点在于内燃机驱动系统和电动机驱动系统各有一套机械变速机构，两套机构通过齿轮系或采用行星轮式结构结合在一起，从而综合调节内燃机与电动机之间的转速关系。与并联式混合动力传动系统相比，混联式混合动力传动系统可以更加灵活地根据工况来调节内燃机的输出功率和电动机的运转。

四、混合动力变速驱动桥的组成

1. 概述

驱动系统是新能源汽车最主要的系统之一，新能源汽车运行性能的好坏主要是由其驱动系统决定的。新能源汽车驱动系统通常由驱动电机、电机控制器、机械传动装置、车轮等组成，它的储能动力源是动力电池组，电机控制器接收从加速踏板、制动踏板和控制手柄传来的输入信号，控制驱动电机的旋转，通过减速器、传动轴、差速器、半轴等机械传动装置带动车轮。

变速驱动桥是混合动力电动汽车驱动系统的重要组成结构。以丰田普锐斯为例，其所采用的是 P410 混合动力驱动桥，它由电动机 MG1、电动机 MG2、复合齿轮机构、变速驱动桥阻尼器、主减速器主动齿轮、主减速器从动齿轮、中间轴从动齿轮、差速器齿轮机构和油泵等组成，如图 2-2-10 所示。P410 混合动力驱动桥具有三轴配置，复合齿轮机构、变速驱动桥阻尼器、油泵、MG1 和 MG2 连接到输入轴；主减速器主动齿轮和中间轴从动齿轮连接到第二轴；主减速器从动齿轮和差速器齿轮机构连接到第三轴，如图 2-2-11 所示。

2. 复合齿轮机构

复合齿轮机构由电动机减速行星轮和动力分配行星轮组成，每个行星齿圈与复合齿轮整合在一起，同时复合齿轮与中间轴主动齿轮和驻车挡齿轮整合在一起，如图 2-2-12

所示。行星轮机构中各部件的连接关系见表 2-2-1。

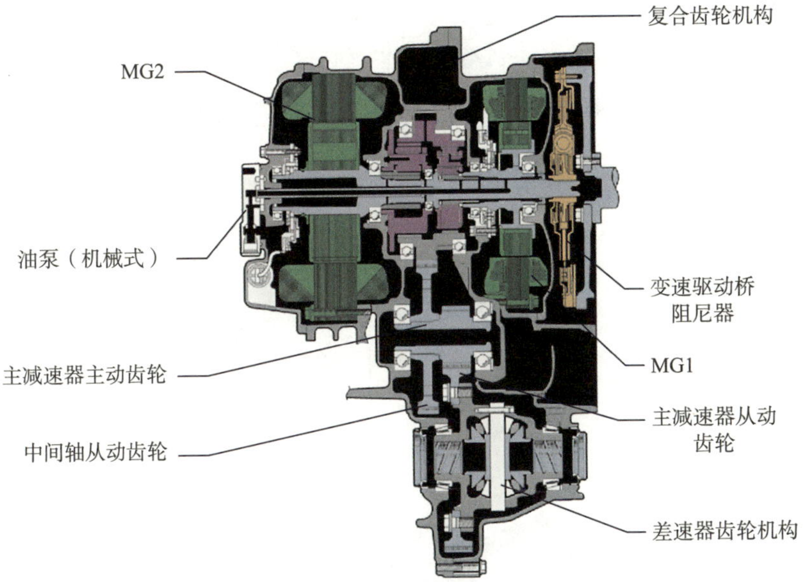

图 2-2-10　P410 混合动力驱动桥的组成

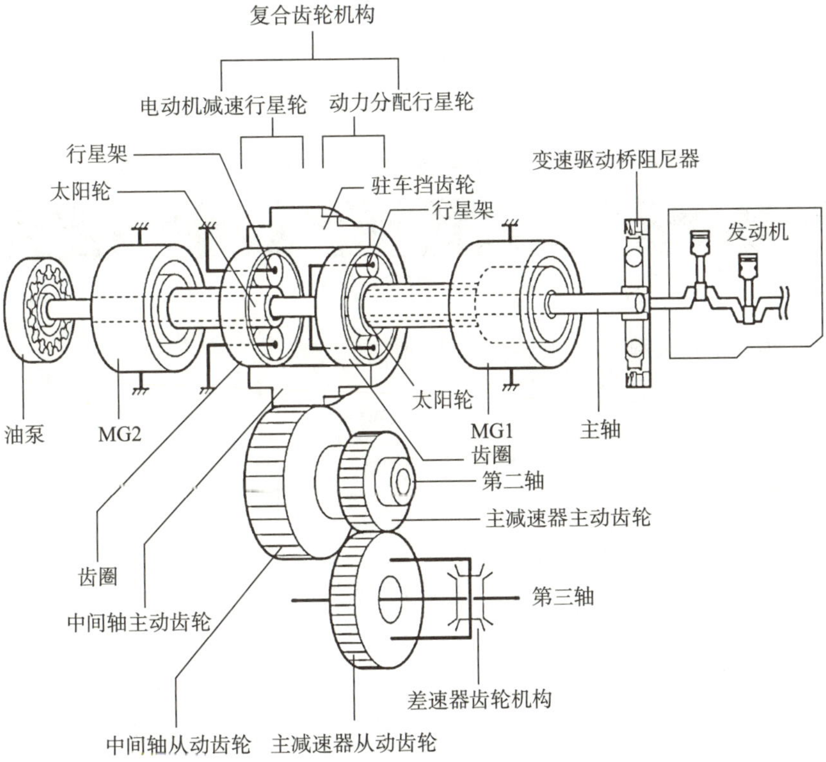

图 2-2-11　P410 混合动力驱动桥的三轴配置

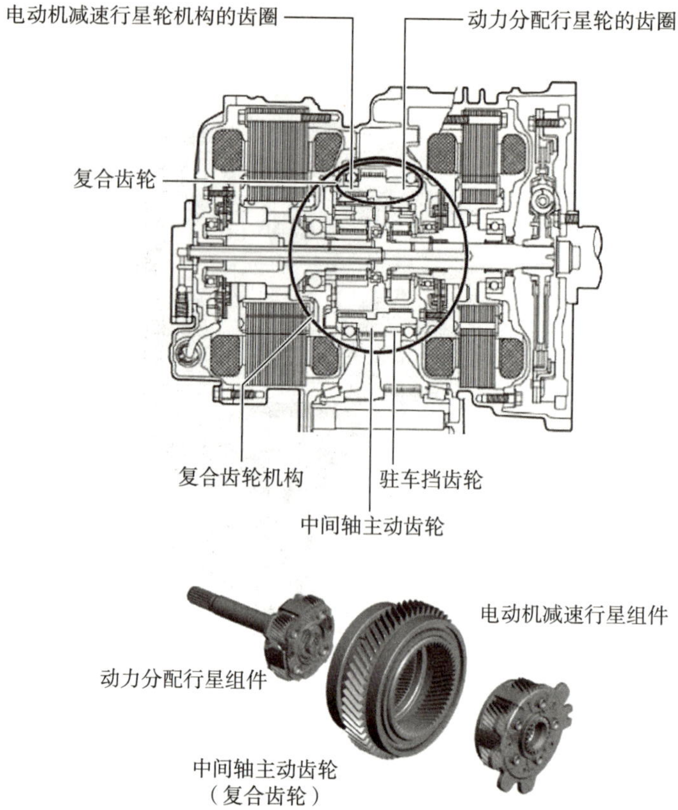

图 2-2-12　复合齿轮机构

表 2-2-1　　行星轮机构与驱动桥的连接关系

行星轮		连接
动力分配行星轮机构	太阳轮	MG1
	齿圈	输出（车轮）
	行星架	发动机输出轴
电动机减速行星轮机构	太阳轮	MG2
	齿圈	输出（车轮）
	行星架	固定

（1）动力分配行星轮机构

复合齿轮机构中的动力分配行星轮机构以下述三种方式传输原动力。

1）由行星架输入的发动机原动力被输出到齿圈上，通过电动机减速行星轮将 MG2 原动力输出到齿圈上，两种原动力汇集在一起以驱动车轮，如图 2-2-13 所示。

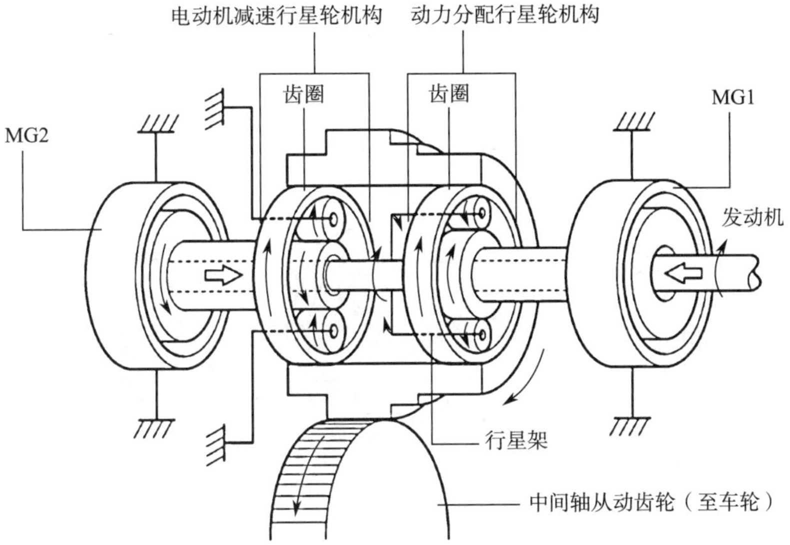

图 2-2-13　发动机和 MG2 同时输入原动力

2）MG2 原动力通过电动机减速行星轮被输出到齿圈上，用来驱动车轮，如图 2-2-14 所示。

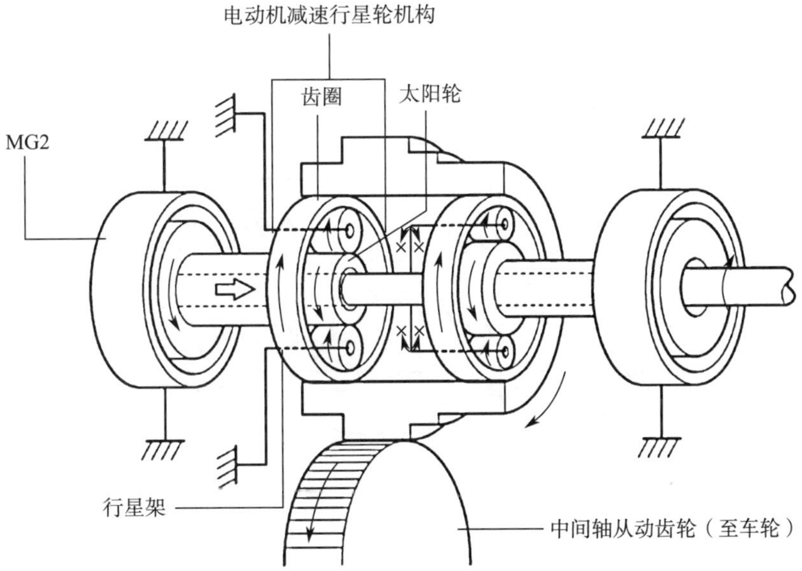

图 2-2-14　MG2 输入原动力

3）由行星架输入的发动机原动力被输出到太阳轮上，传输原动力使 MG1 作为发电机工作，如图 2-2-15 所示。

（2）电动机减速行星轮机构

位于复合齿轮机构内的电动机减速行星架是固定的，如图 2-2-16 所示。由太阳轮输入的 MG2 原动力被输出到齿圈上以驱动车轮。因此，电动机减速行星轮可以根据固定传动比降低 MG2 的转速，增大转矩。

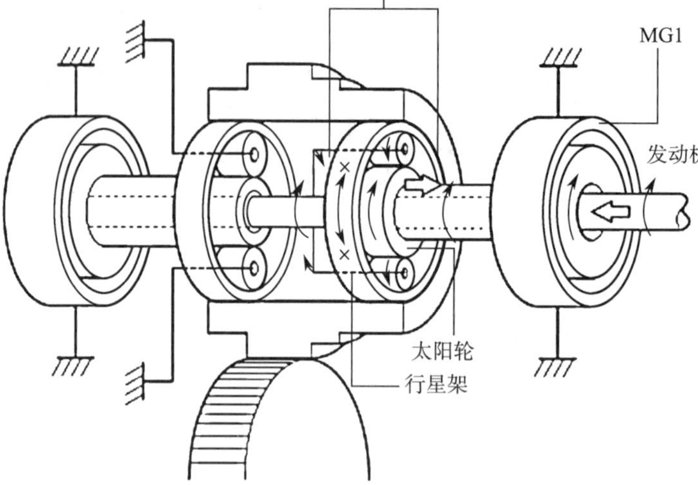

图 2-2-15　发动机驱动 MG1 输入原动力

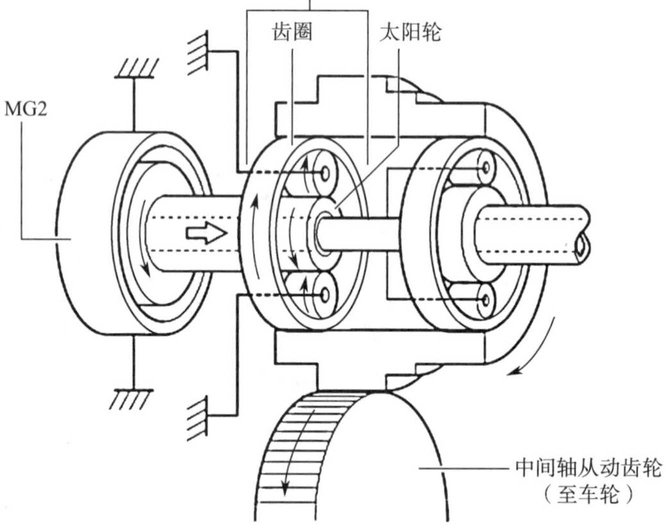

图 2-2-16　电动机减速行星轮

3. 齿轮系

P410 混合动力驱动桥将发动机和 MG2 产生的原动力经过减速齿轮传输到复合齿轮机构的中间轴主动齿轮、中间轴从动齿轮、主减速器主动齿轮，然后传输到差速器齿轮机构，以驱动前轮，如图 2-2-17 所示。

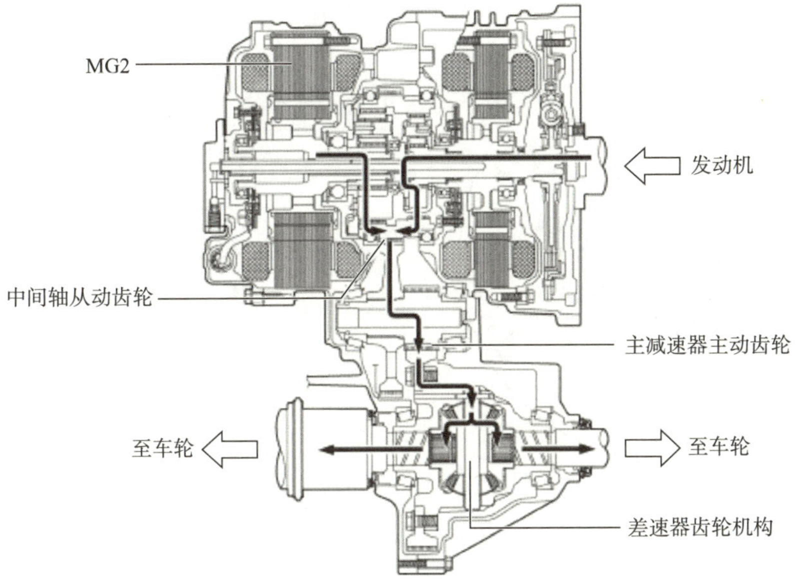

图 2-2-17　P410 混合动力驱动桥齿轮系

动力分配行星轮组件的太阳轮连接到 MG1，行星架连接到发动机，齿圈连接到复合齿轮（车轮）。电动机减速行星轮组件的太阳轮连接到 MG2，齿圈连接到复合齿轮（车轮），行星架固定在驱动桥壳上。两行星轮组件的齿圈组合在一起，如图 2-2-18 所示。

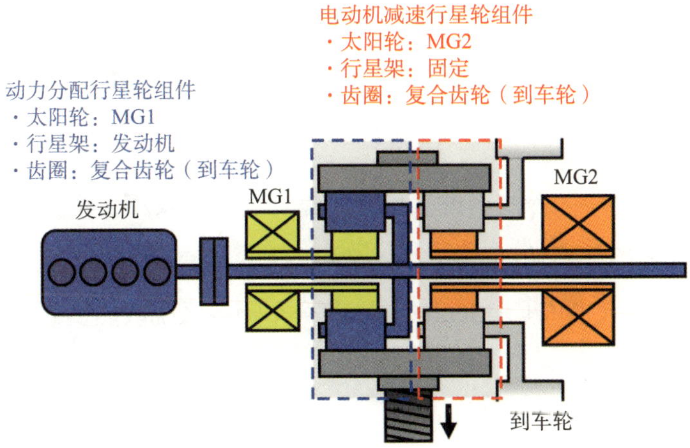

图 2-2-18　各齿轮系连接情况

4. 差速器齿轮机构

差速器齿轮机构采用了类似于常规型驱动桥差速器装置的双小齿轮。

5. 变速驱动桥阻尼器

变速驱动桥阻尼器包含四个具有低扭转特性的螺旋弹簧，用来吸收发动机驱动力的转矩波动，转矩波动吸收机构采用干式、单盘摩擦材料，如图 2-2-19 所示。

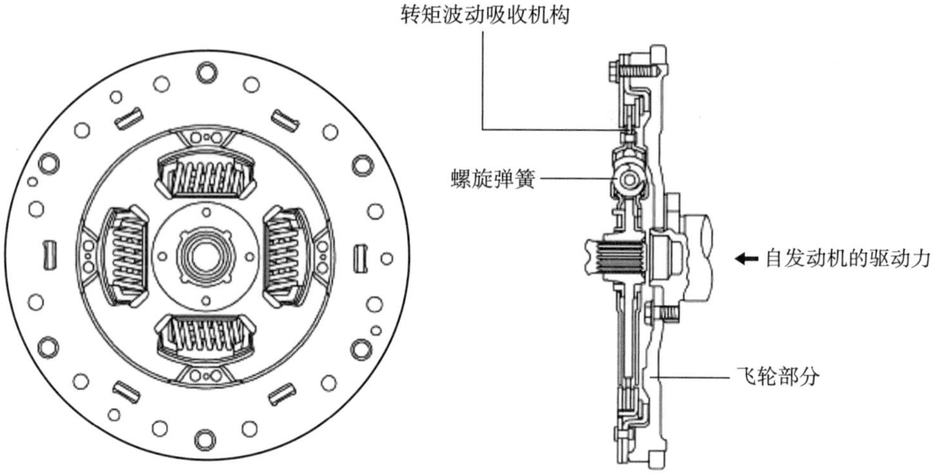

图 2-2-19　变速驱动桥阻尼器

6. MG1 和 MG2

MG1 和 MG2 同轴且位于复合齿轮机构的两端，MG1 与动力分配行星轮机构的太阳轮连接，MG2 与电动机减速行星轮机构的太阳轮连接。

MG 定子采用三相线圈结构（U 相、V 相、W 相）。当施加三相交流电时，电动机内部会产生旋转磁场，根据转子的方向和速度控制旋转磁场，设置在转子中的永磁体被旋转磁场吸引，从而产生转矩。发电时，转子（永磁体）的转动导致磁场发生变化，产生感应电动势，从而驱动感应电流在定子线圈中流动并通过定子绕组流回电源。

7. 冷却系统

混合动力变速驱动桥的冷却系统采用强制循环式水冷系统，由电动水泵提供循环动力，并独立于发动机冷却系统，如图 2-2-20 所示。当车辆启动后，水泵一直运转，通过冷却液来冷却变频器、MG1、MG2，保证整个车辆各系统散热良好，工作温度在正常范围内。

8. 润滑系统

P410 混合动力变速驱动桥通过设在主轴上的机油泵来润滑，其润滑系统由一个风冷型机油冷却器组成。此外，P410 混合动力驱动桥还利用减速齿轮，通过存油腔采取挡油圈的润滑方式，该结构减小了机油泵的驱动转矩，从而减少了驱动损失。存油腔暂时存储被抛掷的油液，并向齿轮系的不同部位供油，存油腔内设有油孔，可向 MG1 和 MG2 提供油液，如图 2-2-21 所示。

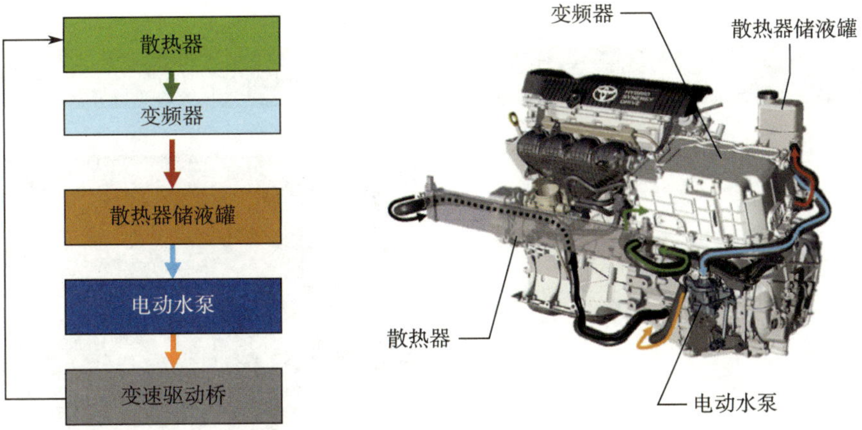

图 2-2-20　变速驱动桥冷却系统

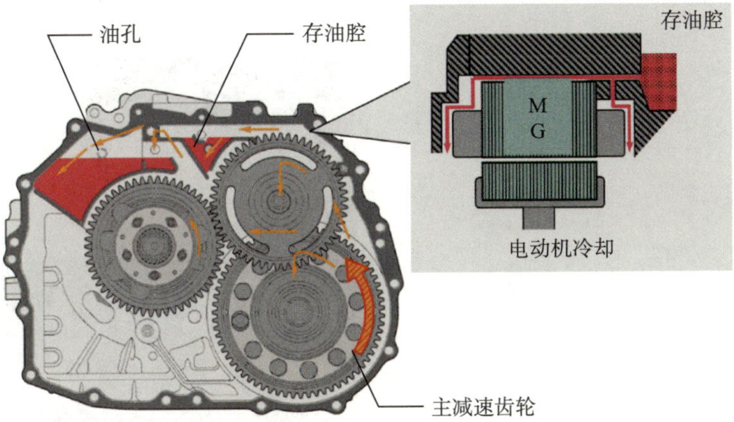

图 2-2-21　P410 混合动力变速驱动桥润滑系统

五、变速驱动桥的拆装

1. 准备工作

（1）做好车辆安全防护与隔离。

（2）准备常用工具套装、绝缘工具套装、数字万用表、装饰板拆装工具等。

（3）关闭电源开关。

2. 变速驱动桥的拆装

以丰田普锐斯车型为例，变速驱动桥的拆装见表 2-2-2。

表 2-2-2 变速驱动桥的拆装步骤

步骤名称	操作步骤	图示
	从整车上将发动机及变速驱动桥总成吊装出来	
拆卸变速驱动桥总成	分离变速驱动桥总成	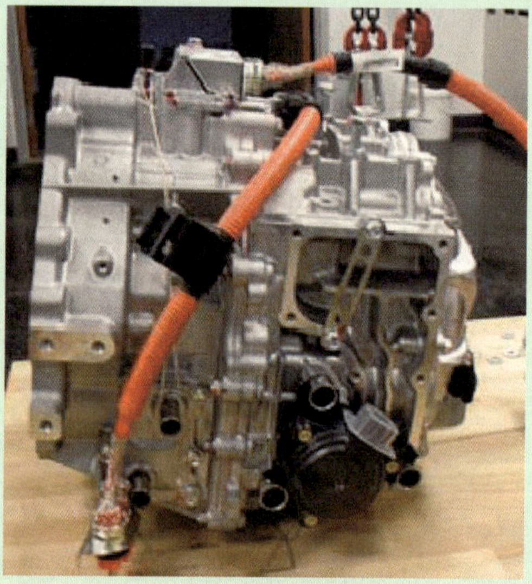
	拆下变速驱动桥附件及连接器	

续表

步骤名称	操作步骤	图示
拆卸电动机 MG1	将电动机 MG1 从变速驱动桥总成上分离	
	拆卸电动机 MG1 前密封盖	
	拆卸电动机 MG1 转子	

续表

步骤名称	操作步骤	图示
拆卸电动机 MG1	拆卸电动机 MG1 定子	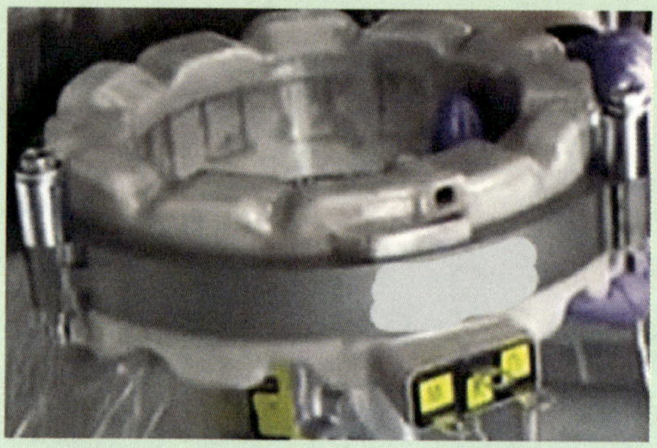
拆卸复合齿轮机构	将复合齿轮机构整体与电动机 MG2 分离	
	拆卸复合行星轮机构	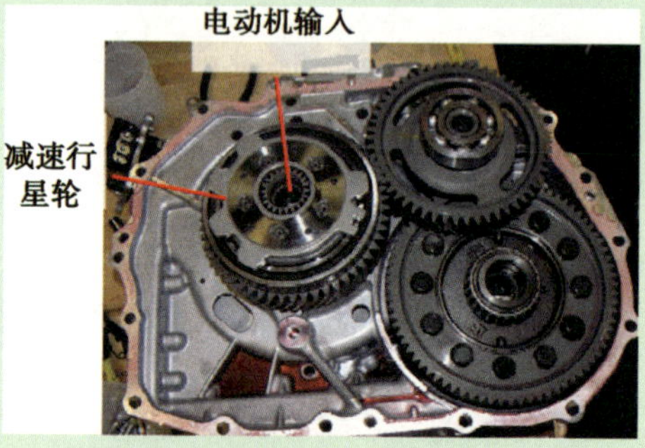
	拆卸主减速器和差速器齿轮机构	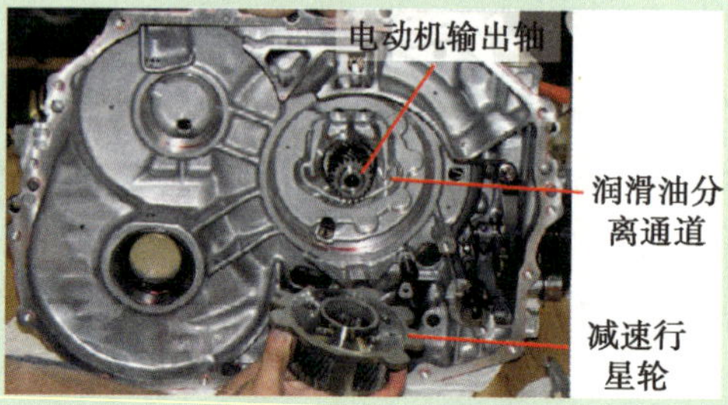

续表

步骤名称	操作步骤	图示
拆卸电动机 MG2	拆卸电动机 MG2 后端盖	
	拆卸电动机 MG2 定子线束	
	拆卸电动机 MG2 转子	
	拆卸电动机 MG2 定子线圈	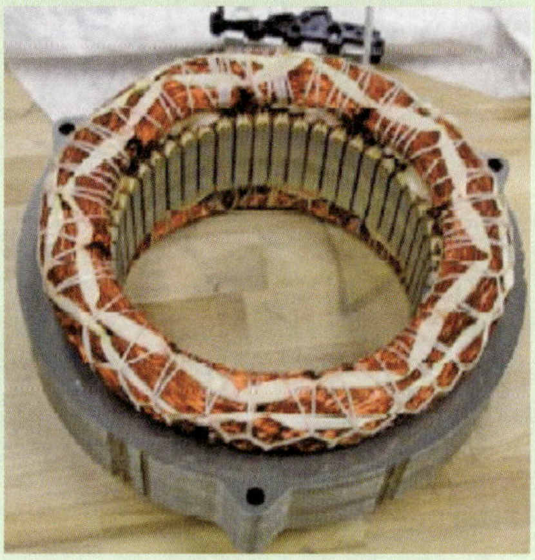

安装步骤与拆卸相反，可根据维修手册安装，注意安装力矩。

思考与练习

1. 简述混合动力电动汽车不同工作模式的工作原理。
2. 简述三种混合动力电动汽车传动系统的结构与工作原理。
3. 简述丰田普锐斯混合动力驱动桥的结构组成。

课题三 混合动力电动汽车变速驱动桥的检修

学习目标

1. 掌握混合动力电动汽车驱动电机的工作原理。
2. 掌握混合动力电动汽车驱动电机的控制方式。
3. 能正确对混合动力电动汽车驱动电机进行检修。
4. 能正确对混合动力电动汽车驱动电机温度传感器进行检修。

●任务描述

某丰田普锐斯混合动力电动汽车在行驶过程中发生故障，经维修技师检查后，发现该车辆出现故障代码 P3120（高压驱动桥故障）和子代码 250（电机温度传感器性能问题），现要求维修工将该车变速驱动桥总成拆卸、分解并检修。

●任务分析

该车型混合动力传动系统由动力分配装置、发电机、电动机和减速器等组成。根据丰田维修手册“如果输出信息代码 248 或者 250，请更换高压驱动桥电机”。分析故障码，可能是电动机的实际温度有问题，也有可能是传感器的问题，需要对电动机 MG2 进行拆卸检查，并确定是否存在机械故障或线圈烧蚀等问题导致电动机 MG2 转动卡滞而温度升高。在拆卸完电动机 MG2 后才可以进行温度传感器的拆卸、检修，确认温度传感器是否工作正常。

相关理论

一、丰田普锐斯混合动力驱动系统的基本组成

1. 蓄电池

由 168 个单格镍氢电池（1.2 V×6 个单体电池 ×28 个模块）组成，额定电压 DC 201.6 V，安装在车辆行李舱内。在车辆起步、加速和上坡时，蓄电池将电能提供给驱动电机。

2. 混合动力变速驱动桥

混合动力变速驱动桥由发电机 MG1、驱动电机 MG2 和行星轮组成。

3. 变频器

由增压转换器、逆变整流器、直流转换器、空调变频器组成。

（1）增压转换器。将蓄电池 DC 201.6 V 电压增压到 DC 500 V，反之从 DC 500 V 降压到 DC 201.6 V。

（2）逆变整流器。将 DC 500 V 转换成 AC 500 V，给电动机 MG2 供电，反之将 AC 500 V 转换成 DC 500 V，降压后给蓄电池充电。

（3）直流转换器。将蓄电池 DC 201.6 V 降为 DC 12 V，为车身电气设备供电，同时为辅助蓄电池充电。

（4）空调变频器。将蓄电池 DC 201.6 V 转换成 AC 201.6 V，为空调系统中电动变频压缩机供电。

二、丰田普锐斯混合动力电动汽车驱动电机的工作原理

交流伺服驱动系统中，应用的交流永磁驱动电机有两大类，一类称为无刷直流同步电动机，另一类称为三相永磁同步电动机，丰田普锐斯混合动力电动汽车驱动系统的电动机（MG1、MG2）属于无刷直流同步电动机。

无刷直流同步电动机用永磁体转子代替了有刷直流电动机的定子磁极，并将逆变器产生的三相方波交流电流直接输入电动机定子绕组，省去了机械换向器和电刷。无刷直

流同步电动机定子绕组中通入三相方波交流电流后，定子绕组上会产生感应电动势，生成与转子磁场在空间位置成正交的电枢反应磁场。在转子磁场的作用下，电枢反应磁场以反作用电磁力驱动永磁转子同步旋转，如图 2-3-1 所示。三个定子线圈都有一个固定的位置，转子是一个永久磁铁，有北极和南极，电动机的每个定子线圈被分成 4 个子线圈间隔 90°，这样圆周上有 12 个极，在转子圆周的外面有 8 个永久磁铁，即 8 个磁极。

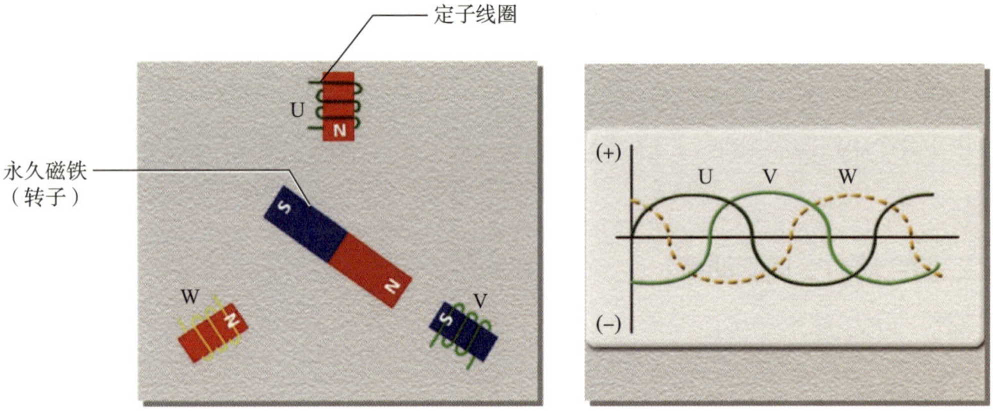

图 2-3-1　无刷直流同步电动机的工作原理

当定子绕组通入三相方波交流电流时，电流在定子绕组中产生旋转磁场，由于定子磁场和转子永磁体的磁场相互作用，转子上的永磁体会受到力矩的作用，使转子开始旋转。通过控制定子绕组上的电流从而控制旋转磁场，改变转子的旋转位置和速度，转子的转动是通过定子线圈的吸引和排斥形成的，如图 2-3-2 所示。在实际使用过程中，电动机产生的转矩与电流成比例，如图 2-3-3 所示，电动机旋转速度由交流电流的频率控制，如图 2-3-4 所示。

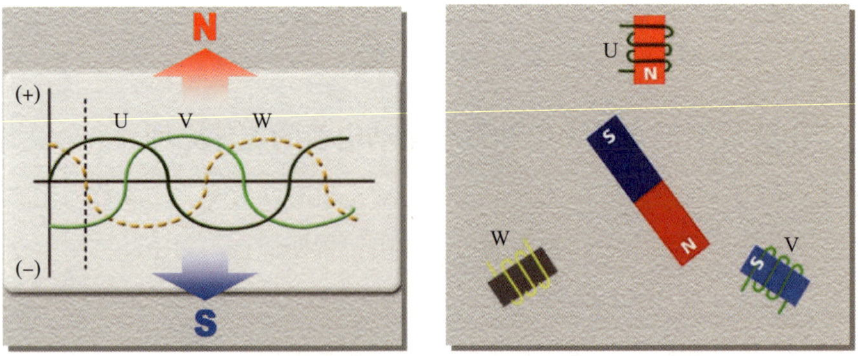

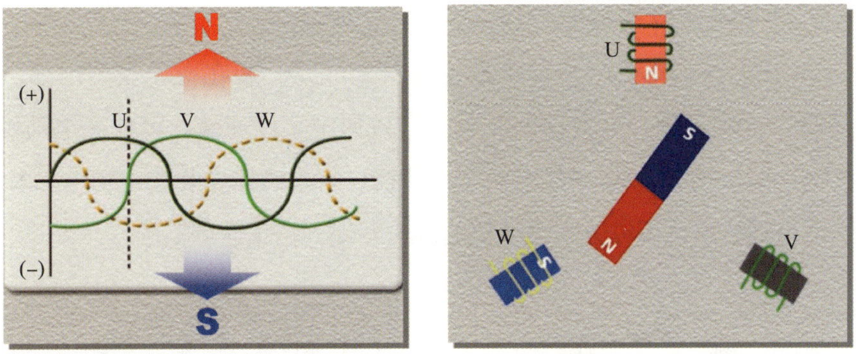

图 2-3-2　转子旋转的原理

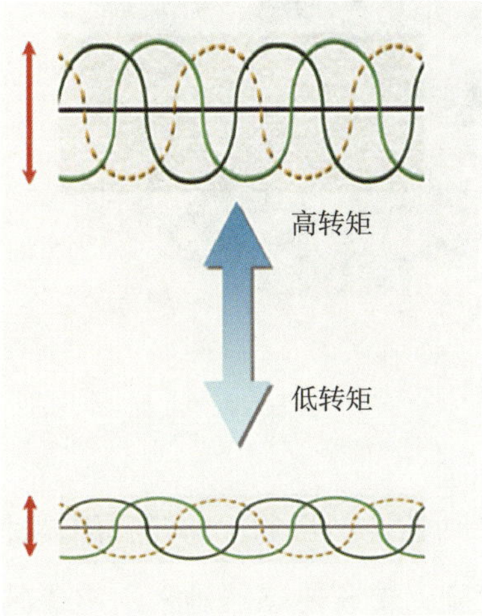

图 2-3-3　电动机转矩与电流的比例关系

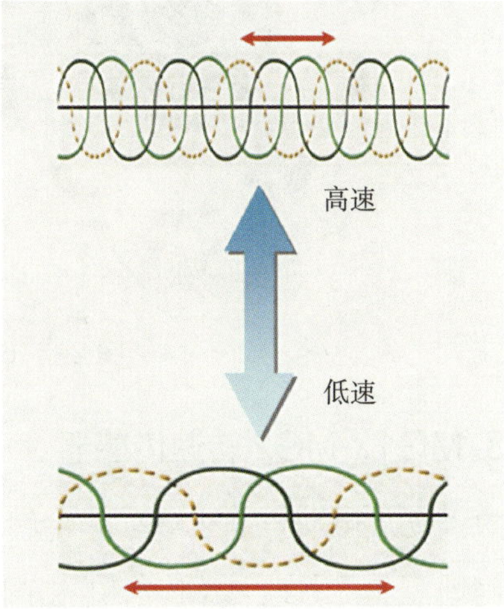

图 2-3-4　电动机转速与电流频率的关系

三、丰田普锐斯混合动力电动汽车驱动桥电动机的结构

1. MG1、MG2 定子绕组

MG1、MG2 定子绕组（图 2-3-5）采用三相 Y 形连接，每相由 4 个绕组并联，可以在给电动机输入较大电流下，获得最大转矩和最小转矩脉动。

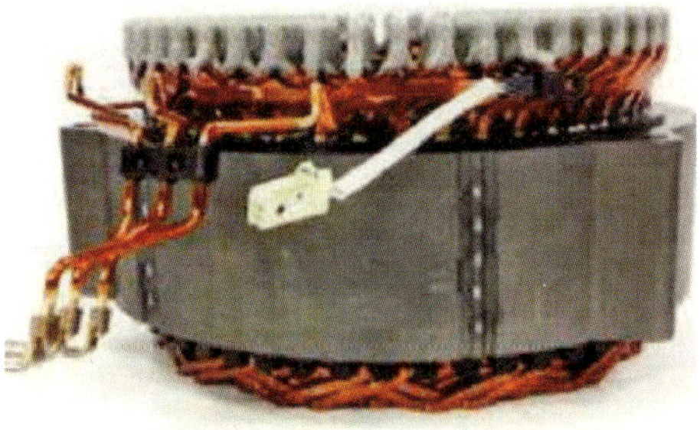

图 2-3-5　定子绕组

2. MG1、MG2 永磁体转子

MG1、MG2 永磁体转子采用稀土永磁材料制成，安装在转子铁芯内部，呈 V 形，这样永磁体既有径向充磁，又有横向充磁，有效集中了磁通量，可提高电动机的转矩，如图 2-3-6 所示。从永磁体转子的磁路特点分析，将永磁体安装在转子铁芯内部，改变了电动机交、直轴磁路，可以改善电动机的调速特性，拓宽速度范围。

图 2-3-6　MG1 转子和 MG2 转子

3. MG1、MG2 转速传感器

为了满足电动机静止启动和全转速范围内转矩脉动的控制目的，需要利用转速传感器精确地测量 MG1、MG2 永磁转子磁极的位置和速度。转速传感器是采用电磁感应原理制成的旋转型感应传感器，其由定子和转子组成，如图 2-3-7 所示。

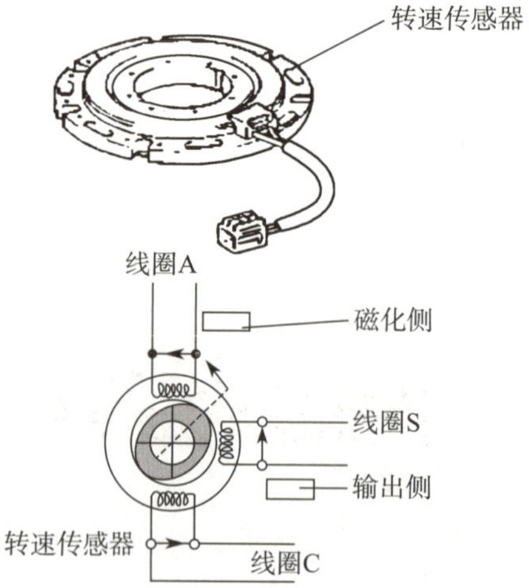

图 2-3-7　电动机转速传感器

椭圆形转子与 MG1、MG2 的永磁转子相连接，同步转动。椭圆形转子外圆曲线代表着永磁转子磁极位置。定子包括 1 个励磁线圈和 2 个检测线圈，2 个检测线圈 S 和 C

轴线在空间坐标上正交，混合动力控制 ECU 按预定频率向励磁线圈 A 输入交流电流，随着椭圆形转子的旋转，转子和定子间的间隙发生变化，就会在检测线圈 S 和 C 上感应产生相位差为 90° 的正弦、余弦感应电流，如图 2-3-8 所示。混合动力控制 ECU 根据检测线圈 S 和 C 中感应电流的波形相位、幅值以及波形的脉冲次数，计算出 MG1 和 MG2 永磁转子的磁极位置和转速值信号，作为混合动力控制 ECU 对电动机 MG1、MG2 矢量控制的基础信号，如图 2-3-9 所示。

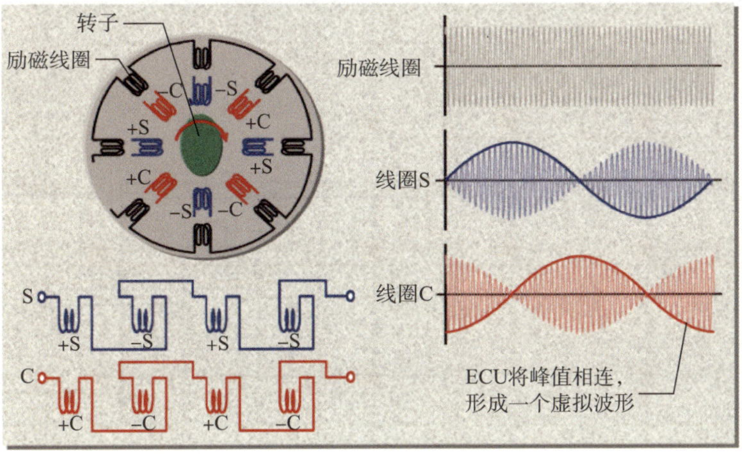

图 2-3-8　系统电路图

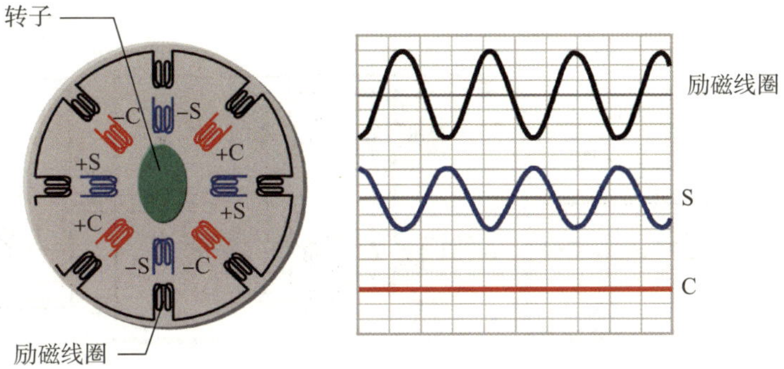

图 2-3-9　转子的绝对位置

四、丰田普锐斯驱动桥控制原理

当电动机运行时，绝缘栅双极晶体管根据转子的位置（永磁体）接通，产生与转子位置相适应的三相交流电，当三相交流电通过定子线圈的三相绕组时，在电动机中产生一个旋转磁场，根据转子的旋转位置和转速控制旋转磁场，使转子内的永磁体受到旋转磁场的磁力作用，产生转矩，使转子转动，绝缘栅双极晶体管的控制基础信号由 MG 电动机各自的转速传感器提供，如图 2-3-10 所示。

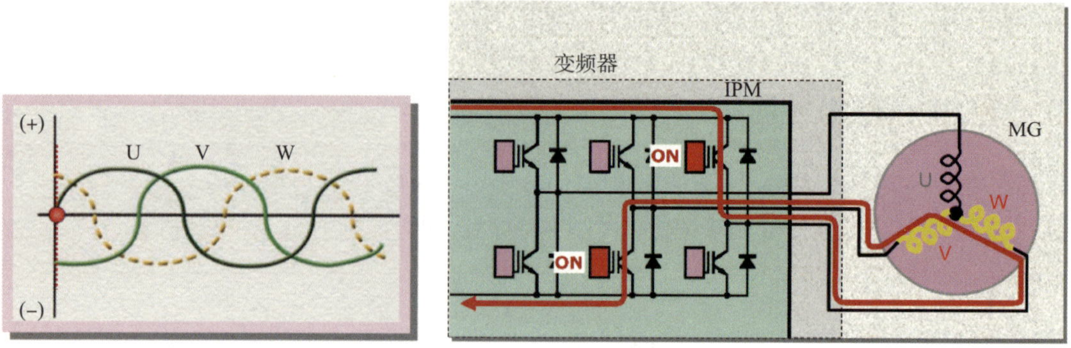

a）

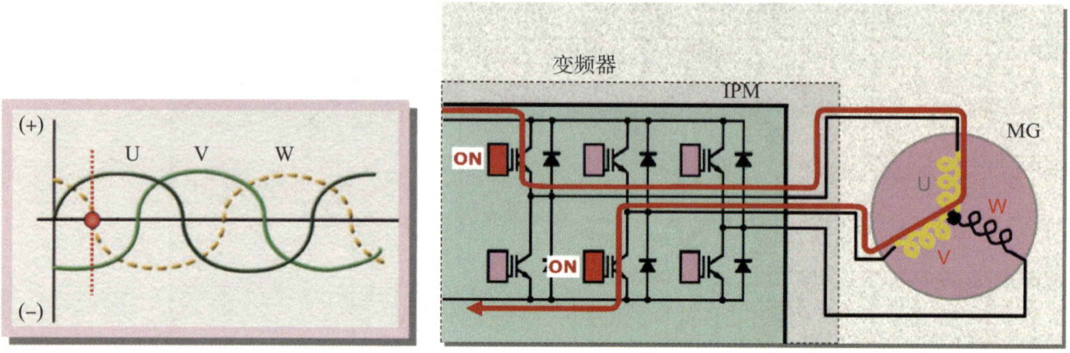

b）

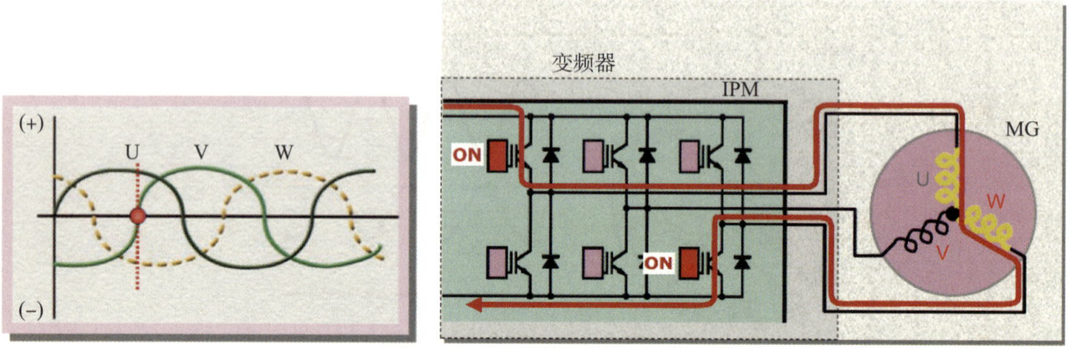

c）

图 2-3-10　电动机运转绝缘栅双极晶体管接通示意图

a）W 相→ V 相导通　b）U 相→ V 相导通　c）U 相→ W 相导通

当电动机再生制动时，车轮带动转子（永磁体）旋转产生一个移动的磁场，并且由于电磁感应在定子线圈 U 相、V 相和 W 相产生三相交流电压，电流以整流后的直流电形式从二极管流出，用来给蓄电池充电，此时变频器将交流电转换为直流电，如图 2-3-11 所示，逆变器的绝缘栅双极晶体管每个都有并联的二极管，每个二极管就是发电机的三相整流桥，两个 MG 电动机发出的电能被整流为直流电到可变电压系统。

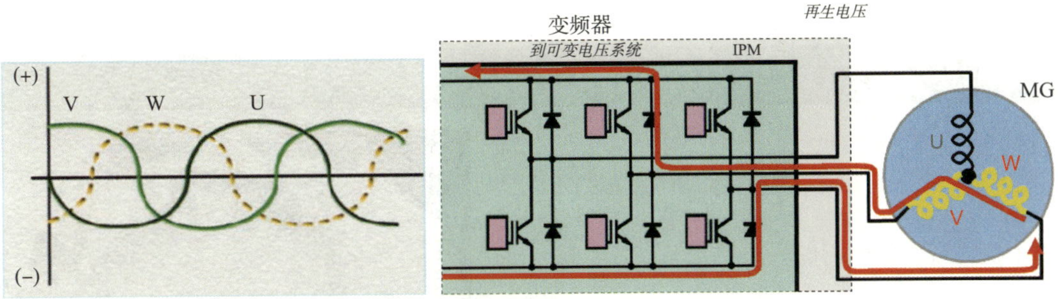

图 2-3-11　电动机再生制动产生电压

五、混合动力电动汽车变速驱动桥的检修

1. 准备工作

（1）做好车辆安全防护与隔离。

（2）准备常用工具套装、绝缘工具套装、数字万用表、游标高度卡尺等。

2. 变速驱动桥的检修

以丰田普锐斯车型为例，变速驱动桥的检修见表 2-3-1。

表 2-3-1　　变速驱动桥的检修步骤

步骤名称	操作步骤	图示
拆卸变速驱动桥总成	从整车上将发动机及变速驱动桥总成吊装出来	
	分离变速驱动桥总成	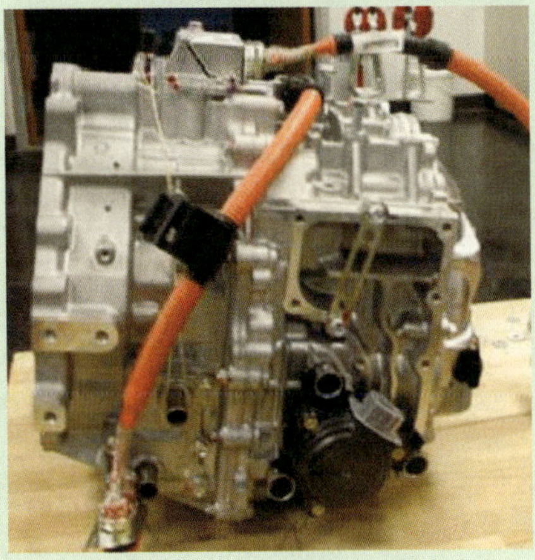

续表

步骤名称	操作步骤	图示
拆卸变速驱动桥总成	拆除变速驱动桥附件及连接器	
	将电动机 MG1 和电动机 MG2 分离，准备拆卸 MG2	
拆卸并检查齿轮组件	拆卸差速器、中间轴等组件	
	取出行星轮组件	

续表

步骤名称	操作步骤	图示
拆卸中间轴	检查中间轴齿轮和滚珠轴承，目视检查滚珠轴承外部，发现有一定磨损，应进行更换	
拆检油底壳	拆卸油底壳并检查其中是否有金属物	
	检查油底壳磁铁表面是否正常，若仅有细微金属屑，则可排除机械零部件的磨损问题	
	检查油泵输油管，若发现O形密封圈损坏，则会导致油泵在工作过程中吸入一些空气或其他液体，并且可能无法提供足够的润滑油	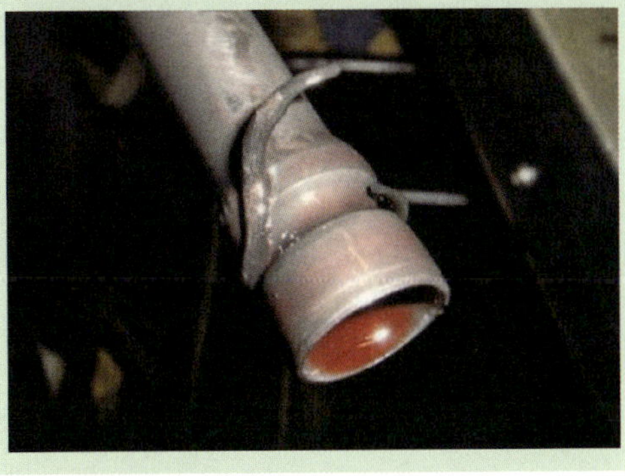

续表

<table>
<tr><th>步骤名称</th><th>操作步骤</th><th>图示</th></tr>
<tr><td rowspan="2">拆检油泵</td><td>从电动机 MG2 背面拆下油泵</td><td></td></tr>
<tr><td>若油泵表面磨损较严重，则需更换</td><td></td></tr>
<tr><td rowspan="2">更换新电动机 MG2、装配变速驱动桥</td><td>组装电动机 MG2</td><td></td></tr>
<tr><td>安装好各调整垫片</td><td></td></tr>
</table>

续表

步骤名称	操作步骤	图示
更换新电动机 MG2、装配变速驱动桥	安装行星轮结构组件	
	检查行星轮组顶部到电动机 MG1 外壳之间的距离，若不符合要求则更换新的调整垫片	
	检查行星轮组到 MG2 的距离，若不符合要求则更换新的调整垫片	
	检查中间轴齿轮到 MG1 外壳的距离，若不符合要求则更换新的调整垫片	

续表

步骤名称	操作步骤	图示
更换新电动机 MG2、装配变速驱动桥	检查 MG2 外壳接头表面到 MG2 中间齿轮轴高度，若不符合要求则更换新的调整垫片	
	安装新的油封	
	安装新的油泵	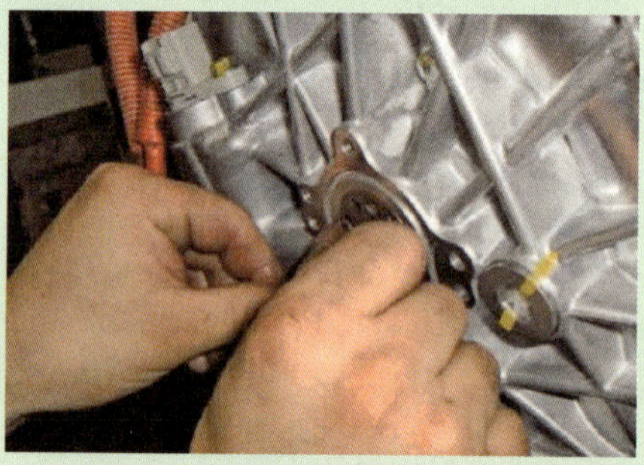
组装驱动桥总成	将变速驱动桥总成和发动机总成组合起来，并安装到车辆上	 

经检测该车电动机 MG1 和 MG1 逆变器温度正常，电动机 MG2 温度过高，MG2 逆变器温度正常。通过分析可能是由 MG2 的实际温度引起的，也有可能是 MG2 温度传感器读数超出范围。在实际检修过程中，由于油泵输油管的 O 形密封圈及油泵损坏，导致电动机 MG2 润滑冷却效果不好，使电动机 MG2 温度过高损坏，更换电动机 MG2 及其他附件后，车辆恢复正常。

思考与练习

1. 丰田普锐斯混合动力控制蓄电池中单体电池的组合方式是什么？
2. 简述丰田普锐斯电动机再生制动时其自身的工作过程。

技能实训 2　纯电动汽车变速器的检修

技能实训		日期		成绩	
学生姓名		学号		班级	

一、实训目标

1. 能掌握纯电动汽车变速器的结构组成。
2. 能掌握纯电动汽车变速器的工作原理。
3. 能根据技术规范完成纯电动汽车变速器的检修。

二、实训器材

查阅相关资料，写出下列实训器材的名称及用途。

外形	名称	用途

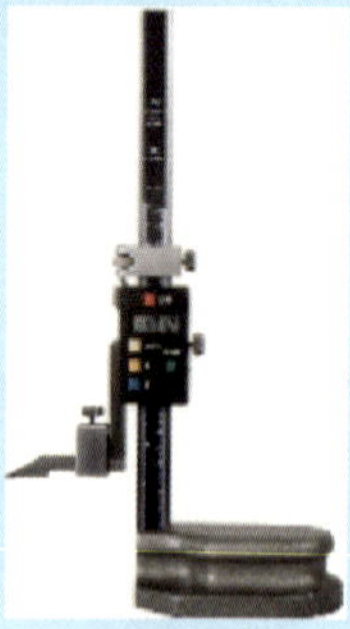		
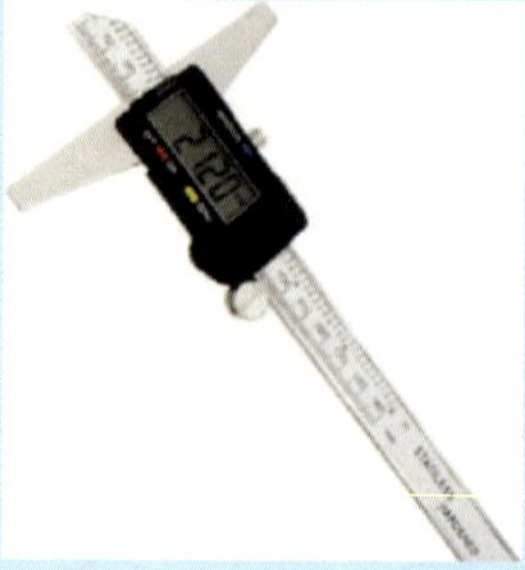		

续表

外形	名称	用途
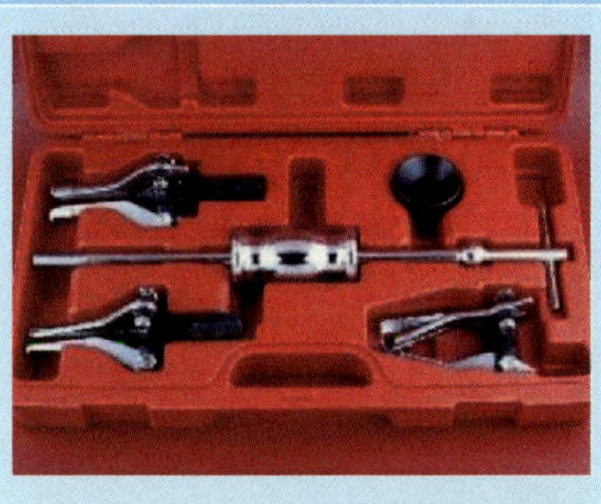		

三、实训内容及步骤

1. 作业前准备

准备作业工具及设备，检查工作场地和设备设施是否清洁，是否存在安全隐患，如不正常请汇报给实训教师。

检查项目	检查内容
安全防护用品	
作业工具	
实训设备设施	
辅助资料	

2. 编写纯电动汽车变速器的检修流程

编写纯电动汽车变速器的检修流程，填写下表。

序号	检修流程

3. 小组分工

分工	组员	分工	组员
操作员		记录员	
监护员		展示员	

4. 安全注意事项

查阅相关资料，填写下表。

序号	注意事项

5. 纯电动汽车变速器的检修

通过相关知识的学习，填写下表。

序号	图示	操作步骤
1		
2		

续表

序号	图示	操作步骤
3		
4		
5		
6		

续表

序号	图示	操作步骤
7		
8		
9	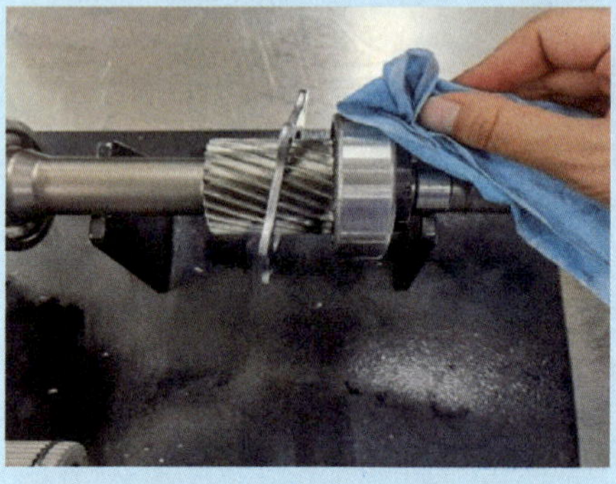	
10		

续表

<table>
<tr><th>序号</th><th>图示</th><th>操作步骤</th></tr>
<tr><td>11</td><td></td><td></td></tr>
<tr><td>12</td><td></td><td></td></tr>
<tr><td>13</td><td>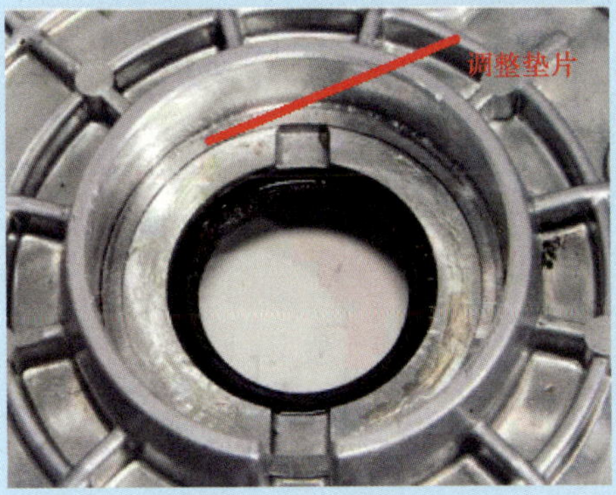

<table>
<tr><th>测量对象</th><th>测量数据1</th><th>测量数据2</th><th>测量数据3</th><th>平均值</th></tr>
<tr><td>差速器组件高度H</td><td></td><td></td><td></td><td></td></tr>
<tr><td>后箱体轴承孔底深度D</td><td></td><td></td><td></td><td></td></tr>
<tr><td>三轴调整垫片厚度f=D-H-(0.05~0.12)</td><td colspan="4"></td></tr>
</table></td><td></td></tr>
</table>

续表

序号	图示	操作步骤
14	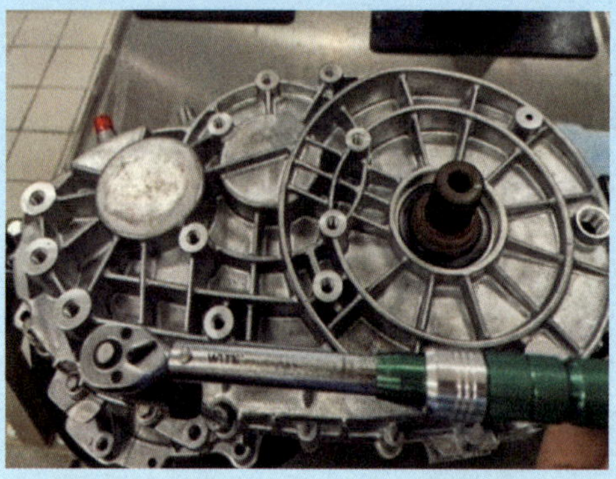	

四、检验与评估

1. 小组互评

小组选派代表进行实训操作展示，其余小组根据展示和阐述进行评价，并记录评价结果。

序号	评价标准	评价结果
1	任务目标制定是否合理	
2	任务过程表述是否清晰	
3	任务结果是否符合实际情况	
4	任务计划是否切实、有效执行	
5	任务体会是否深刻	
综合评价		

2. 组内互评

每个成员对组员的表现进行打分，并填写下表。

组长：________ 组号：________

序号	1	2	3	4	5	6
姓名						
分工						
评价						

注：评价采用 5 分制。

3. 自我反思和评价

根据个人在课堂上的实际表现，填写下表。

自我反思	
自我评价	

五、实训考核

对各小组技能实训情况进行考核，并完成下表。

项目	评分标准	分值	得分
工作任务接收	能正确接收并理解工作任务及要求	10	
资料收集	熟知变速器的组成结构、工作原理和拆装方法	10	
计划制订	能按规范作业要求，制订完成任务的计划，写出变速器的拆装步骤	15	
计划实施	纯电动汽车变速器的拆卸	15	
	纯电动汽车变速器调整垫片的选择	15	
	纯电动汽车变速器的安装	15	
质量检查	任务完成良好，操作过程规范	10	
评价反馈	能根据自身及组员表现进行客观评价	5	
	能在任务实施过程中发现自身及组员的问题	5	
合计		100	

模块三
换挡控制系统的检修

课题一 | 换挡控制系统的结构组成与拆装

学习目标

1. 掌握换挡控制系统的结构组成。
2. 掌握换挡控制系统的工作原理。
3. 掌握换挡控制系统各部件的安装位置。
4. 能对换挡杆总成进行拆装。

●任务描述

某新能源汽车不能正常挂挡，换挡杆不能正常回位，经维修技师检查后，发现该车辆装配有瞬时电子换挡装置，连接解码后进行检测，初步确认是换挡杆总成损坏，现要求将换挡杆总成拆卸下来。应如何进行拆卸？

●任务分析

与传统换挡方式和换挡机构不同，当驾驶人操纵瞬时换挡杆换挡时，集成在换挡总成中的挡位传感器会检测到驾驶人挂入的挡位位置信号，并将该信号传递到混合动力控制 ECU，混合动力控制 ECU 控制发动机、电动机来产生最佳的驱动力以驱动车辆行驶。

相关理论

一、换挡控制系统

1. 概述

新能源汽车多采用紧凑型瞬时换挡杆，换挡后驾驶人的手松开，换挡杆会自动返回初始位置，用指尖就可以换挡，符合人体工程学，操作简单、方便。

以丰田普锐斯为例，其电子换挡控制系统使用线控换挡技术，可根据各种传感器和 ECU 提供的信息判断车辆状态，并根据驾驶人操作的换挡杆总成和 P 挡位置开关（变速器换挡主开关）激活适当的换挡控制，如图 3-1-1 所示。

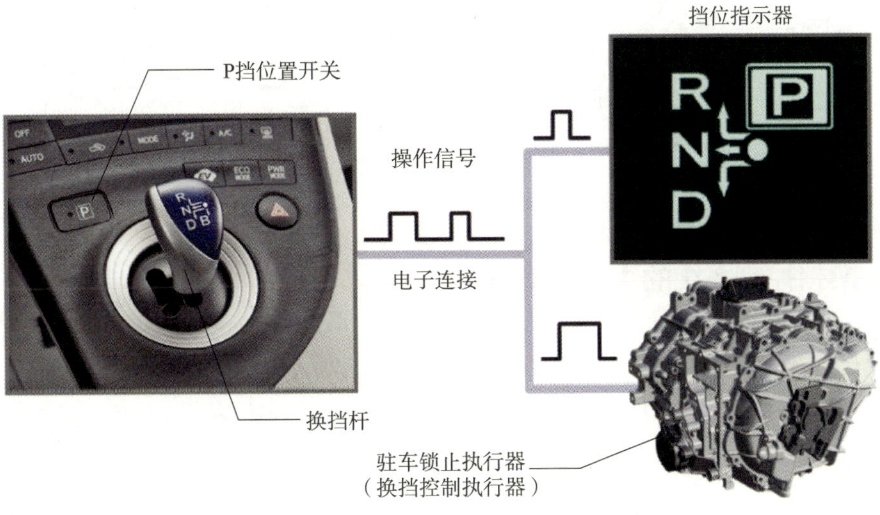

图 3-1-1　丰田普锐斯电子换挡控制系统

2. 组成

丰田普锐斯换挡控制系统的组成如图 3-1-2 所示。

（1）换挡杆总成：由换挡杆位置传感器和 P 挡位置开关组成，是驾驶人与换挡执行器之间的接口，用于实现车辆的换挡操作。

（2）变速器控制 ECU：在换挡控制系统中负责管理车辆的驻车功能，包括接收和发送驻车锁止信号，控制换挡执行器的工作，以确保驻车锁止执行器正确工作。

（3）电源控制 ECU：在换挡控制系统中负责控制换挡执行器的工作，以保证车辆的动力平稳输出。

（4）驻车锁止执行器：由机械驻车锁止机构和换挡控制执行器组成，负责实现车辆的驻车锁止功能以及控制换挡执行器的工作，以保证车辆在行驶过程中的换挡操作准确无误。

（5）换挡位置指示灯：用于显示车辆的当前挡位状态，包括 P 挡（停车挡）、R 挡（倒车挡）、N 挡（空挡）、D 挡（前进挡）等。

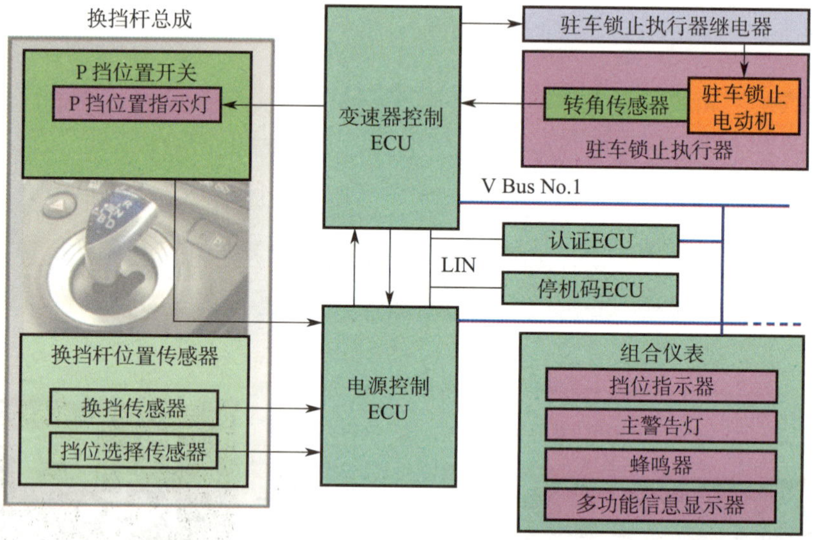

图 3-1-2　丰田普锐斯换挡控制系统的组成

二、换挡控制系统的主要零部件

1. 换挡杆总成

换挡时，当驾驶人的手从换挡杆松开时，换挡杆通过弹簧的反作用回到主挡位置，这种换挡杆称为点动复位型换挡杆，在新能源汽车上广泛应用。换挡杆上包含一个换挡传感器和一个挡位选择传感器，如图 3-1-3 所示，来检测换挡杆的挡位（R、N、D 或 B）。

如图 3-1-4 所示，换挡传感器向混合动力控制 ECU 输出变化的电压来反映换挡杆的前后运动，该电压随着换挡杆的垂直运动在 0～5 V 变化。以左侧驾驶位为例，混合动力控制 ECU 认为换挡传感器输入高电压时换挡杆在 D 挡或 B 挡，中间电压信号时在主挡或 N 挡，低电压时在 R 挡。

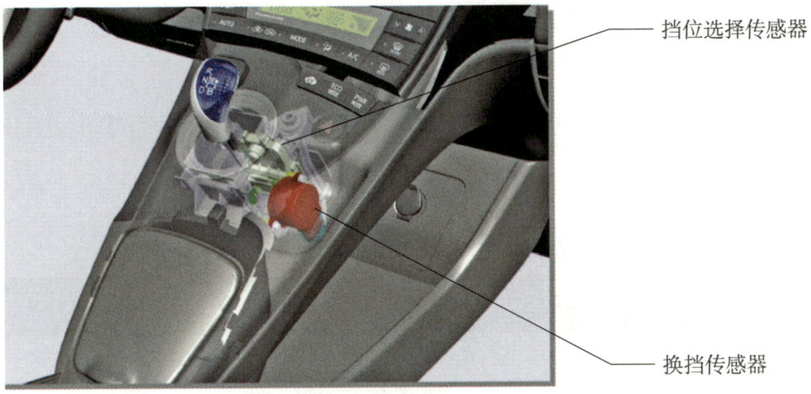

图 3-1-3 换挡传感器和挡位选择传感器

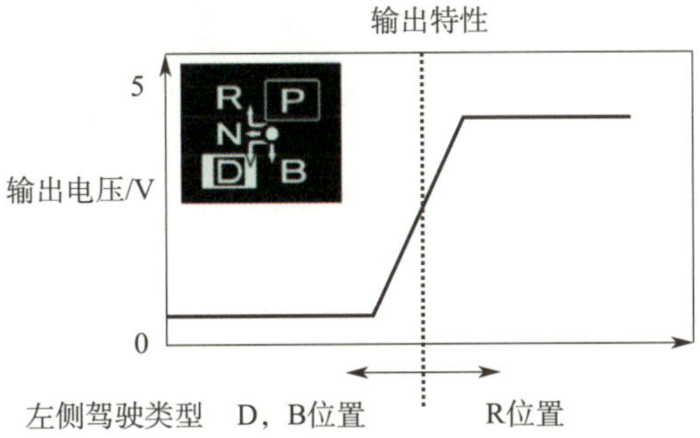

图 3-1-4 换挡传感器输出特性图

如图 3-1-5 所示，挡位选择传感器向混合动力控制 ECU 输出电压信号，该电压随着换挡杆的水平运动在 0～5 V 变化，混合动力控制 ECU 认为挡位选择传感器低电压输入在主挡或 B 挡，高电压输入在 R、N 或 D 挡。混合动力控制 ECU 根据换挡传感器和挡位选择传感器的信号组合决定换挡杆位置。

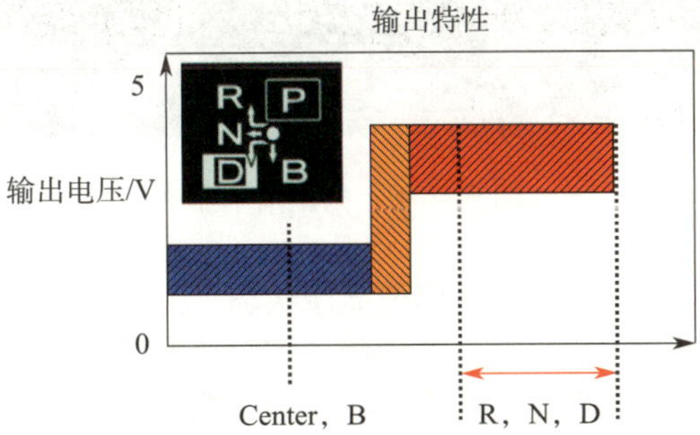

图 3-1-5 挡位选择传感器输出特性图

2. P 挡位置开关、P 挡位置指示灯

P 挡位置开关是瞬间型开关，其打开或关闭时，会检测驾驶人对 P 挡的操作情况，并发送到混合动力控制 ECU。当驾驶人按下 P 挡位置开关时，P 挡控制系统就会激活混

合动力变速驱动桥上的换挡控制执行器来机械锁止与驻车锁连接的中间从动齿轮，从而锁止驻车锁，反之则解锁驻车锁。

P 挡位置指示灯位于 P 挡位置开关上，它用来指示驻车锁是否锁止，同时还可以反映系统状态，P 挡位置指示灯的工作状态及指示内容见表 3-1-1。

表 3-1-1　P 挡位置指示灯的工作状态及指示内容

P 挡位指示灯	内容
灯亮	P 挡位置 （驻车锁止在 P 挡位置）
OFF	非 P 挡位置 （驻车锁止在非 P 挡位置）
以 4 Hz 频率闪烁	驻车锁止执行器长时间无法完成 P 挡与非 P 挡的切换
以 0.5 Hz 频率闪烁（慢闪）	系统故障

3. 挡位指示器

由于新能源汽车换挡杆大部分采用点动复位型，因此当前选择的挡位需要通过组合仪表上的挡位指示器显示，如图 3-1-6 所示，各挡位对应显示状态见表 3-1-2。

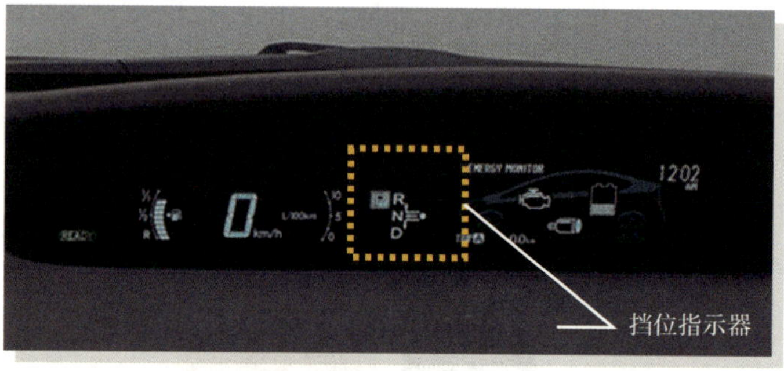

图 3-1-6　挡位指示器

表 3-1-2　各挡位显示状态

显示状态	挡位
	P 挡位置
	R 挡位置

续表

显示状态	挡位
	N 挡位置
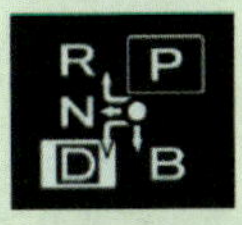	D 挡位置
	B 挡位置

注：当挡位不在 D 挡或 B 挡位置时，B 挡位置显示关闭。

4. 驻车锁止执行器

如图 3-1-7 所示，驻车锁止执行器安装在混合动力变速驱动桥的侧面，它的作用是在收到变速器控制 ECU 的执行信号后，其内部的电动机转动，从而移动驻车锁止装置，再转动驻车锁爪，使驻车锁爪和安装在中间轴从动齿轮上的驻车齿轮啮合，混合动力变速驱动桥被锁止或打开。

图 3-1-7 驻车锁止执行器

驻车锁止执行器包括开关磁阻电动机、摆线减速机构和转角传感器。开关磁阻电动机主要由线圈、定子、转子和转角传感器组成，定子通电成为电磁体，然后吸引转子旋转，如图 3-1-8 所示。摆线减速机构由安装在电动机输出轴上的偏心盘、固定在外壳上的内齿轮（61 齿）、外齿轮（60 齿）和与外齿轮同步旋转的输出轴组成，如图 3-1-9 所示。随着与电动机输出轴同步旋转的偏心盘的旋转运动，内齿轮推压外齿轮，同时啮合。外齿轮比内齿轮少 1 个齿，偏心盘每旋转一圈，外齿轮就少旋转 1 个齿。因此，与外齿轮同步旋转的输出轴以 61：1 的减速比输出电动机的旋转运动。

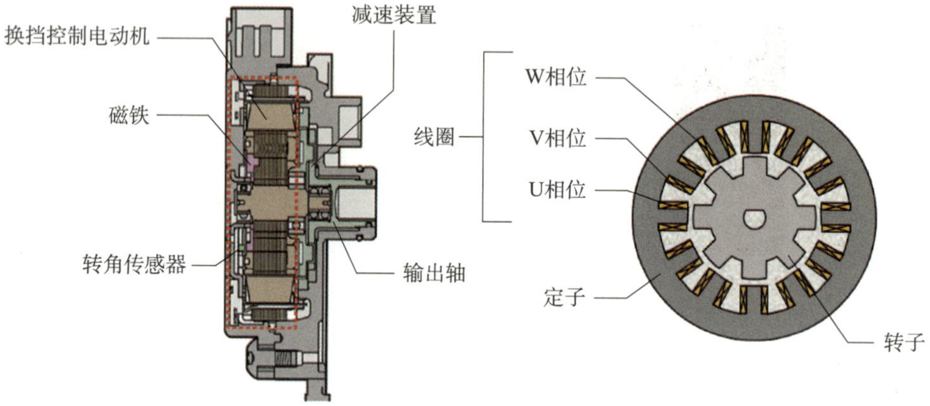

图 3-1-8　开关磁阻电动机的安装位置及其结构组成

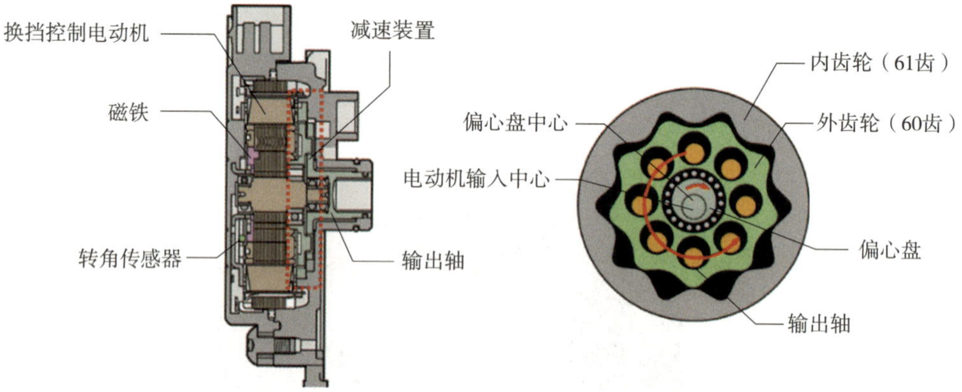

图 3-1-9　摆线减速机构的安装位置及其结构组成

5. 机械驻车锁止机构

机械驻车锁止机构安装在驱动变速器中间轴的从动齿轮上，其由驻车锁杆、驻车制动杆、驻车锁爪和驻车齿轮等组成，如图 3-1-10 所示。

当驻车锁止执行器转动时会带动驻车锁杆旋转，然后推动驻车锁爪与驻车齿轮啮合，此时变速驱动桥被锁止，如图 3-1-11 所示。

三、换挡控制系统的工作原理

1. 换挡原理

车辆正常行驶过程中使用 R、N、D 三个挡位，将驾驶人操纵换挡杆的动作转换为

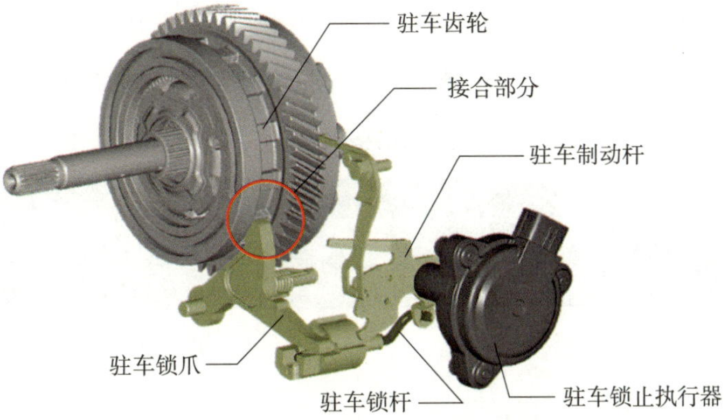

图 3-1-10 驻车锁止机构的安装位置及其结构组成

图 3-1-11 驻车锁止机构锁止状态

执行电信号传递给混合动力控制 ECU，经过混合动力控制 ECU 计算后向变速器控制 ECU 输出对应的挡位信号，完成车辆行驶挡位的变换，同时组合仪表上的挡位指示器所对应的挡位信号灯亮起。

当驾驶人按下 P 挡位置开关时，混合动力控制 ECU 将采集到的执行电信号经计算传递给变速器控制 ECU，变速器控制 ECU 通过磁阻式传感器时刻采集驻车执行器电动机转角信号以判定车辆是否处于静止状态。若驻车执行器电动机转角为 0，则执行驻车动作，仪表盘驻车指示灯亮起；反之，变速器控制 ECU 检测到驻车执行器电动机转角信号不为 0，驻车指令会被驳回到混合动力控制 ECU 且无法完成车辆驻车动作。

采用电控系统控制变速器的换挡操作，可以有效防止人为误操作，增强安全性。若变速器控制 ECU 检测到不正确的操作时，会将挡位控制在安全范围内，并向驾驶人发出警告。

2. 换挡控制

只有当驾驶人踩下制动踏板时，才能从 P 挡挂入其他挡位；当汽车向前行驶时，若驾驶人将换挡杆挂入 R 挡，混合动力控制 ECU 也会控制变速器置入空挡；当汽车倒车时，若驾驶人将换挡杆挂入 D 挡，混合动力控制 ECU 也会控制变速器置入空挡；只有当制动踏板完全踩下时才能从 R 挡切换为 D 挡，各挡位之间的操作关系见表 3-1-3。

表 3-1-3　各挡位换挡关系

电源状态	操作	挡位				
		P	R	N	D	B
IG-OFF	—	不能改变换挡杆位置				
ACC	换挡杆	不能改变换挡杆位置				
	P 挡开关					
IG-ON	换挡杆					
	P 挡开关					
READY	换挡杆					
	P 挡开关					
READY>>>IG-OFF	—					

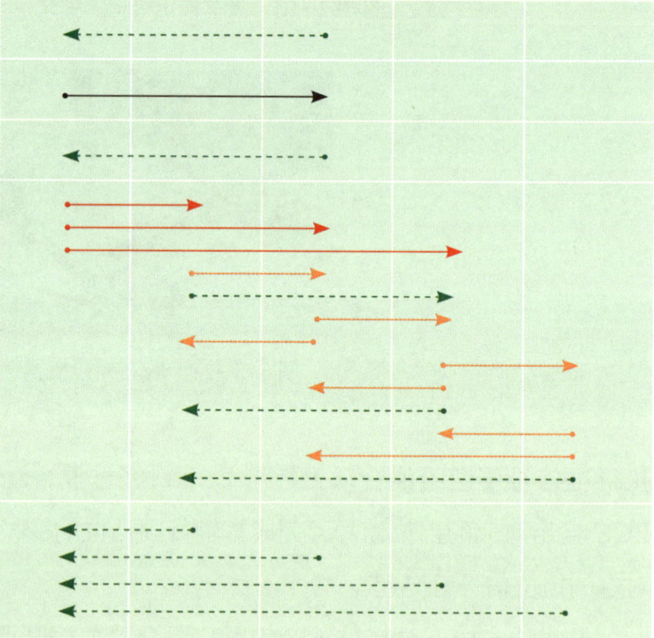

•：当前挡位　⟶：可以变换到的挡位
⟶：制动踏板被踩下　•--▸：停车状态　⟶：无法实现

3. 拒绝功能

除非选择 IG-ON 模式且踩下制动踏板，否则换挡锁止机构将禁止换挡杆切换至 P 位置以外的任何位置，有助于防止无意的加速操作。

为了确保安全，即使驾驶人操作驻车开关，系统也会防止换挡，当换挡拒绝功能运行时，蜂鸣器响起，见表 3-1-4。

表 3-1-4　拒绝功能

激活拒绝功能的操作	拒绝后的挡位
没有踩下制动踏板而换出 P 挡	保持在 P 挡

续表

激活拒绝功能的操作		拒绝后的挡位
行驶时	驾驶人用 P 挡位置开关换入 P 挡	换入 N 挡
	驾驶人从 D 挡到 R 挡、从 R 挡到 D 挡、从 B 挡到 R 挡	换入 N 挡
驾驶人换入 B 挡	从 P 挡	保持在 P 挡
	从 R 挡	换入 N 挡
	从 N 挡	保持在 N 挡

四、换挡杆总成的拆装

1. 准备工作

（1）做好车辆安全防护与隔离。

（2）准备常用工具套装、绝缘工具套装、数字万用表、内饰板拆装工具等。

（3）关闭电源开关。

2. 换挡杆总成的拆装

以丰田普锐斯车型为例，换挡杆总成的拆装见表 3-1-5。

表 3-1-5　换挡杆总成的拆装步骤

步骤名称	操作步骤	图示
断开低压蓄电池负极线束	打开行李舱	
	拆卸行李舱右侧箱盖和箱体	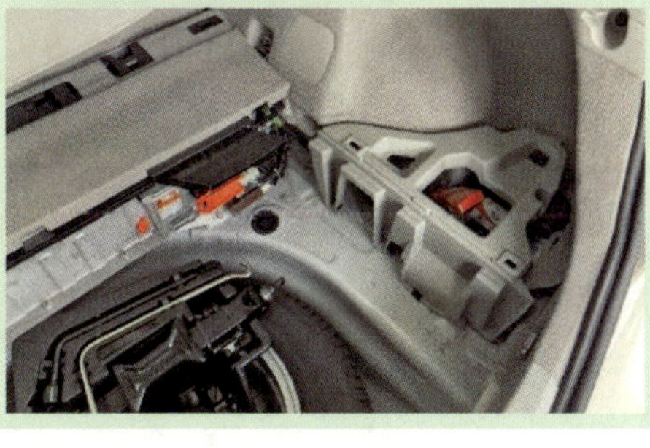

续表

步骤名称	操作步骤	图示
断开低压蓄电池负极线束	拆卸下层盖板	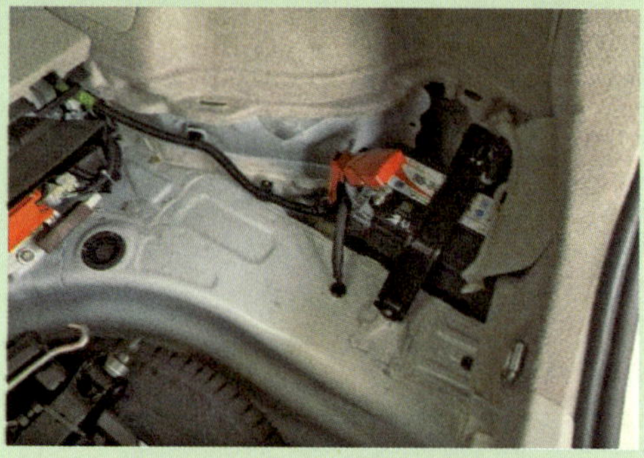
	松开低压蓄电池负极线束，并用绝缘胶带包裹	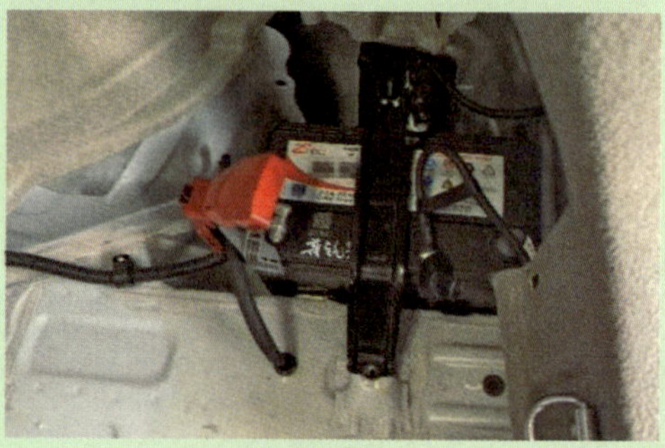
拆卸换挡杆总成面板	使用内饰板拆装工具在右图位置微微翘起换挡杆总面板，沿箭头方向向上拉起面板，断开各开关连接器并移除面板总成	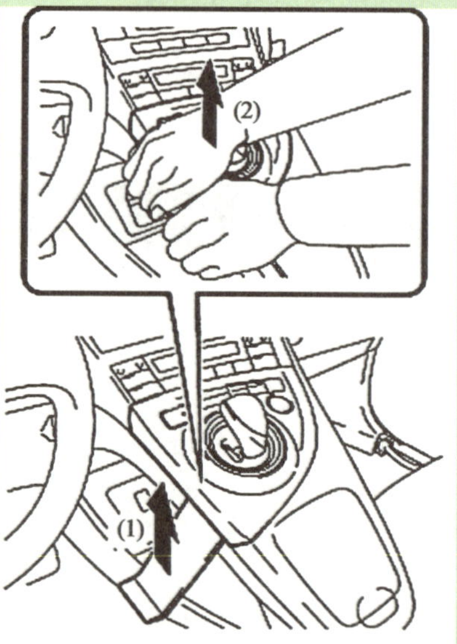 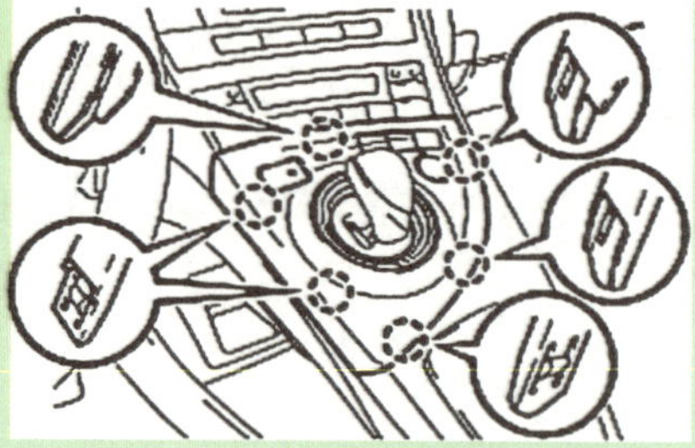

续表

步骤名称	操作步骤	图示
拆卸换挡杆总成面板	使用内饰板拆装工具在右图位置微微翘起换挡杆总面板，沿箭头方向向上拉起面板，断开各开关连接器并移除面板总成	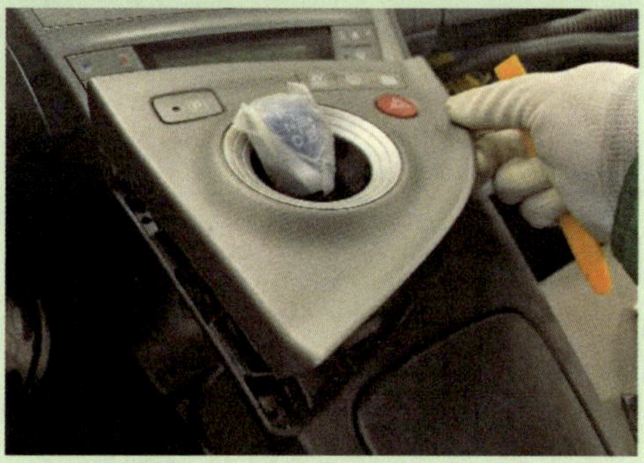
拆卸组合仪表装饰面板组件	沿右图中箭头指示方向拉下组合仪表装饰面板，以松开 2 个卡子和 2 个夹子 沿右图中箭头指示的方向拉下组合仪表装饰面板，以松开 5 个卡子，然后拆下组合仪表装饰面板组件	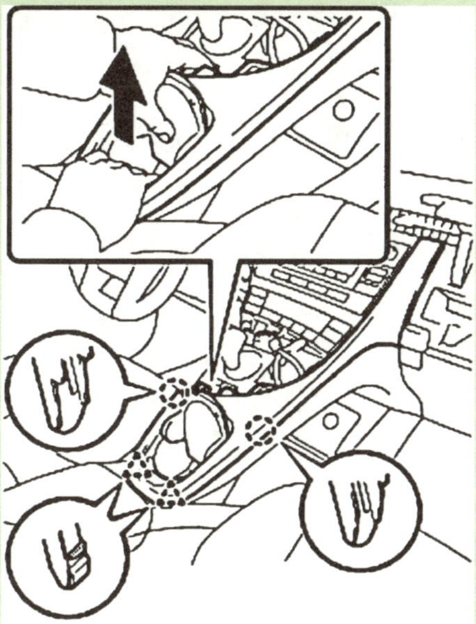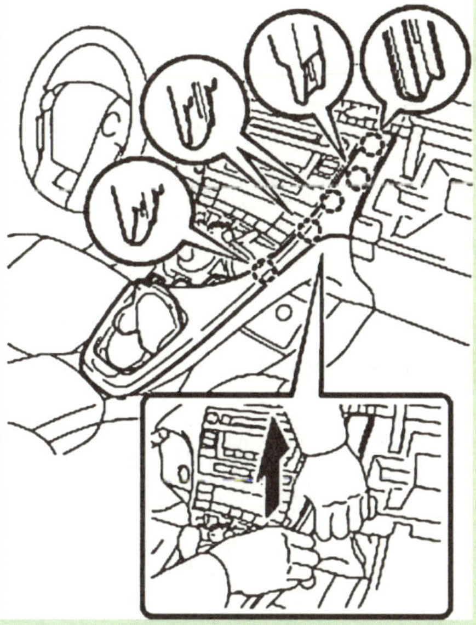

续表

步骤名称	操作步骤	图示
拆卸换挡杆控制总成	拆下换挡杆总成的 3 个固定螺母，断开换挡杆总成上两个传感器的连接器，取下换挡杆总成	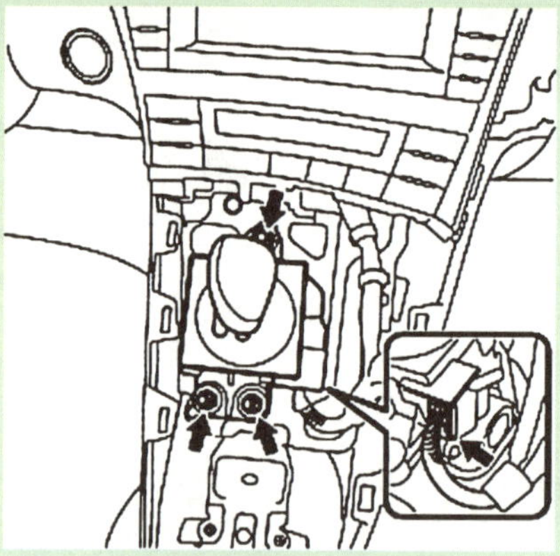 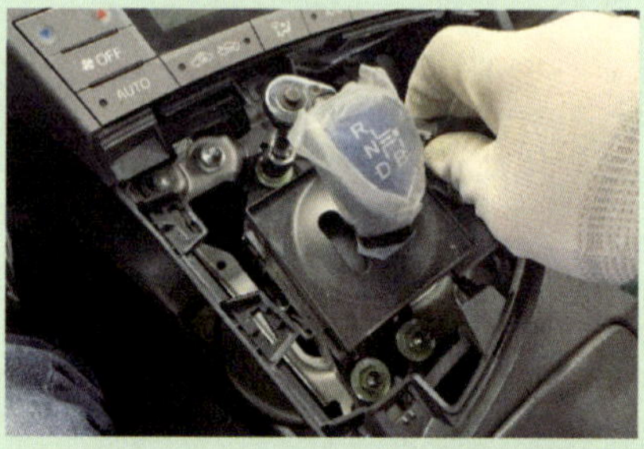 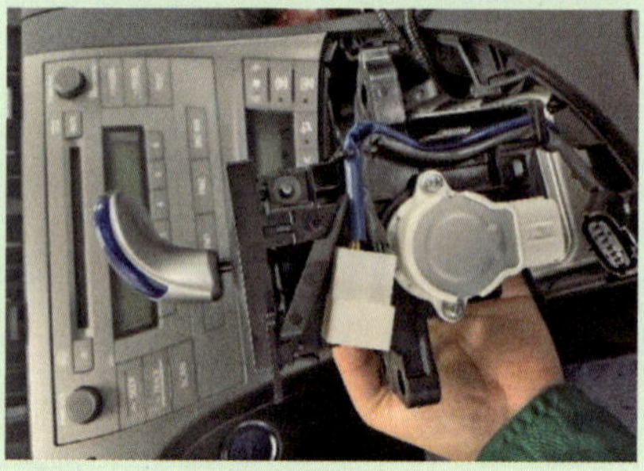

安装换挡杆总成以倒序进行，按规定力矩装配换挡杆总成的 3 个固定螺母，确保各插接件安装过程中对接到位，无松动。注意当断开低压蓄电池的负极线束再重新连接时，一些电气系统可能需要重新初始化。

思考与练习

1. 简述换挡控制系统的组成。
2. 简述机械驻车锁止机构的工作过程。
3. 简述换挡控制系统的工作过程。

课题二 | 换挡杆的检修

学习目标

1. 掌握换挡杆总成的操作过程。
2. 掌握换挡传感器的工作原理。
3. 掌握挡位选择传感器的工作原理。
4. 能对换挡杆总成进行检修。

●任务描述

某新能源汽车不能正常挂挡，经维修技师检查后，发现该车辆装配瞬时电子换挡装置，操纵换挡杆进行换挡时，挡位不能变换，故障码为 P082F。该如何进行检测与维修呢？

●任务分析

当驾驶人操纵瞬时换挡杆换挡时，集成在换挡杆总成中的换挡传感器会检测到驾驶人挂入的挡位位置信号，并将该信号传递到混合动力控制 ECU，混合动力控制 ECU 控制发动机和电动机来产生最佳的驱动力驱动车辆行驶。

相关理论

一、换挡传感器和挡位选择传感器的电路分析

换挡杆控制单元总成集成了换挡传感器和挡位选择传感器，其工作电路如图 3-2-1 所示，两个传感器都采用霍尔元件，都有主信号、子信号，各挡位主信号、子信号标准值见表 3-2-1、表 3-2-2。

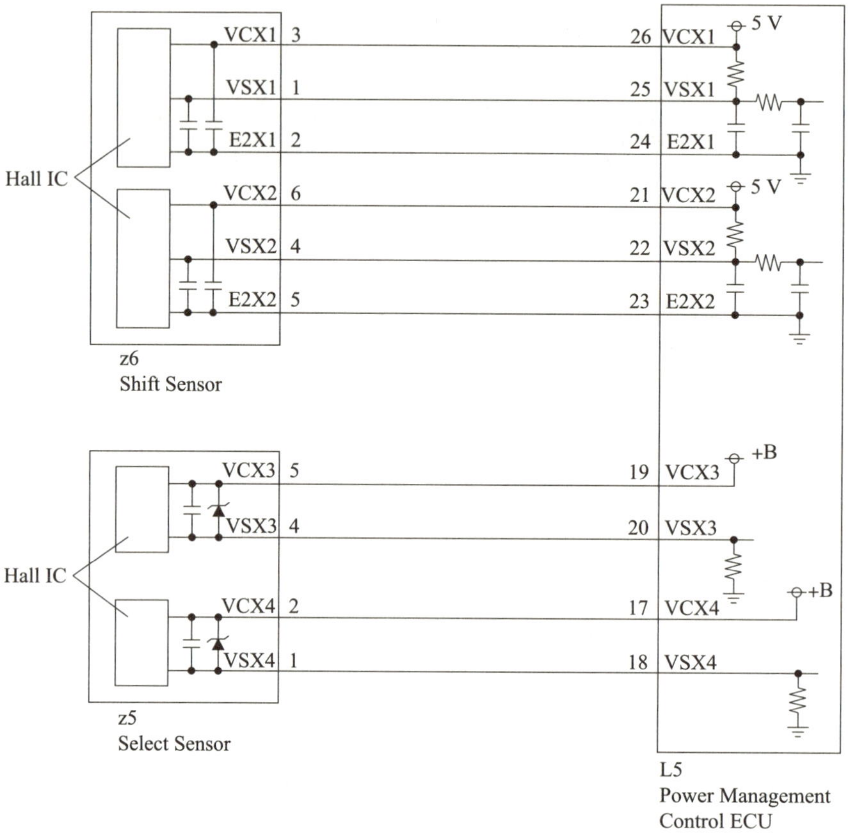

图 3-2-1　换挡传感器和挡位选择传感器工作电路

z6—换挡传感器　z5—挡位选择传感器　L5—混合动力控制 ECU

表 3-2-1　换挡传感器各挡位主信号、子信号标准值

数据流信息	挡位状态	数值范围
换挡传感器主信号	R 挡	0.2 ~ 1.0 V
	主挡或 N 挡	2.0 ~ 3.0 V
	D 或 B 挡	4.0 ~ 4.8 V
换挡传感器子信号	R 挡	0.2 ~ 1.0 V
	主挡或 N 挡	2.0 ~ 3.0 V
	D 或 B 挡	4.0 ~ 4.8 V

表 3-2-2　　挡位选择传感器各挡位位置主信号、子信号标准值

数据流信息	挡位状态	数值范围
挡位选择传感器主信号	R、N 或 D 挡	2.9～4.3 V
	主挡或 B 挡	1.0～1.6 V
挡位选择传感器子信号	R、N 或 D 挡	2.9～4.3 V
	主挡或 B 挡	1.0～1.6 V

二、换挡杆总成的检修

1. 准备工作

（1）做好车辆安全防护与隔离。

（2）准备常用工具套装、绝缘工具套装、数字万用表、内饰板拆装工具等。

2. 换挡杆总成的检修

换挡杆总成的检修见表 3-2-3。

表 3-2-3　　换挡杆总成的检修步骤

步骤名称	操作步骤	图示
使用故障诊断仪读取故障码及数据	连接故障诊断仪和诊断口，打开点火开关到 IG 挡，进入混合控制模块读取故障码数据流，清除故障码后关闭电源开关，再次进入混合控制模块读取故障码和相关数据流	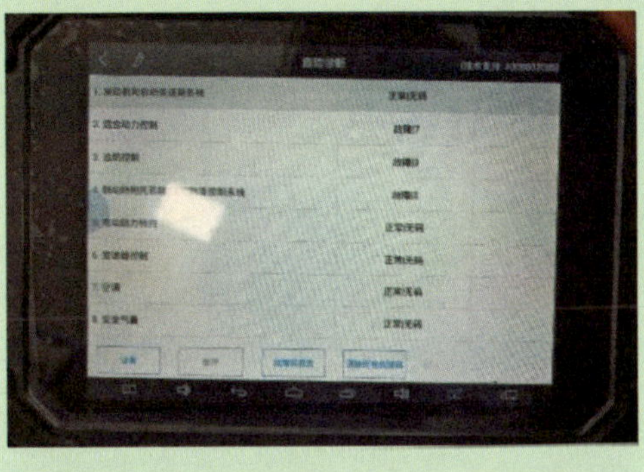 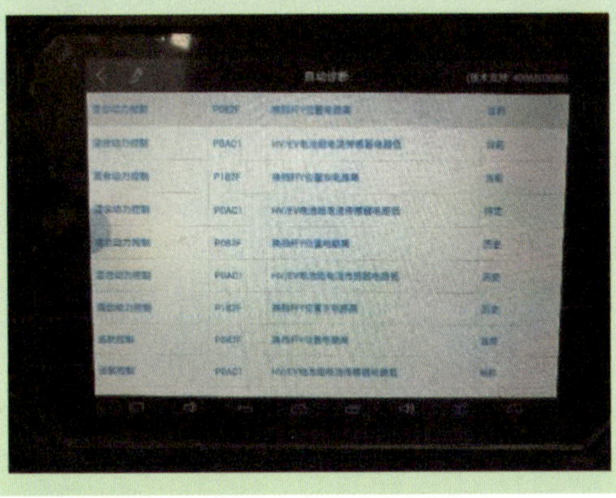

续表

步骤名称	操作步骤	图示
检查混合动力控制ECU至换挡传感器线束	从混合动力控制 ECU 上断开 L5 连接器	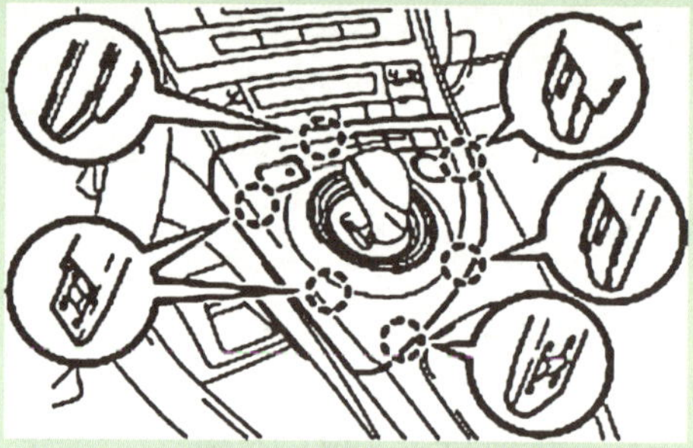 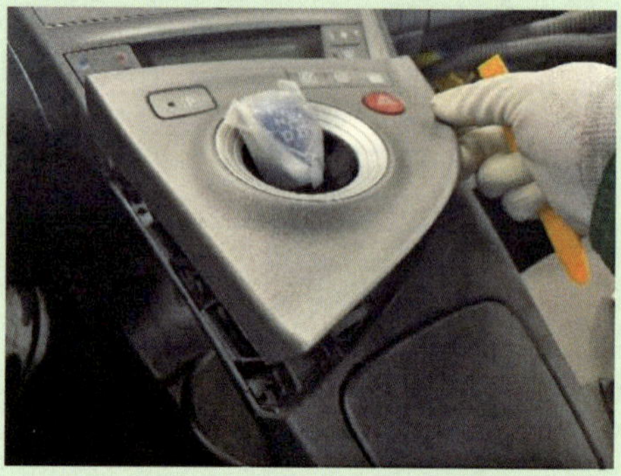
	从换挡传感器上断开 z6 连接器，打开点火开关到 IG 挡	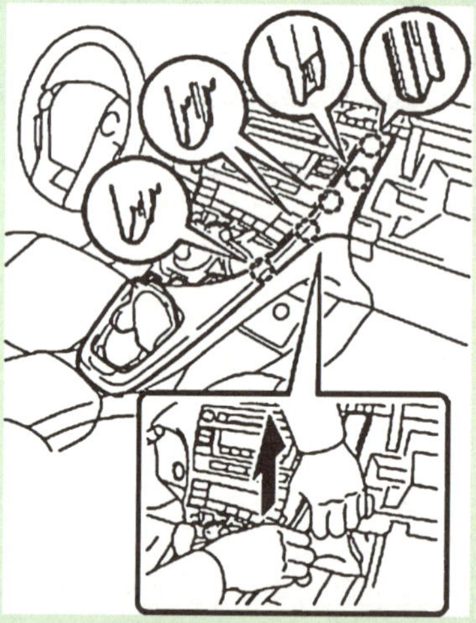 

续表

步骤名称	操作步骤	图示
检查混合动力控制ECU至换挡传感器线束	测量L5-26（VCX1）、L5-25（VSX1）、L5-24（E2X1）、L5-21（VCX2）、L5-22（VSX2）、L5-23（E2X2）分别与车身接地的电压值，标准数值应小于1 V	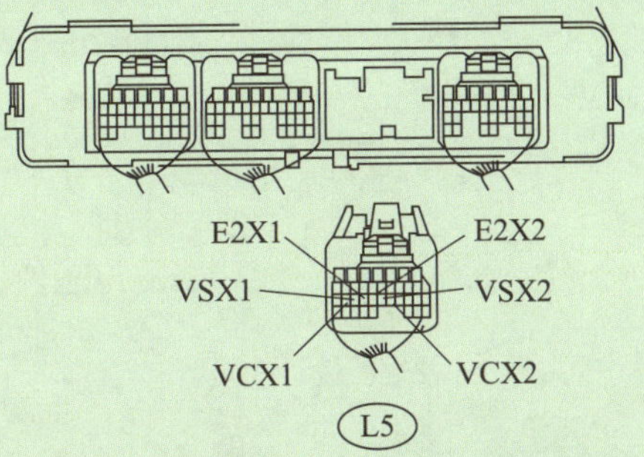 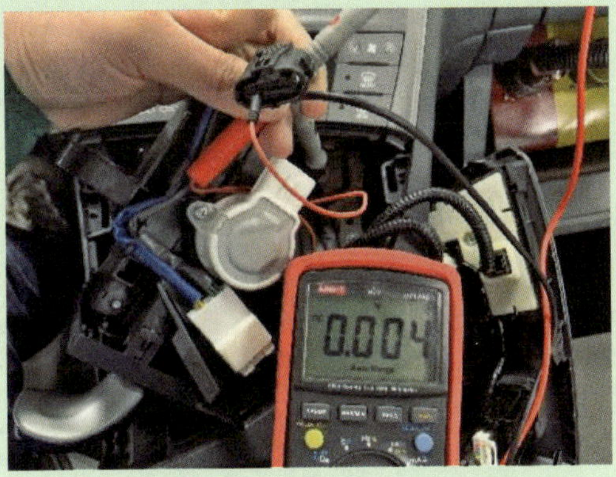
	关闭电源开关，测量L5-26（VCX1）、L5-25（VSX1）、L5-24（E2X1）、L5-21（VCX2）、L5-22（VSX2）、L5-23（E2X2）分别与换挡传感器z6对应端子的电阻值，标准数值应小于1 Ω，否则应更换线束及连接器	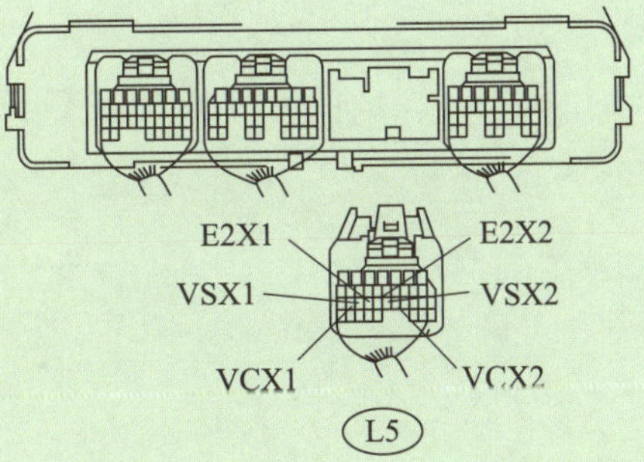 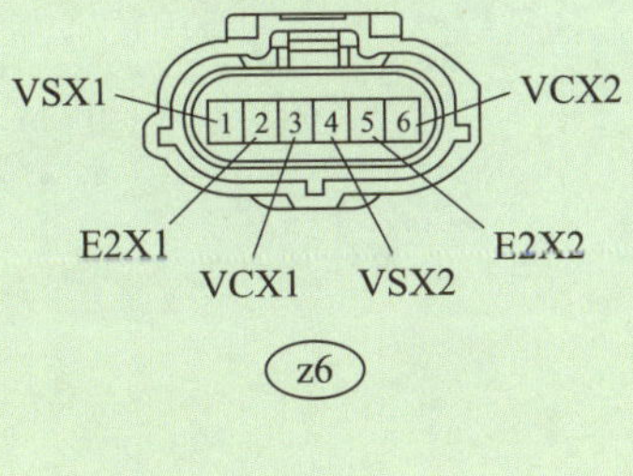

续表

步骤名称	操作步骤	图示
检查混合动力控制 ECU 至换挡传感器线束	关闭电源开关，测量 L5-26（VCX1）、L5-25（VSX1）、L5-24（E2X1）、L5-21（VCX2）、L5-22（VSX2）、L5-23（E2X2）分别与换挡传感器 z6 对应端子的电阻值，标准数值应小于 1 Ω，否则应更换线束及连接器	
	测量L5-26（VCX1）、L5-25（VSX1）、L5-24（E2X1）、L5-21（VCX2）、L5-22（VSX2）、L5-23（E2X2）或换挡传感器 z6 对应端子与车身接地的电阻值，标准数值应大于 10 kΩ，否则应更换线束及连接器	
	连接换挡传感器连接器和混合动力控制 ECU 连接器	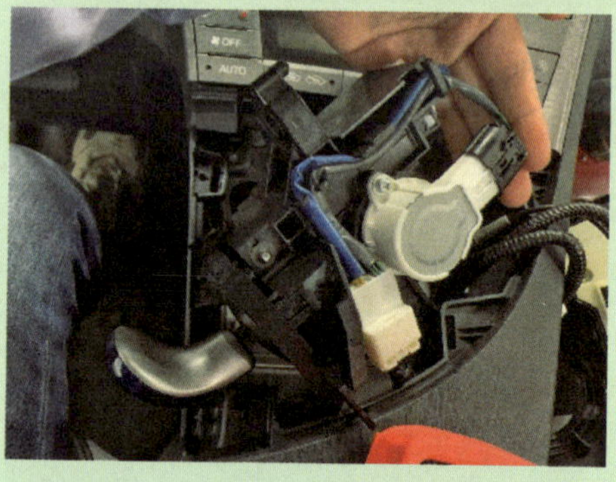
检查混合动力控制 ECU	从换挡传感器上断开 z6 连接器，打开点火开关到 IG 挡	

续表

步骤名称	操作步骤	图示
检查混合动力控制ECU	分别测量z6-3(VCX1)、z6-2（E2X1）和z6-6（VCX2）、z6-5（E2X2）的电压值，标准数值应为4.5~5.5 V，否则应更换混合动力控制ECU	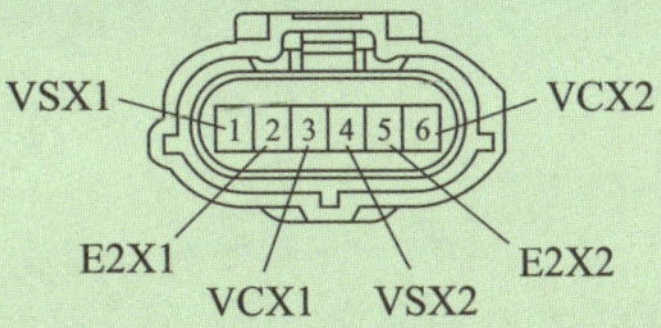 z6 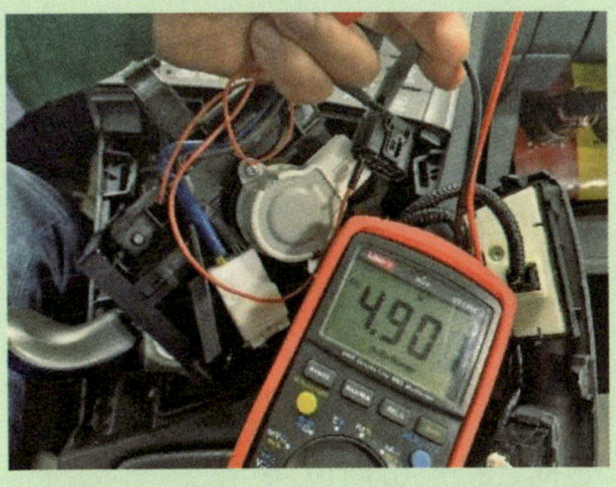
更换换挡杆总成	若线束检测无误则说明换挡杆总成损坏，需要更换	
清除故障码	更换完换挡杆总成后，重新连接故障诊断仪，清除故障码	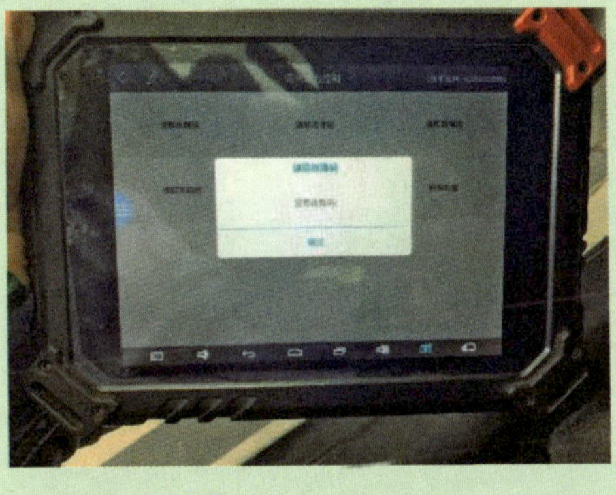
检查故障码	再次检查混合动力控制模块故障码是否清除，确认换挡正常，关闭电源开关	

续表

步骤名称	操作步骤	图示
检查故障码	再次检查混合动力控制模块故障码是否清除，确认换挡正常，关闭电源开关	

思考与练习

1. 简述换挡传感器的工作原理。
2. 简述挡位选择传感器的工作原理。

技能实训 3　换挡杆位置传感器的检修

技能实训		日期		成绩	
学生姓名		学号		班级	

一、实训目标

1. 能掌握换挡控制系统的结构组成。
2. 能掌握换挡控制系统的工作原理。
3. 能根据技术规范完成换挡杆位置传感器的拆装。
4. 能根据技术规范完成换挡杆位置传感器的检修。

二、实训器材

查阅相关资料，写出下列实训器材的名称及用途。

外形	名称	用途

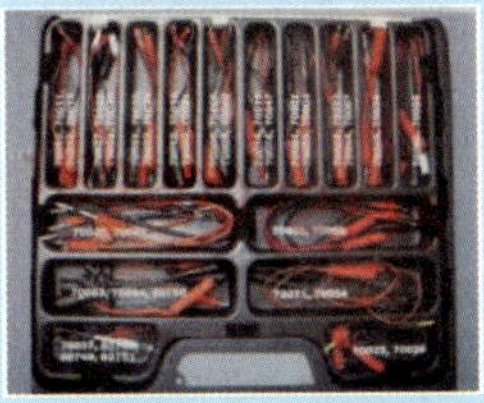		

续表

外形	名称	用途
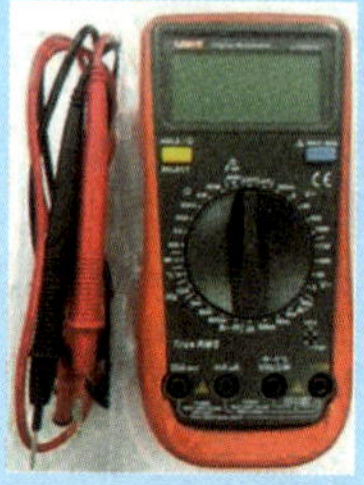		
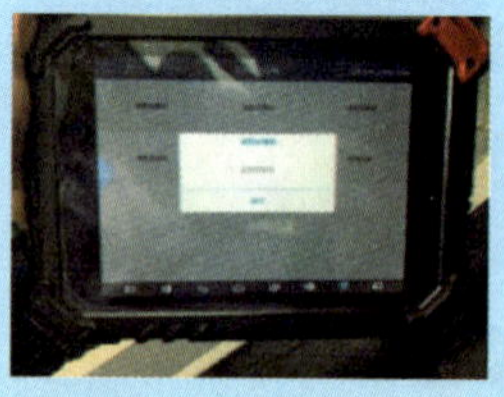		

三、实训内容及步骤

1. 作业前准备

准备作业工具及设备，检查工作场地和设备设施是否清洁，是否存在安全隐患，如不正常请汇报给实训教师。

检查项目	检查内容
安全防护用品	
作业工具	
实训设备设施	
辅助资料	

2. 编写换挡杆位置传感器的检修流程

编写换挡杆位置传感器的检修流程，填写下表。

序号	检修流程

续表

序号	检修流程

3. 小组分工

分工	组员	分工	组员
操作员		记录员	
监护员		展示员	

4. 安全注意事项

查阅相关资料，填写下表。

序号	注意事项

5. 换挡杆位置传感器的检修

通过相关知识的学习，填写下表。

序号	图示	操作步骤
1	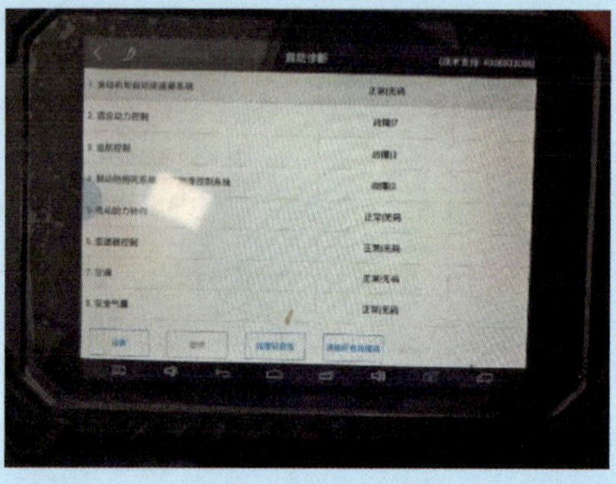 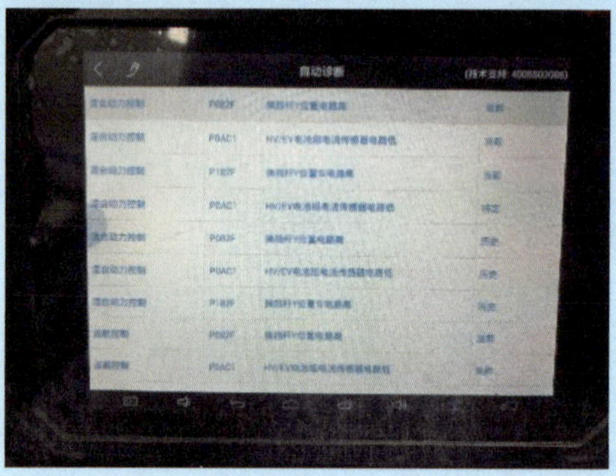	
2	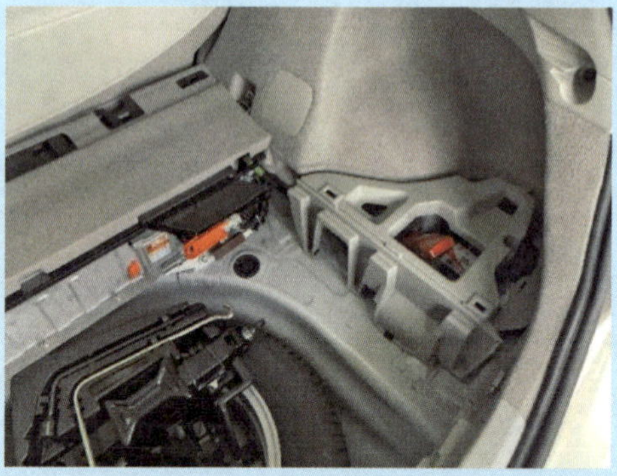	
3	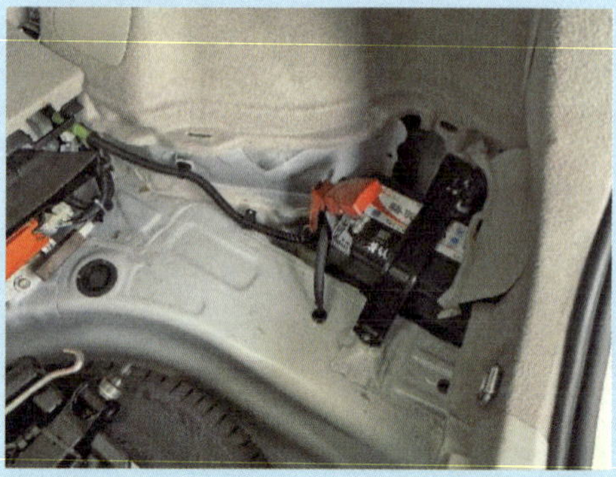	

续表

序号	图示	操作步骤
4	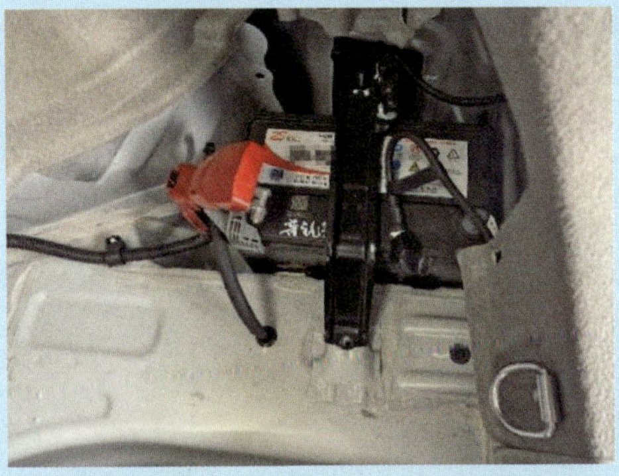	
5	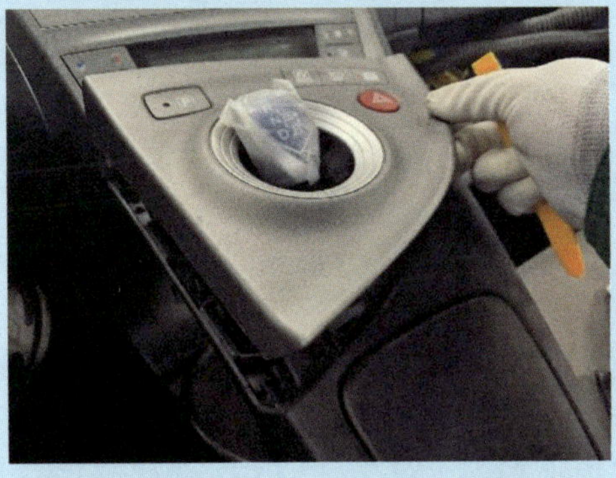	
6	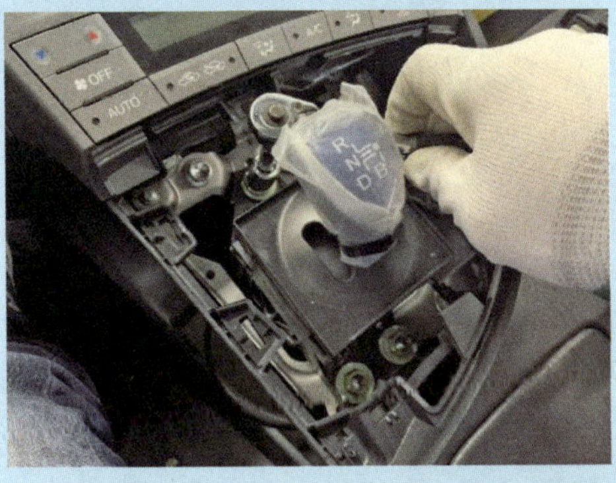	
7	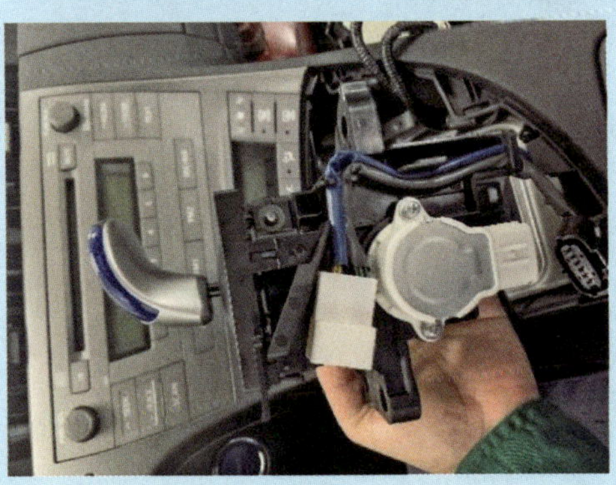	

续表

序号	图示	操作步骤
8	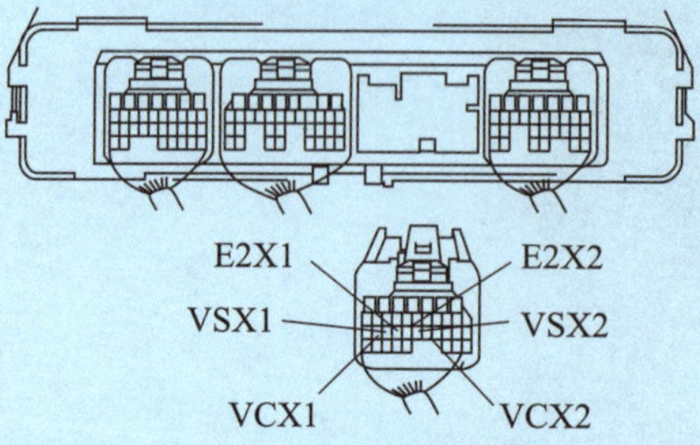 L5	
9	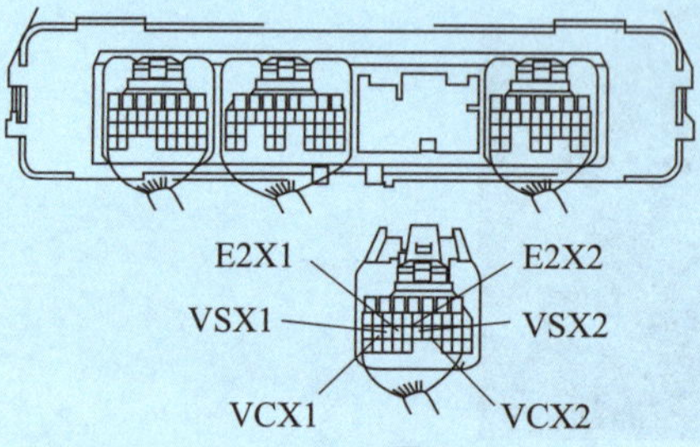 L5 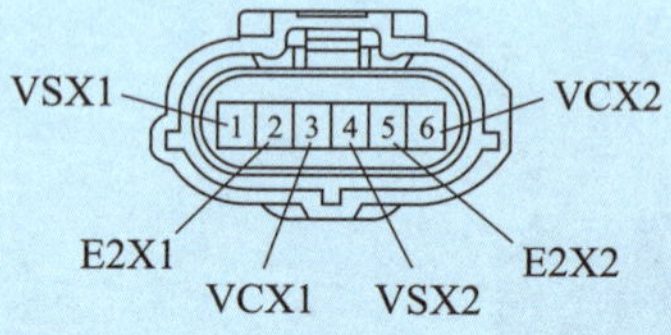 z6 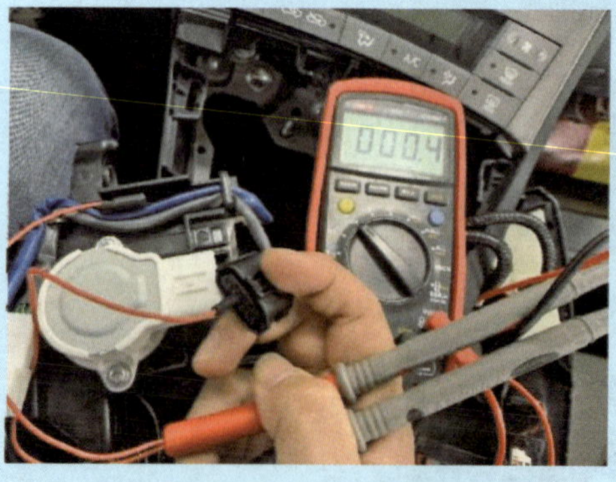 	

续表

序号	图示	操作步骤
10		
11	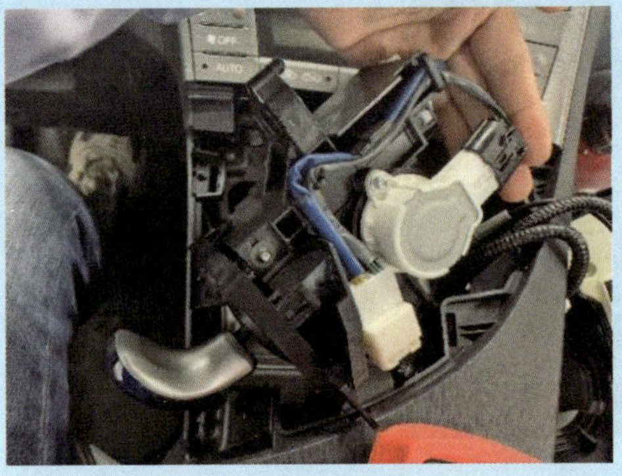	
12	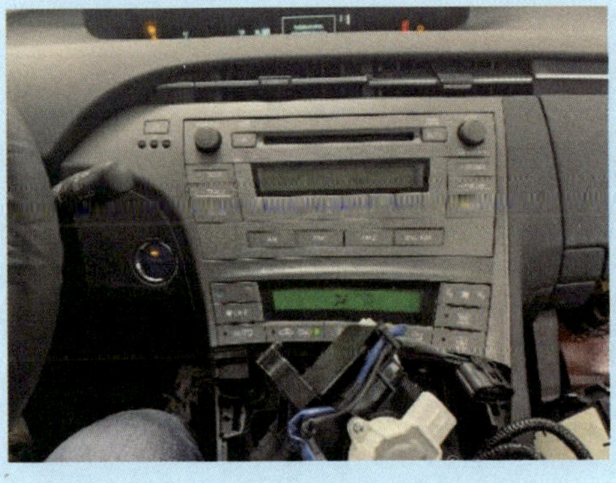	
13	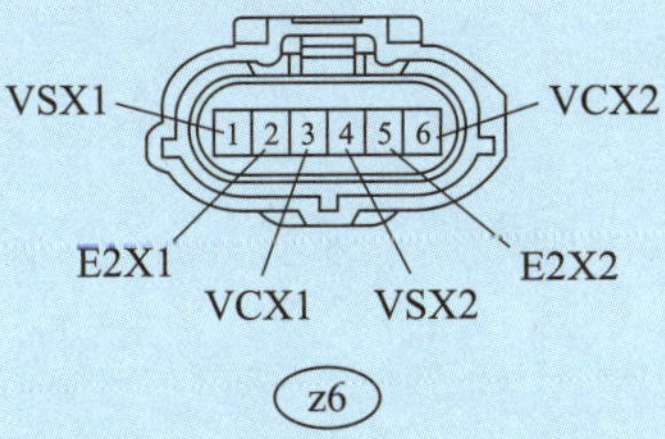	

续表

序号	图示	操作步骤
13	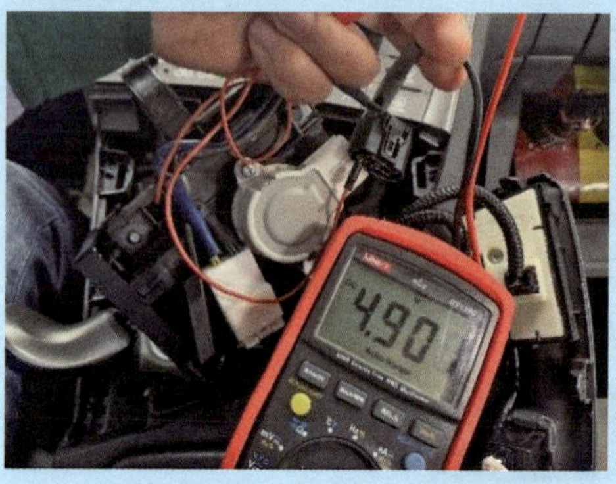	
14	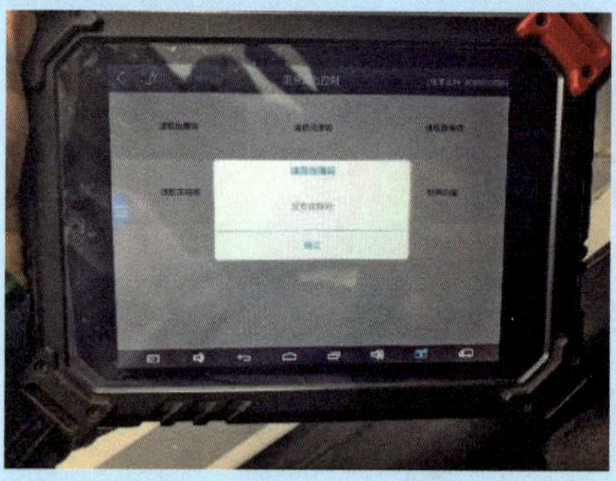	
15		

四、检验与评估

1. 小组互评

小组选派代表进行实训操作展示，其余小组根据展示和阐述进行评价，并记录评价结果。

序号	评价标准	评价结果
1	任务目标制定是否合理	
2	任务过程表述是否清晰	
3	任务结果是否符合实际情况	
4	任务计划是否切实、有效执行	
5	任务体会是否深刻	
综合评价		

2. 组内互评

每个成员对组员的表现进行打分，并填写下表。

组长：________ 组号：________

序号	1	2	3	4	5	6
姓名						
分工						
评价						

注：评价采用 5 分制。

3. 自我反思和评价

根据个人在课堂上的实际表现，填写下表。

自我反思	
自我评价	

五、实训考核

对各小组技能实训情况进行考核，并完成下表。

项目	评分标准	分值	得分
工作任务接收	能正确接收并理解工作任务及要求	10	

续表

项目	评分标准	分值	得分
资料收集	熟知换挡控制系统的结构组成及工作原理	10	
计划制订	能按规范作业要求，制订完成任务的计划，写出换挡控制系统检修的步骤和方法	15	
计划实施	换挡杆位置传感器的拆装	20	
	换挡杆位置传感器的检修	25	
质量检查	任务完成良好，操作过程规范	10	
评价反馈	能根据自身及组员表现进行客观评价	5	
	能在任务实施过程中发现自身及组员的问题	5	
合计		100	

模块四 转向系统的检修

课题一 | 转向系统的结构组成与拆装

学习目标

1. 掌握电动助力转向系统的优缺点。
2. 掌握电动助力转向系统的结构组成。
3. 掌握电动助力转向系统的工作原理。
4. 能够进行电动助力转向系统的拆装。

●任务描述

某比亚迪新能源汽车底盘在高低不平的路面磕到底盘，出现转向异响，经维修技师检测后，发现电动转向器内部出现异响，应更换转向器。该如何进行拆卸呢？

●任务分析

电动助力转向系统在低速行驶时可使转向轻便、灵活；当汽车在中高速行驶转向时，又能保证提供最优的动力放大倍率和稳定的转向手感，从而提高高速行驶的操纵稳定性。电动助力转向系统与传统的液压助力转向系统最大的区别是以转向助力电动机取代了液压助力元件，电子控制单元通过转向助力电动机对车辆转向器进行控制，结构更加紧凑，更易于拆装和维护。

相关理论

一、电动助力转向系统的结构

电动助力转向系统（electric power steering，EPS）由转矩传感器、减速机构、助力电动机、齿轮齿条转向器、电动转向控制器等组成，如图 4-1-1 所示。

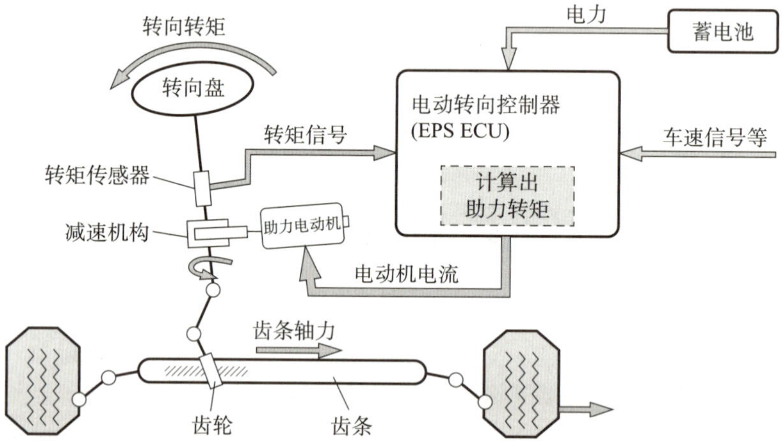

图 4-1-1　电动助力转向系统的结构

1. 转矩传感器

转矩传感器用来检测转向盘转矩和转角的大小和方向，它是 EPS 的控制信号之一。转矩传感器主要有接触式和非接触式两种，常用的接触式转矩传感器有摆臂式、双排行星齿轮式和扭杆式；非接触式转矩传感器主要有光电式和磁电式。

转矩传感器由两个带孔圆环、线圈、线圈盒及电路板组成，两个带孔圆环一个安装在输出轴上，一个安装在输入轴上，如图 4-1-2 所示。转矩传感器将转向盘上操作力大小和方向信号转换为电信号，传递到电动转向控制器。

2. 减速机构

电动转向系统中的减速机构通常由减速齿轮、输出轴和轴承等组成。减速齿轮与助力电动机的输出轴啮合，将助力电动机输出的高速低转矩转换为低速高转矩，提供足够

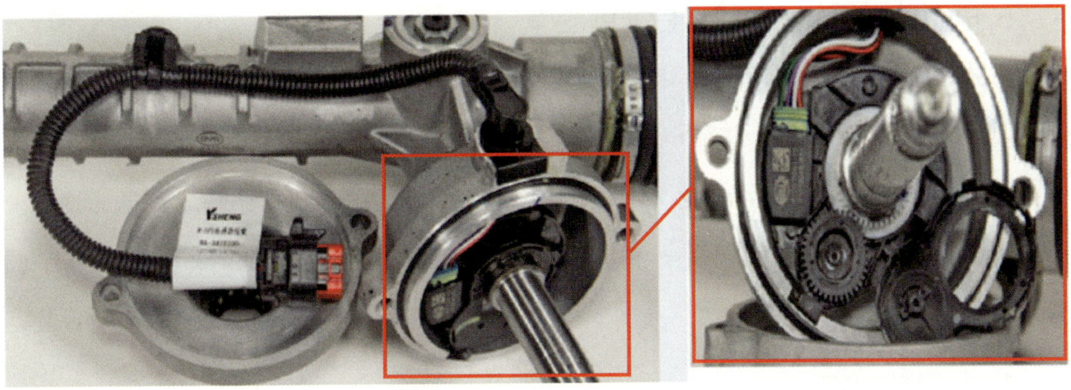

图 4-1-2　转矩传感器

的转向力矩。减速机构的输出轴将转向力矩传递到电动助力转向器中，实现车辆的转向。同时，减速机构还起到增大输出转矩、降低电动机负载和降低噪声等作用，如图 4-1-3 所示。

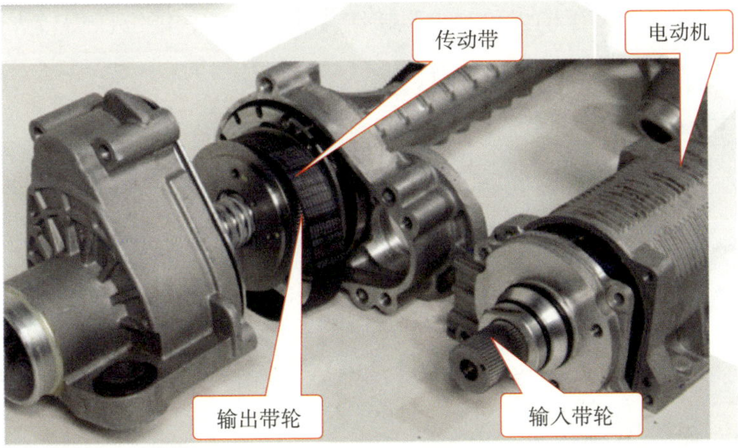

图 4-1-3　减速机构

3. 助力电动机

助力电动机根据电子控制单元的指令输出适宜的助力转矩，是电动转向系统的动力源，多采用无刷永磁式直流电动机。助力电动机对 EPS 的性能有很大影响，是 EPS 的关键部件之一，因此其要具有低转速、大转矩、波动小、转动惯量小、尺寸小、质量小等特点，而且要求可靠性高、易控制。

4. 齿轮齿条转向器

与传统汽车齿轮齿条转向器的结构形式及工作原理相同。

5. 电动转向控制器（EPS ECU）

电动转向控制器主要由硬件电路和软件程序组成，在电源、电动机等其他部件正常工作时，其本身的可靠性应比较高，硬件本身不易出现故障。

二、电动助力转向系统的分类

电动助力转向系统按照辅助电动机的布置方式，可分为转向柱助力式、齿轮助力式、齿条助力式三种。

1. 转向柱助力式

转向柱助力式转向系统的转矩传感器、电动机、离合器和转向助力机构组成一体，安装在转向柱上，如图 4-1-4 所示。

2. 齿轮助力式

齿轮助力式转向系统的转矩传感器、电动机、离合器和转向助力机构组成一体，如图 4-1-5 所示，整体安装在小齿轮处，直接给小齿轮助力，能够获得较大的转向力。

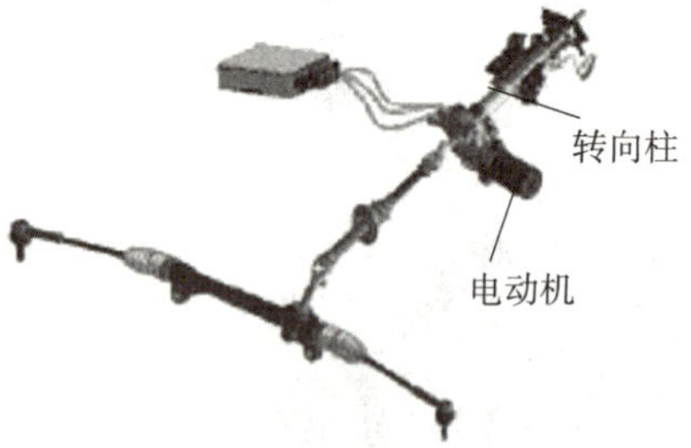

图 4-1-4　转向柱助力式转向系统

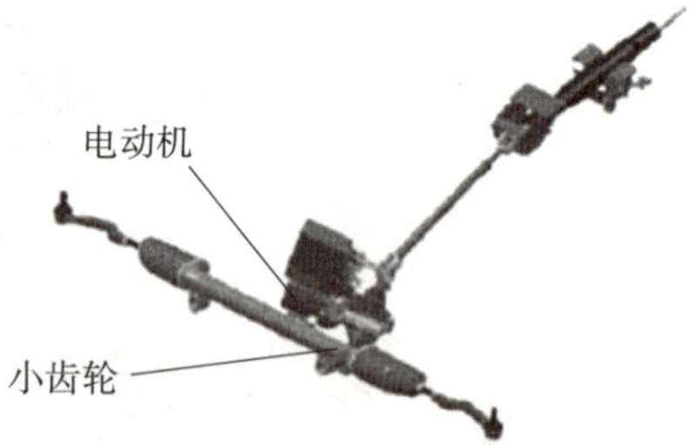

图 4-1-5　齿轮助力式转向系统

3. 齿条助力式

齿条助力式转向系统的转矩传感器单独安装在小齿轮处，电动机与转向助力机构一起安装在小齿轮另一端的齿条处，用以给齿条助力，如图 4-1-6 所示。

图 4-1-6　齿条助力式转向系统

三、电动助力转向系统的优点

电动助力转向系统将电力电子技术和高性能的电动机控制技术应用于汽车转向系

统，能明显改善车辆的静态性能和动态性能，有效提高驾驶的轻便性和安全性，同时也更加节能和环保。与其他助力转向系统相比，电动助力转向系统的突出优点体现在以下几点。

1. 降低燃油消耗

传统的液压助力转向系统由发动机带动转向油泵，不管转向或者不转向都要消耗发动机部分动力，而电动助力转向系统只在转向时才由电动机提供助力，不转向时不消耗能量。因此，电动助力转向系统可以降低车辆的燃油消耗。

2. 增强转向跟随性

助力电动机与转向助力机构相连将能量直接用于车轮的转向，利用惯性减振器的作用，使车轮的反转和转向前轮摆振大大减小。因此，电动助力转向系统的抗扰动能力增强。与液压助力转向系统相比，电动助力转向系统增强了转向车轮对转向盘的跟随性。

3. 改善转向回正特性

电动助力转向系统可以对转向回正过程进行控制，利用软件在最大限度内调整设计参数使车辆获得最佳的回正特性。

4. 提高操纵稳定性

电动助力转向系统可以针对车辆行驶的各种工况，通过优化助力特性曲线，使得助力更加精确，助力效果更加理想。另外，还可以采用阻尼控制减小由路面不平产生的对转向系统的干扰，保障汽车低速行驶时的转向轻便性，提高汽车高速行驶时的转向稳定性。

5. 提供可变转向助力

电动助力转向系统的转向力来自电动机，通过软件编程和硬件控制，可得到覆盖整个车速的可变转向力。在低速时，电动助力转向系统可以提供较大的转向助力，提高车辆的转向轻便性；随着车速的提高，电动助力转向系统提供的转向助力可逐渐减小，转向时驾驶人所需提供的转向力将逐渐增大，提高车辆稳定性。

6. 节能与环保

电动助力转向系统应用电力作为能源，完全取代了液压装置，不存在传统液压助力转向系统中液压油泄漏的问题，避免了环境污染。

四、电动助力转向系统的缺点

由于车载电源的电压一般较低，电动助力转向系统所能提供的助力转矩也不会太大，因此不适用于大型车辆。

五、电动助力转向系统的拆装

1. 准备工作

（1）做好车辆安全防护与隔离。

（2）准备常用工具套装、绝缘工具套装、转向球头专用拆装工具、内饰板拆装工具等。

2. 电动助力转向系统的拆装

以比亚迪车型为例，电动助力转向系统的拆装见表 4-1-1。

表 4-1-1　电动助力转向系统的拆装步骤

步骤名称	操作步骤	图示
拆卸轮胎	确认前轮朝向正前方，断开蓄电池负极端子。使用扭力扳手拆卸轮胎固定螺栓	
拆卸转向球头	预松转向球头固定螺栓（安装时预紧力矩为 49 N·m，如果开口销孔未对齐，将螺母进一步拧 60°）	

续表

步骤名称	操作步骤	图示
拆卸转向球头	准备转向球头专用拆装工具	
	使用球头拉拔器拆卸转向球头	
	使用开口扳手拧动球头拉拔器螺栓	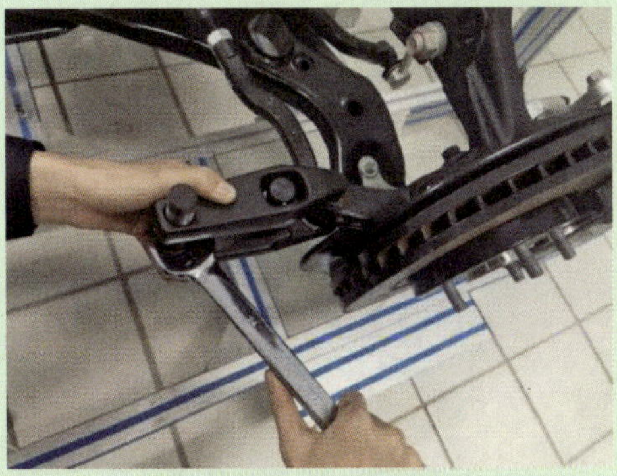
	取下转向球头	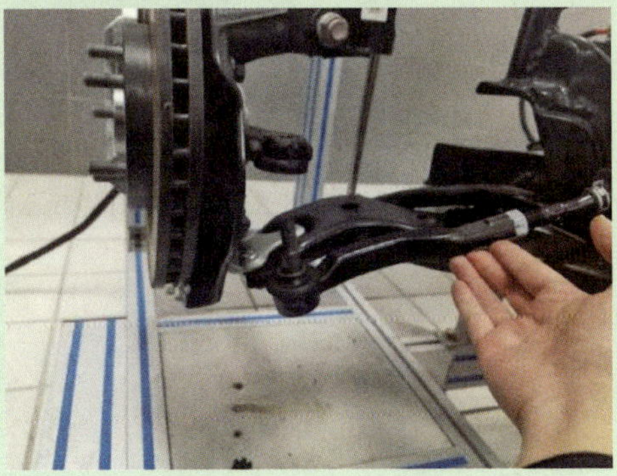

续表

步骤名称	操作步骤	图示
拆卸转向万向节	拆卸转向万向节之前，在中间轴下端与转向器输入轴配合处做好配合标记	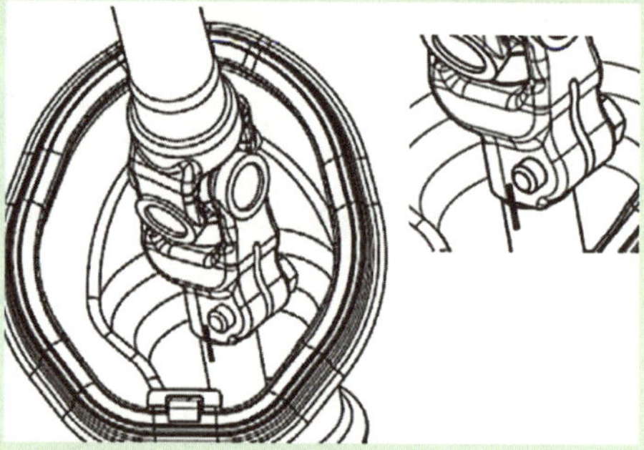
	拆卸转向万向节	
	分离转向万向节	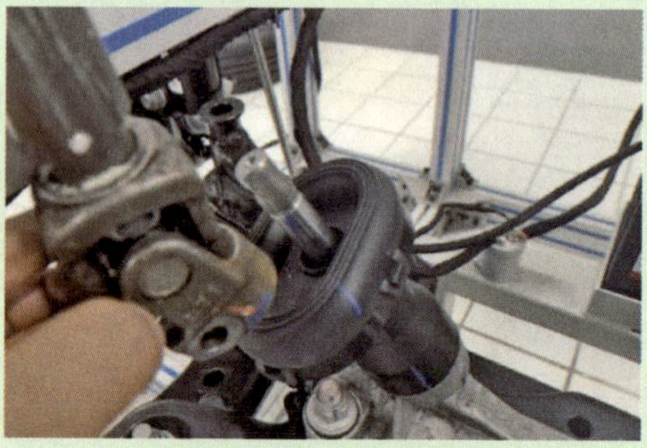
拆卸转向器	使用扭力扳手拆卸转向器固定螺栓	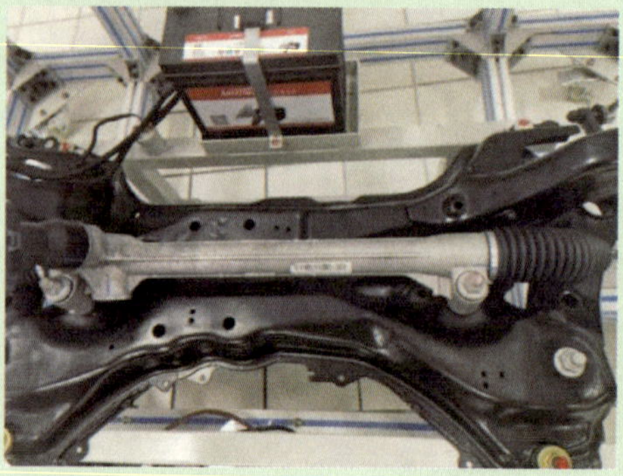

续表

步骤名称	操作步骤	图示
拆卸转向器	使用扭力扳手拆卸转向器固定螺栓	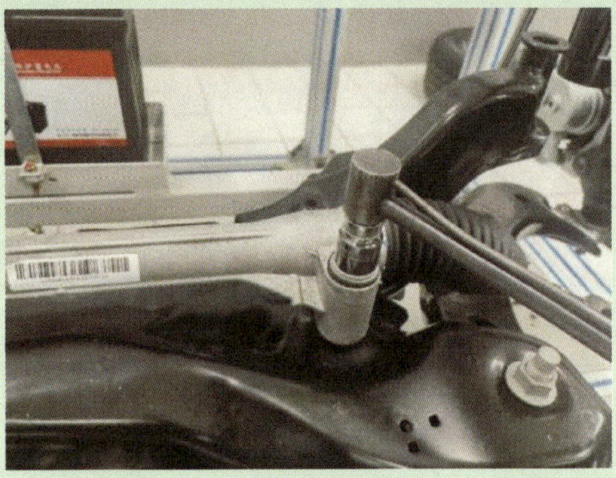 
	取下转向器	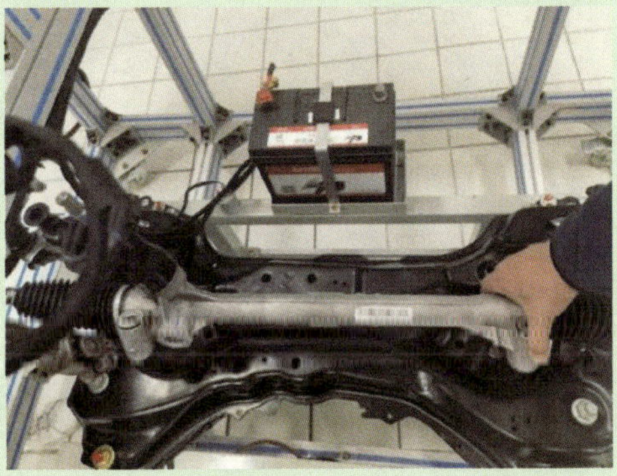
	分离转向柱	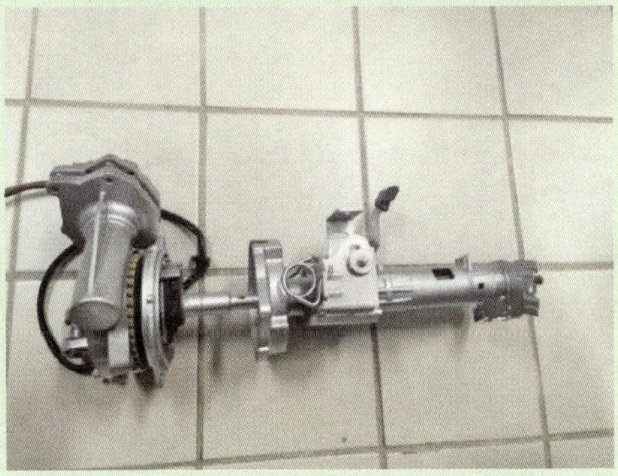

续表

步骤名称	操作步骤	图示
拆卸转向器	分离转向柱	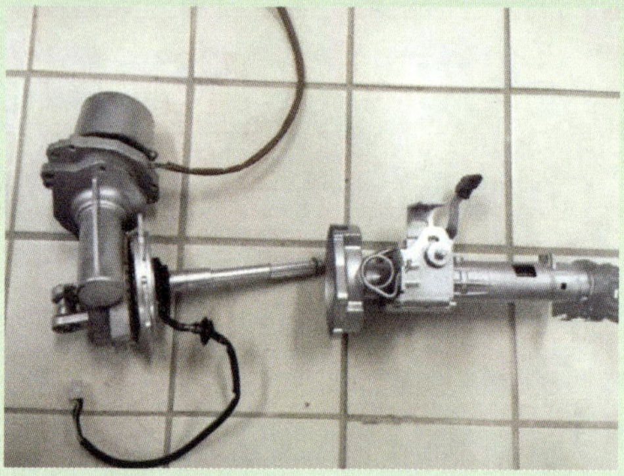
	分解蜗杆机构	
	断开助力电动机	
	断开助力电动机连接器	

续表

步骤名称	操作步骤	图示
拆卸转向器	按相反的顺序安装电动助力转向系统	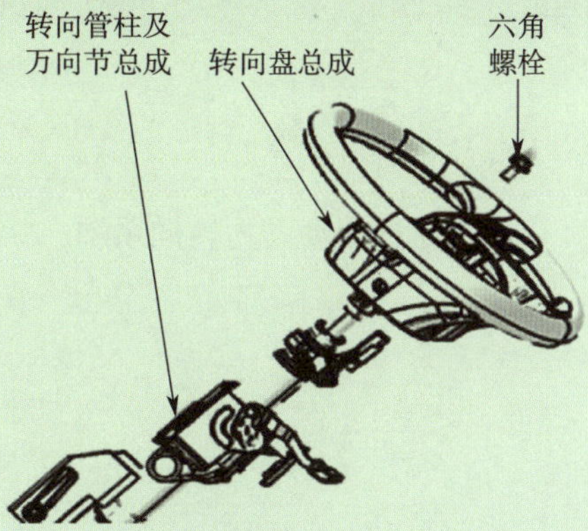
转矩传感器标定	安装完成后，仪表盘上显示转向系统故障，还有提示音，需要使用解码器对转矩传感器进行转角零点标定	
	打开解码器，选择车型	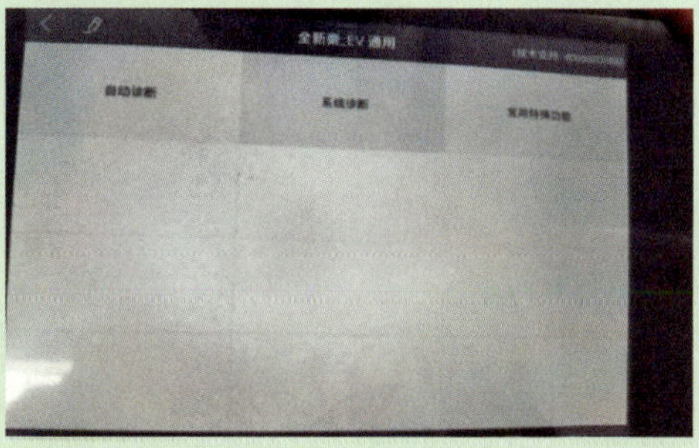
	打开点火开关，选择 ESC 网系统	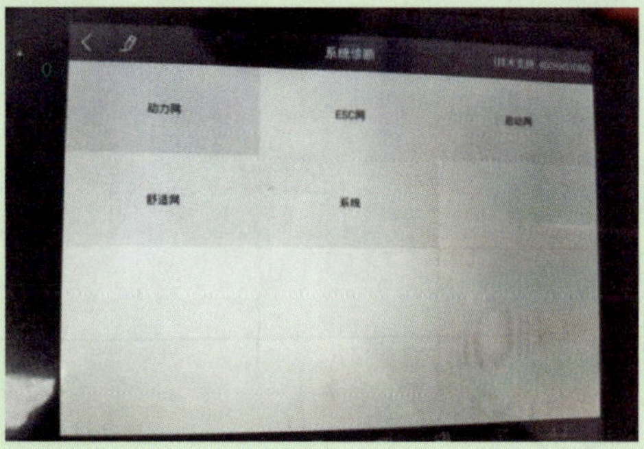

续表

步骤名称	操作步骤	图示
转矩传感器标定	选择电动助力转向系统	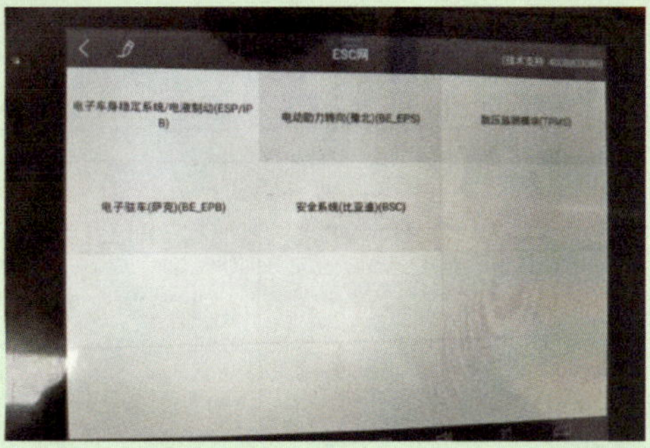
	选择特殊功能	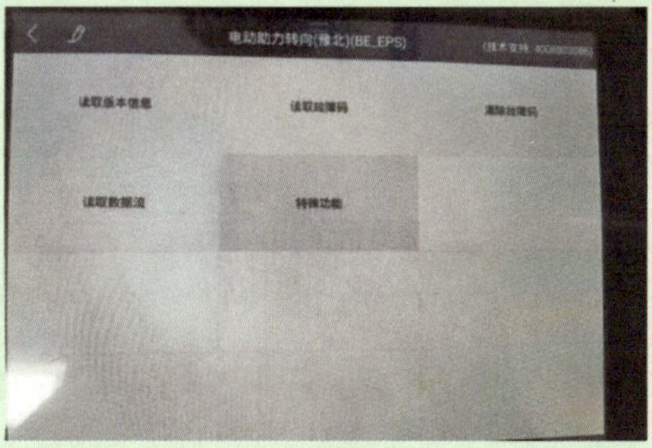
	选择转角零点标定	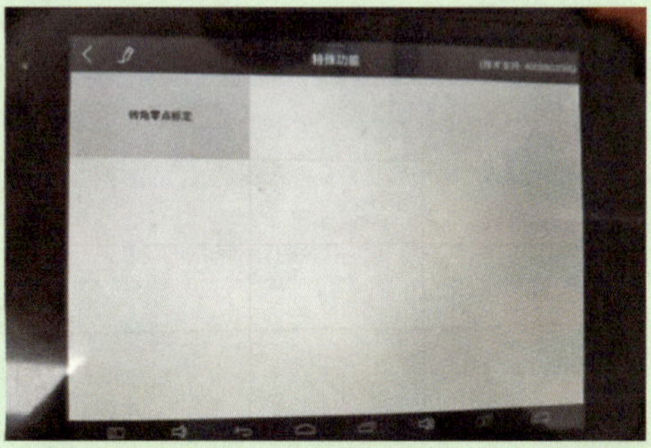
	提示标定成功，仪表盘上不再提示转向系统故障，收回解码器，整理工位	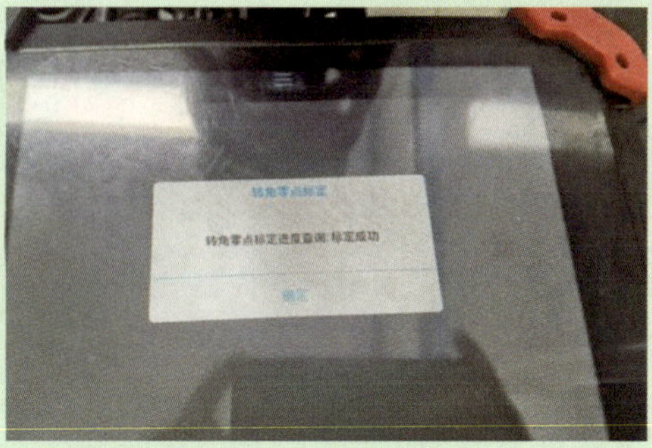

思考与练习

1. 简述电动助力转向系统的组成。
2. 简述电动助力转向系统的分类。
3. 简述电动助力转向系统的优缺点。

课题二 电动助力转向系统的检修

学习目标

1. 掌握电动助力转向系统的工作原理。
2. 能识读电动助力转向系统电路图。
3. 能够对电动助力转向系统进行检修。

任务描述

某比亚迪新能源汽车转向沉重，仪表提示转向系统故障。该如何进行检测与维修呢？

任务分析

由电动助力转向系统的结构组成分析，汽车在行驶中转向系统各传感器发送运行状态信号到电子控制单元，然后经电子控制单元计算出控制信号，从而使助力电动机的方向和转矩发生改变，帮助驾驶人控制转向。因此，通过分析电动助力转向系统电路的组成及工作原理，结合故障码，检查电动助力转向系统的各线路、传感器及控制单元，判断可能的故障原因并排除故障。

相关理论

一、电动助力转向系统的工作原理

电动助力转向系统在不同车型上的结构有所不同，但是基本原理是相同的。

1. 基本工作原理

当汽车点火开关闭合时，ECU 开始对 EPS 系统进行自检，自检通过后，闭合继电器和离合器，EPS 系统开始工作。当转向盘转动时，位于转向轴上的转角传感器和转矩传感器把测得的转向盘上的角位移和作用于其上的力矩传递给 ECU，ECU 根据这两个信号并结合车速等信息，控制助力电动机产生相应的助力，实现转向力矩的最佳控制。在低速行驶时，减轻转向力，保证汽车转向灵活、轻便；在高速行驶时，适当增加阻尼控制，保证转向盘操作稳重、可靠，如图 4-2-1 所示。

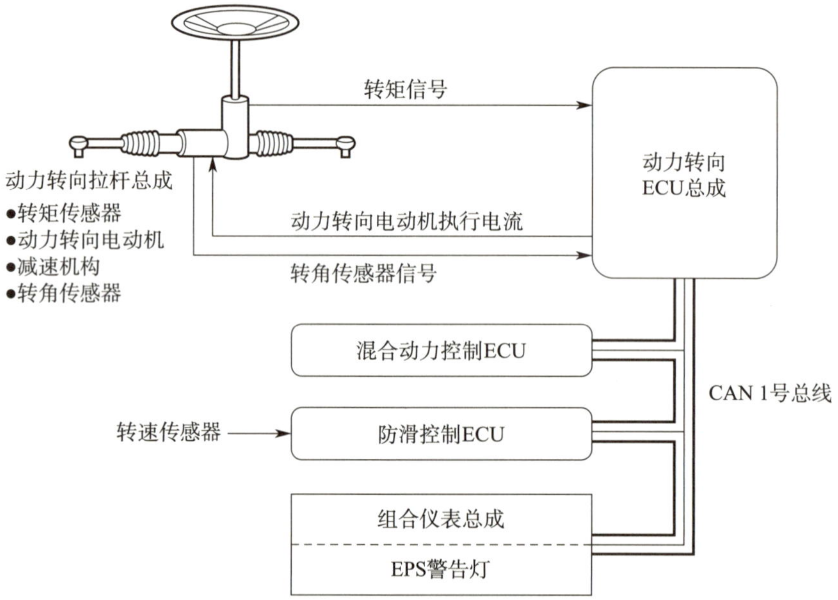

图 4-2-1　电动助力转向系统基本工作原理图

2. 电动助力转向系统的控制

电动助力转向系统的控制如图 4-2-2 所示，包括助力基本控制、助力修正控制、电动机电流控制、失效保护处理。

（1）助力基本控制

为了补偿 EPS 系统对转矩传感器信号的响应延迟量，应实施相位补偿。根据相位补偿后的值，确定助力量。

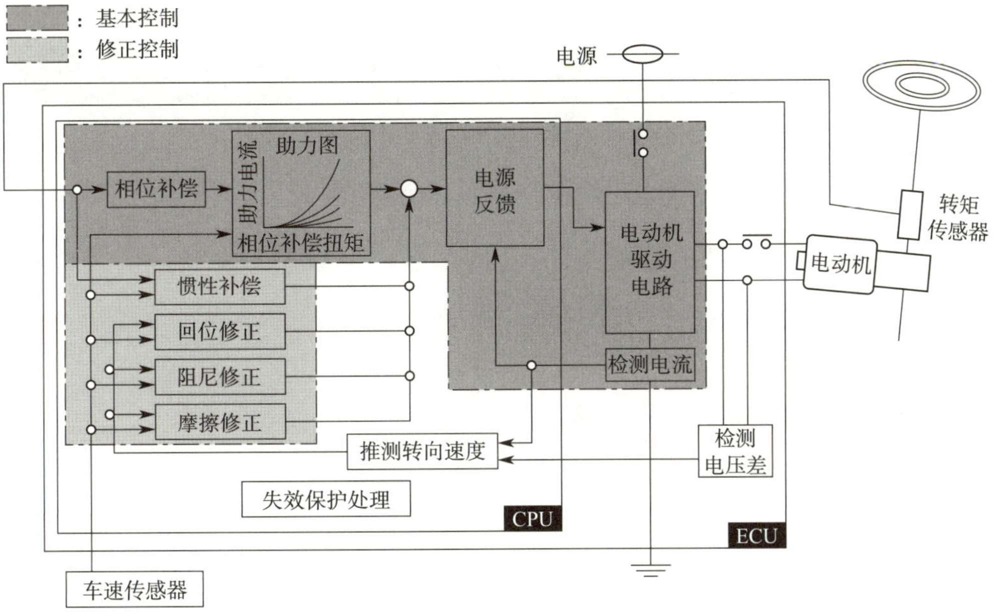

图 4-2-2 电动助力转向系统的控制

（2）助力修正控制

转向盘不仅受驾驶人的转向操作支配，当路面对轮胎施加转矩时，也会出现转向盘转动的状况。因此，除了常规的助力基本控制，还应实施助力修正控制，包括惯性补偿、回位修正、阻尼修正和摩擦修正。

（3）电动机电流控制

为了使电动机实时跟踪电流指令值，就需要控制电动机的电流。通常是在检测出电动机电流之后，修正与指令值所对应的差值，即反馈控制。

（4）失效保护处理

EPS 系统为了提供约 10 倍于驾驶人转向操作力的助力，需要在助力出现异常时迅速进行检测，并采取应对措施。电动助力转向系统的失效保护措施见表 4-2-1。

表 4-2-1 电动助力转向系统的失效保护措施

检测项目	控制示例
转矩传感器相关（转矩传感器输出异常等）	停止助力
电动机转角传感器相关（电动机转角传感器输出异常等）	
EPS ECU 驱动电路相关（电动机端子电压异常等）	
微控制器相关（微控制器或定制集成电路异常等）	

续表

检测项目	控制示例
电动机加热保护相关（通过温度推测进行加热保护控制）	限制助力
EPS ECU 加热保护相关（通过温度推测进行加热保护控制）	
车速相关（车速信号、发动机转速信号、CAN 总线异常等）	
电源相关（点火装置电压、电动机电源电压异常等）	

二、电动助力转向系统的电路图

图 4-2-3 所示为电动助力转向系统电路图。

1. 电动助力转向系统 ECU 工作电源：IG1 → F2/15 R-EPS ECU 10A → G2L/10 → GJB04/14 → B22/5 → B22/4。

2. 助力电动机工作电源：常电→ F5/2 R-EPS 100A → B44（C）/4 → B23/2。

3. 助力电动机 /ECU 搭铁线路：B23/1 → Eb04（4# 搭铁）。

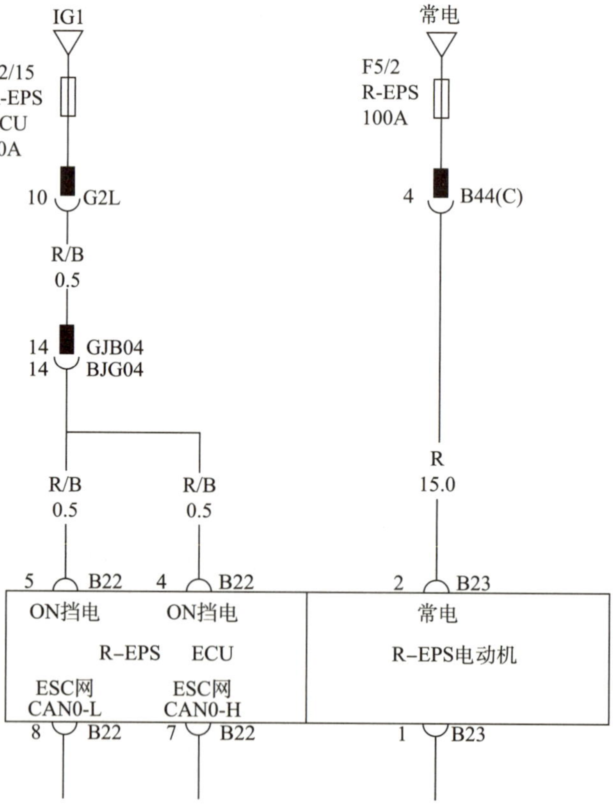

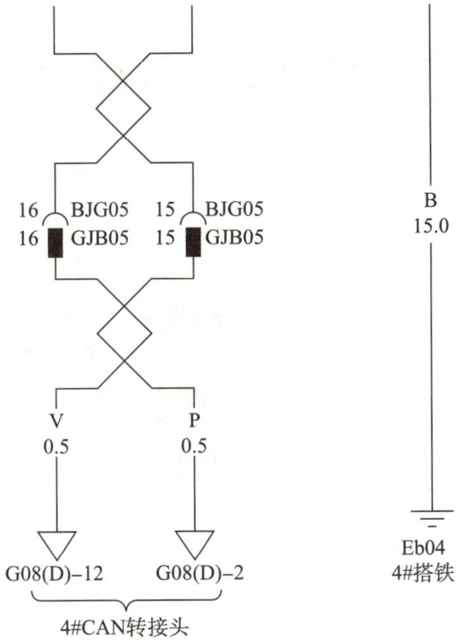

图 4-2-3　电动助力转向系统电路图

三、电动助力转向系统的检修

1. 准备工作

（1）做好车辆安全防护与隔离。

（2）准备常规工具套装、绝缘工具套装、数字万用表、内饰板拆装工具等。

2. 电动助力转向系统的检修

电动助力转向系统的检修见表 4-2-2。

表 4-2-2　电动助力转向系统的检修步骤

步骤名称	操作步骤	图示
电动助力转向系统电源检查	检查电动助力转向模块 B23/2#–B23/1# 电压为 12 V	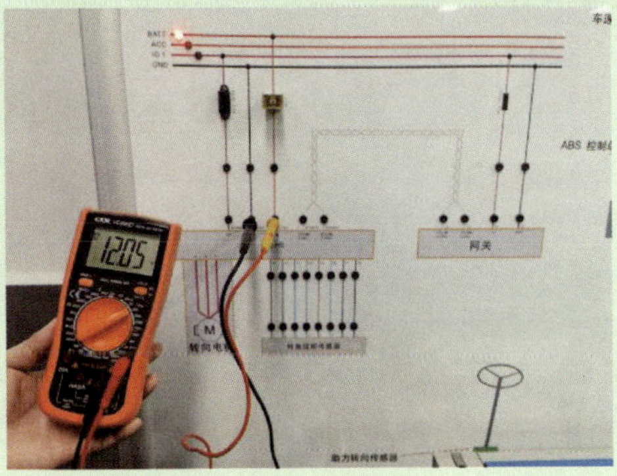

续表

步骤名称	操作步骤	图示
电动助力转向系统电源检查	打开点火开关，检查助力电动机 B23/5#-B23/1# 电压，约为 12 V	
	关闭点火开关，断开蓄电池负极，检查电动助力转向系统搭铁线电阻，B23/1#- 车身搭铁，电阻值小于 1 Ω	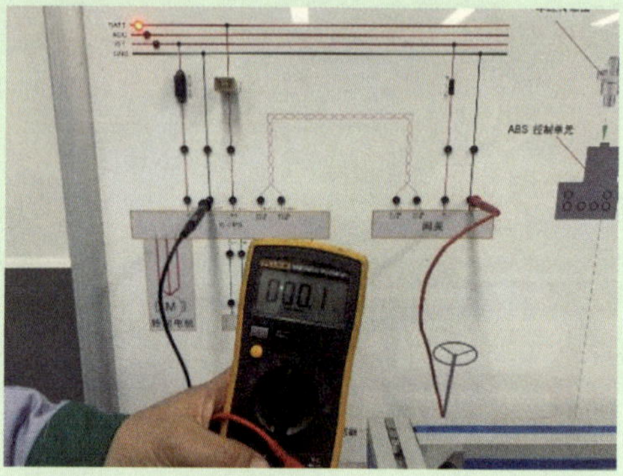
ESC CAN 网络线路检查	打开点火开关，测量 B32-7 与车身搭铁电压。标准电压应为 2.5～3.5 V	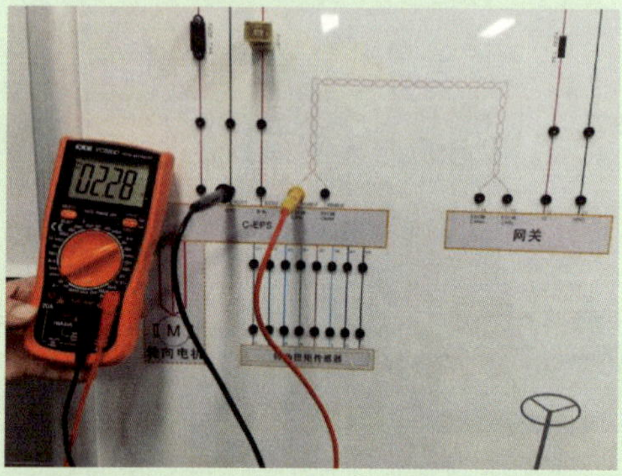
	打开点火开关，测量 B32-6 与车身搭铁电压。标准电压应为 1.5～2.5 V	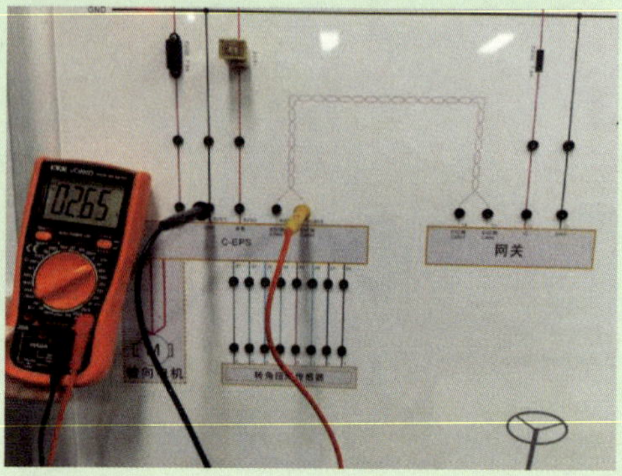

续表

步骤名称	操作步骤	图示
ESC CAN 网络线路检查	关闭点火开关，断开蓄电池负极，测量 B22/7-B22/6 电阻，电阻值约为 60 Ω	
	测量 B22/7- 网关模块 13# 电阻，电阻值应小于 1 Ω	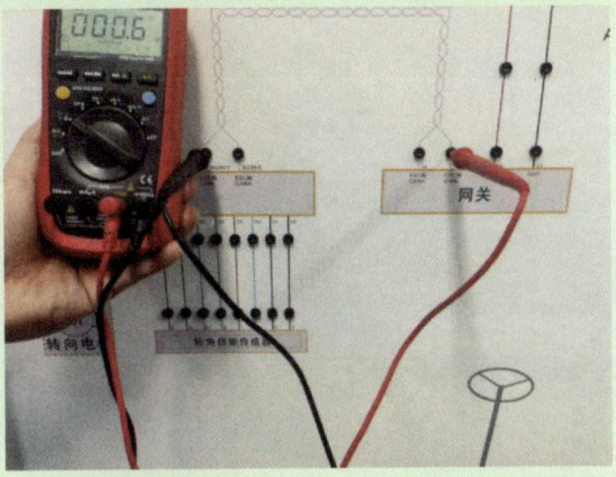
	测量 B22/6- 网关模块 14# 电阻，电阻值应小于 1 Ω	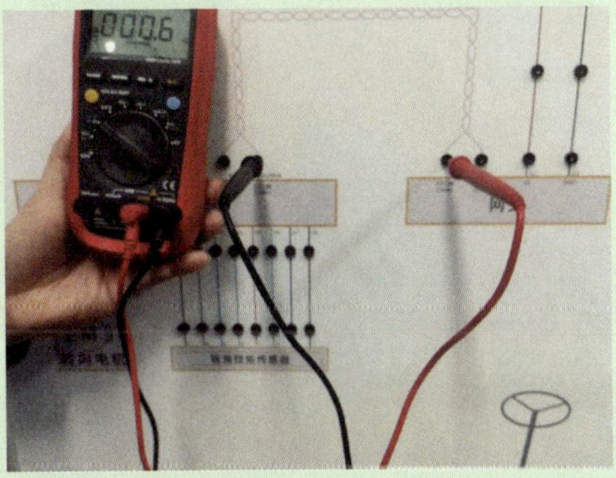
转矩传感器信号电压测量	测量转矩传感器电源 1 电压约为 5 V	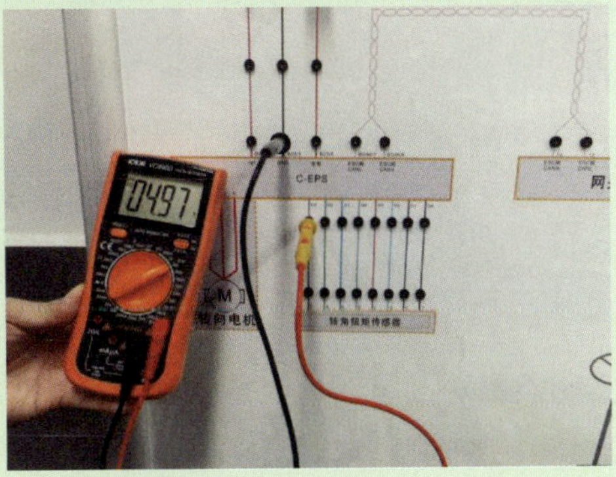

续表

<table>
<tr><th>步骤名称</th><th>操作步骤</th><th>图示</th></tr>
<tr><td rowspan="4">转矩传感器信号电压测量</td><td>测量转矩传感器电源 2 电压约为 5 V</td><td>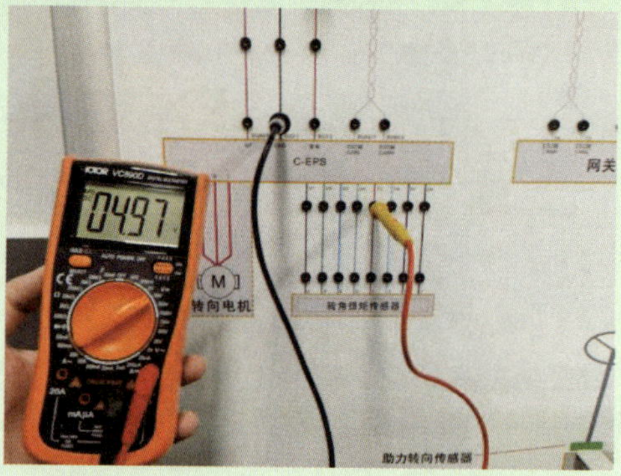</td></tr>
<tr><td>测量转矩传感器 4# 端子 TQ1 信号电压约为 2.4 V 且转动转向盘数值有变化</td><td>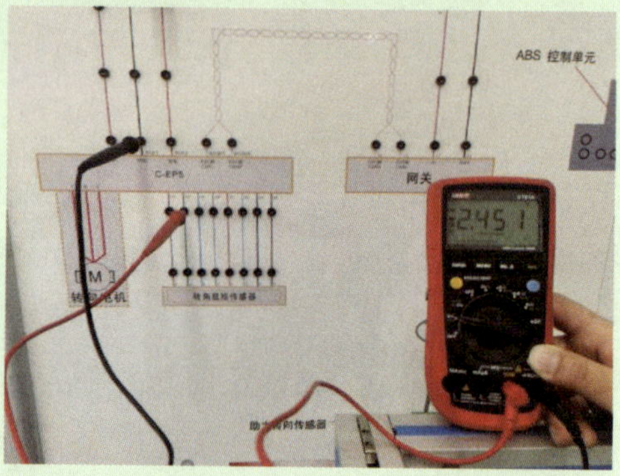</td></tr>
<tr><td>测量转矩传感器 6# 端子 PWM-S 信号电压约为 1.9 V 且转动转向盘数值有变化</td><td></td></tr>
<tr><td>测量转矩传感器 3# 端子 PWM-P 信号电压约为 3.5 V 且转动转向盘数值有变化</td><td>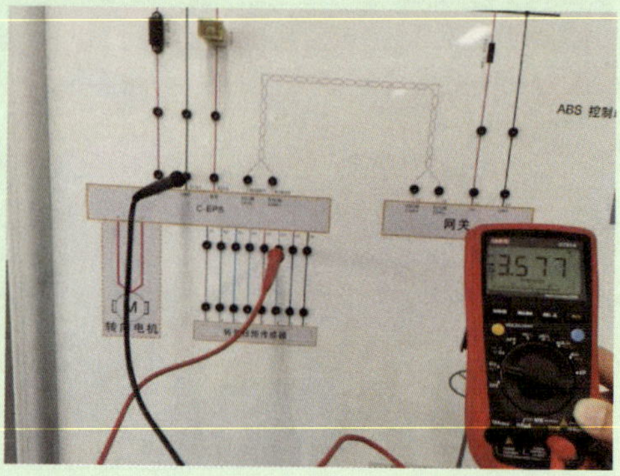</td></tr>
</table>

续表

步骤名称	操作步骤	图示
转矩传感器信号电压测量	测量转矩传感器5#端子TQ2信号电压约为1.9 V且转动转向盘数值有变化	

在线路检测过程中发现ON电源计算机连接器针脚存在接触不良的现象，处理后，电动助力转向系统可以正常工作，仪表不再提示转向系统故障。

思考与练习

1. 简述电动助力转向系统的工作原理。
2. 识读电动助力转向系统的工作电路图。
3. 简述电动助力转向系统的检测步骤。

技能实训 4　电动助力转向系统的拆装

技能实训		日期		成绩	
学生姓名		学号		班级	

一、实训目标

1. 能掌握电动助力转向系统的结构组成。
2. 能掌握电动助力转向系统的分类。
3. 能按照技术标准拆装电动助力转向系统。

二、实训器材

查阅相关资料，写出下列实训器材的名称及用途。

外形	名称	用途

三、实训内容及步骤

1. 作业前准备

准备作业工具及设备，检查工作场地和设备设施是否清洁，是否存在安全隐患，如不正常请汇报给实训教师。

检查项目	检查内容
安全防护用品	
作业工具	

续表

检查项目	检查内容
实训设备设施	
辅助资料	

2. 编写电动助力转向系统的拆装流程

编写电动助力转向系统的拆装流程，填写下表。

序号	拆装流程

3. 小组分工

分工	组员	分工	组员
操作员		记录员	
监护员		展示员	

4. 安全注意事项

查阅相关资料，填写下表。

序号	注意事项

5. 电动助力转向系统的拆装

通过相关知识的学习，填写下表。

序号	图示	操作步骤
1		
2		
3	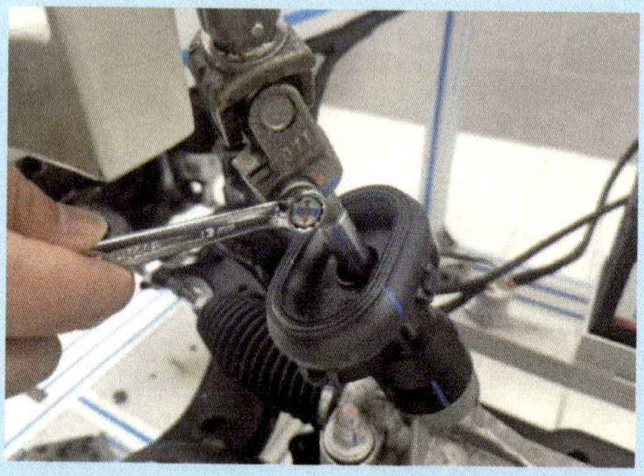	
4	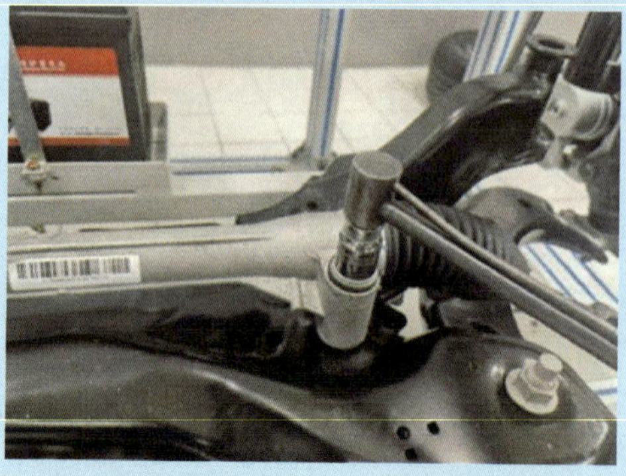	

续表

序号	图示	操作步骤
5	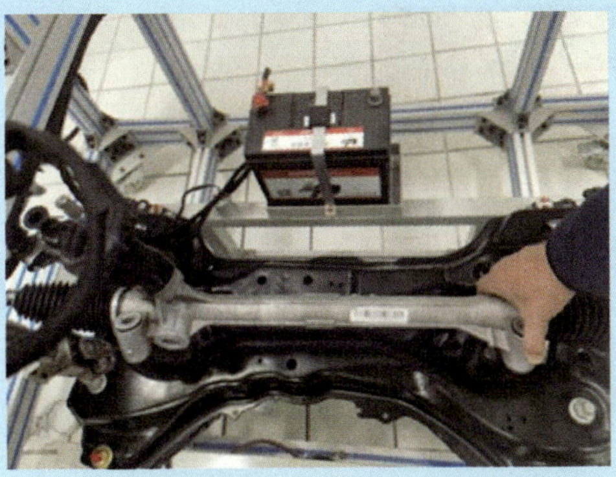	
6	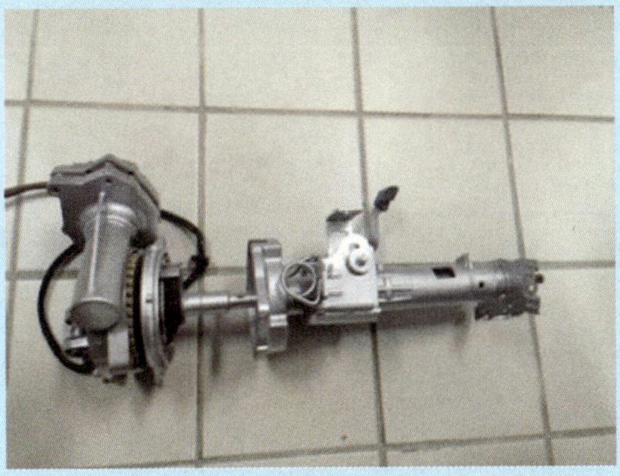	
7		
8		

续表

序号	图示	操作步骤
9	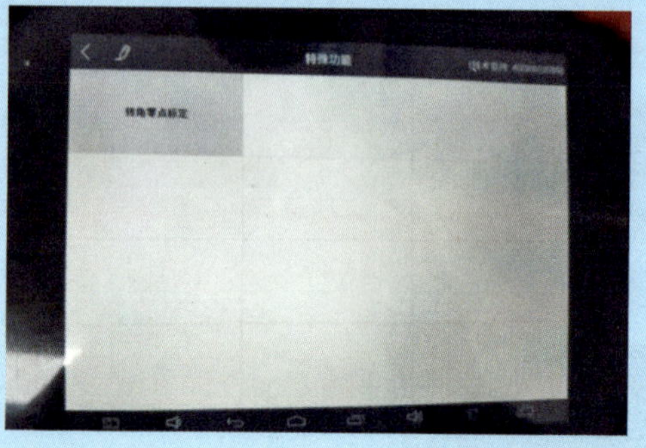	

四、检验与评估

1. 小组互评

小组选派代表进行实训操作展示，其余小组根据展示和阐述进行评价，并记录评价结果。

序号	评价标准	评价结果
1	任务目标制定是否合理	
2	任务过程表述是否清晰	
3	任务结果是否符合实际情况	
4	任务计划是否切实、有效执行	
5	任务体会是否深刻	
综合评价		

2. 组内互评

每个成员对组员的表现进行打分，并填写下表。

组长：________　　组号：________

序号	1	2	3	4	5	6
姓名						
分工						
评价						

注：评价采用 5 分制。

3. 自我反思和评价

根据个人在课堂上的实际表现，填写下表。

自我反思	
自我评价	

五、实训考核

对各小组技能实训情况进行考核，并完成下表。

项目	评分标准	分值	得分
工作任务接收	能正确接收并理解工作任务及要求	10	
资料收集	熟知电动助力转向系统的结构组成、工作原理和拆装方法	10	
计划制订	能按规范作业要求，制订完成任务的计划，写出电动助力转向系统的拆装步骤	15	
计划实施	转向球头的拆卸	15	
	转向器的拆卸	15	
	转矩传感器的标定	15	
质量检查	任务完成良好，操作过程规范	10	
评价反馈	能根据自身及组员表现进行客观评价	5	
	能在任务实施过程中发现自身及组员的问题	5	
合计		100	

模块五
行驶系统的检修

课题一 | 行驶系统的结构组成与拆装

学习目标

1. 掌握行驶系统的作用。
2. 掌握行驶系统的结构组成。
3. 能够对行驶系统各部件进行拆检。

●任务描述

某新能源汽车在行驶过程中发现不正常振动冲击，经维修技师诊断后，发现该车辆长时间行驶但未检查行驶系统，需要更换稳定杆、下摆臂等零部件。应如何进行更换？

●任务分析

该新能源汽车的行驶系统与传统汽车的行驶系统基本相同。根据该车辆所安装的悬架结构，结合维修手册，确定拆装稳定杆和下摆臂时所需的工具，制订拆装计划，并注意在拆装过程中减少损坏。更换完成后重新启动车辆，确保车辆排除不正常振动冲击。

相关理论

一、行驶系统的作用

行驶系统的主要作用是：接受由动力装置经传动系统传来的转矩，并通过驱动轮与地面之间的附着作用产生驱动力，保证整车正常行驶；支承汽车的总质量；传递并支承路面作用于车轮上的各种反力及其所形成的力矩；缓和不平路面对车身造成的冲击和振动，保证汽车平顺行驶。

二、行驶系统的结构组成

汽车行驶系统由车架、悬架和车轮等组成。

1. 车架

车架上装有发动机、变速器、传动轴、车桥、车身等总成和部件，其作用是支承和连接汽车各总成，使各总成间保持相对正确的位置，并承受汽车内外的各种载荷。因此，车架应具有足够的强度、合适的刚度、结构简单、质量小等特点；同时，还应尽可能地降低汽车的重心和获得较大的前轮转向角，以保证汽车行驶时的稳定性和转向灵活性。

2. 悬架

悬架是车架（或承载式车身）与车桥（或车轮）之间的一切传力连接装置的总称，其主要由弹性元件、导向装置和减振器等组成。车架与车桥通过悬架连接在一起，悬架的主要作用是把路面作用于车轮上的垂直力（支承力）、纵向力（驱动力和制动力）和侧向力以及这些反力所形成的力矩传递到车架（或承载式车身）上，以保证汽车的正常行驶。

弹性元件使车架与车桥之间弹性连接，承受和传递垂直载荷，缓和并抑制不平路面所引起的冲击；导向装置用来传递垂直力、纵向力、侧向力及其力矩，并保证车轮相对于车架或车身有一定的运动规律；减振器用来加快振动的衰减，减小车身和车轮的振动。

由此可见，悬架的上述三个组成部分分别起缓冲、导向和减振作用，三者共同起传力的作用。

根据汽车两侧车轮运动是否相互关联，汽车悬架可分为非独立悬架和独立悬架。

（1）非独立悬架

非独立悬架的结构特点是两侧车轮由一根整体式车桥相连，车轮连同车桥一起通过弹性悬架悬挂在车架或车身的下面。非独立悬架具有结构简单、成本低、强度高、保养容易、行车中前轮定位变化小等优点，但其舒适性及操纵稳定性都较差，多用在货车和大客车上。

（2）独立悬架

独立悬架是每一侧车轮都是单独通过弹性悬架悬挂在车架或车身下面的，其优点是质量小，可减少车身受到的冲击，提高车轮的地面附着力；可用刚度小的弹簧，改善汽车的舒适性；可降低发动机位置和汽车重心，提高汽车的行驶稳定性；左右车轮单独跳动，可减小车身的倾斜和振动，但其也存在结构复杂、成本高、维修不便的缺点。

3. 车轮

车轮的主要作用是支承汽车总质量；吸收和缓和汽车行驶时所受到的路面冲击和振动；保证轮胎与路面的良好附着性能，以提高汽车的动力性、制动性和通过性；平衡汽车转向行驶时的离心力，在保证汽车正常转向的同时，通过轮胎产生的自动回正力矩，使汽车保持直线行驶。

三、行驶系统的拆装与检修

1. 准备工作

（1）做好车辆安全防护与隔离。

（2）准备常用工具套装、绝缘工具套装、数字万用表、专用拆装工具等。

（3）关闭电源开关。

2. 稳定杆及下摆臂总成的更换

稳定杆及下摆臂总成的更换见表 5-1-1。

表 5-1-1 稳定杆及下摆臂总成的更换步骤

步骤名称	操作步骤	图示
前期准备	检查车辆设备完好情况 注意：培养良好的工作习惯，做好前期准备工作，有利于安全操作和提高工作效率	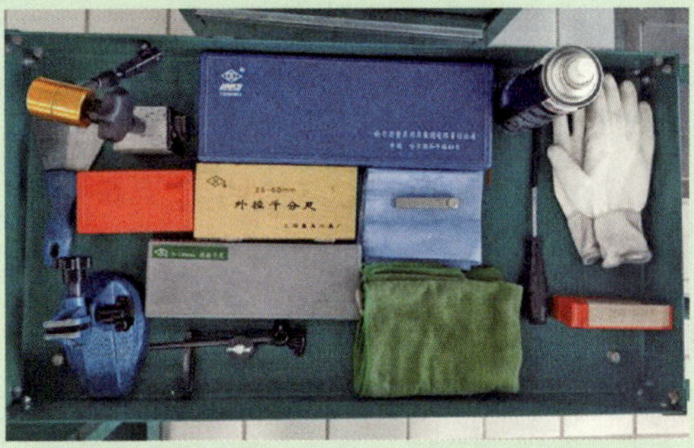 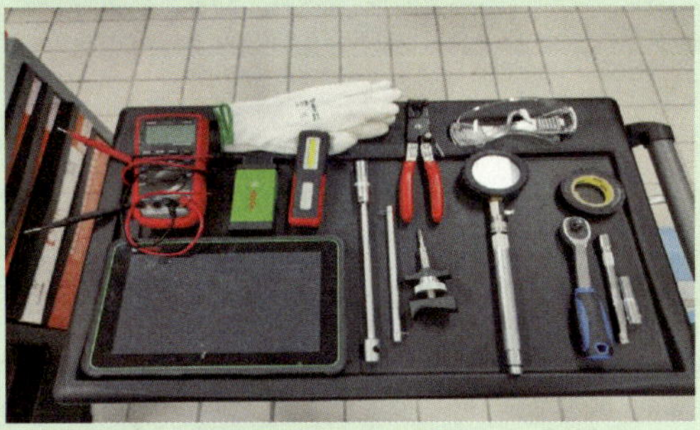
	安装翼子板布、转向盘保护套、前排座椅保护套等车辆防护用品 注意：翼子板布内侧有固定磁铁或挂钩用于固定；翼子板布要护在有效位置；维修人员进入车内要将随身携带的坚硬物品取下来，防止划破车辆坐垫	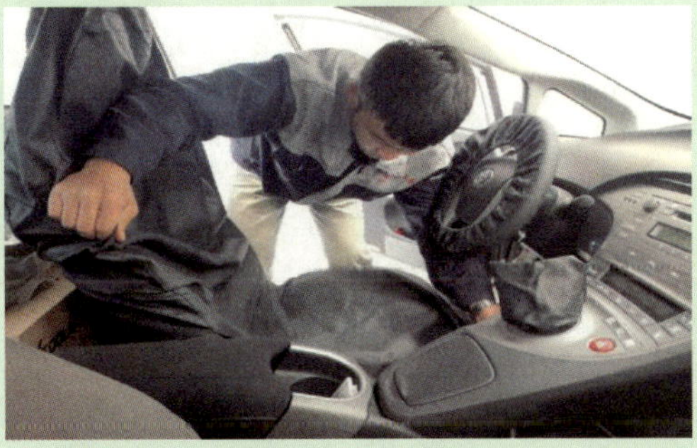 

续表

步骤名称	操作步骤	图示
安装附件	安装举升机支承垫块 注意：支承垫块应垫在举升机和车辆相应位置	
拆卸轮胎	拧松轮胎螺栓 注意：车辆可以举升，但不要将轮胎离开地面，方便拆卸	
	举起车辆，取下轮胎 注意：检查轮胎使用情况，对轮胎进行维护或做动平衡检查	
更换稳定杆连杆	拆下稳定杆连杆两侧的螺母	

续表

<table>
<tr><th>步骤名称</th><th>操作步骤</th><th>图示</th></tr>
<tr><td rowspan="3">更换稳定杆连杆</td><td>拆下稳定杆连杆两侧的螺母</td><td></td></tr>
<tr><td>将稳定杆连杆从稳定杆上拆下</td><td>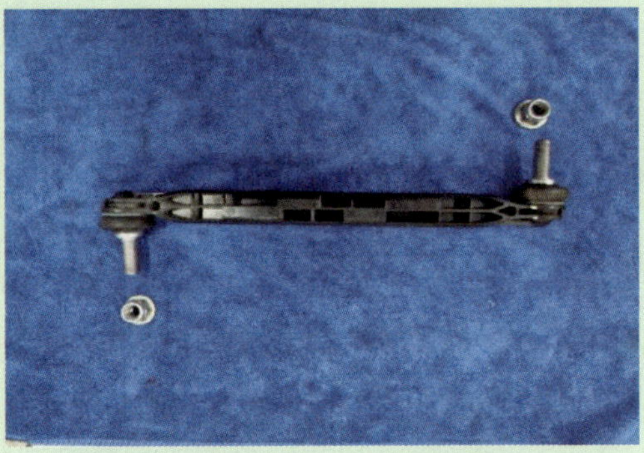</td></tr>
<tr><td>安装稳定杆连杆两侧的螺母，并紧固
注意：应安装新的稳定杆连杆螺母，不可重复使用旧螺母</td><td>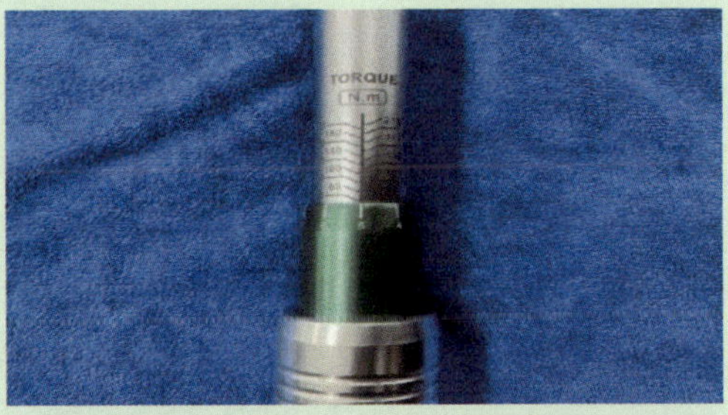
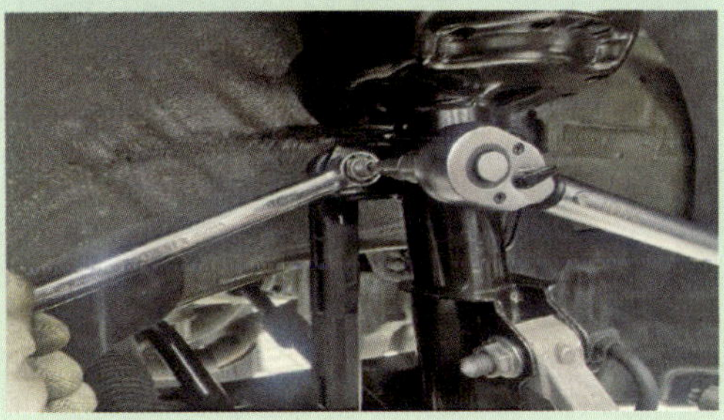</td></tr>
</table>

续表

步骤名称	操作步骤	图示
更换下摆臂	分离车速传感器线束，拔出车速传感器线束插头 **注意：检查插头锁止装置**	 
	拆下下摆臂，分离转向节的螺母和螺栓	
	拆下前下摆臂螺母、螺栓和后下摆臂衬套螺母、螺栓	

续表

步骤名称	操作步骤	图示
更换下摆臂	拆下前下摆臂螺母、螺栓和后下摆臂衬套螺母、螺栓	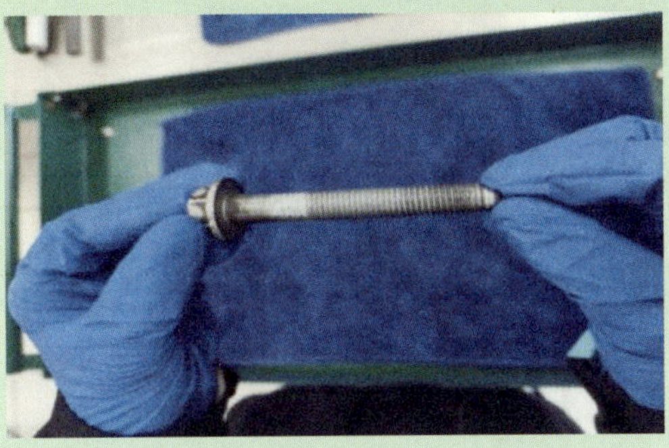
	取下下摆臂	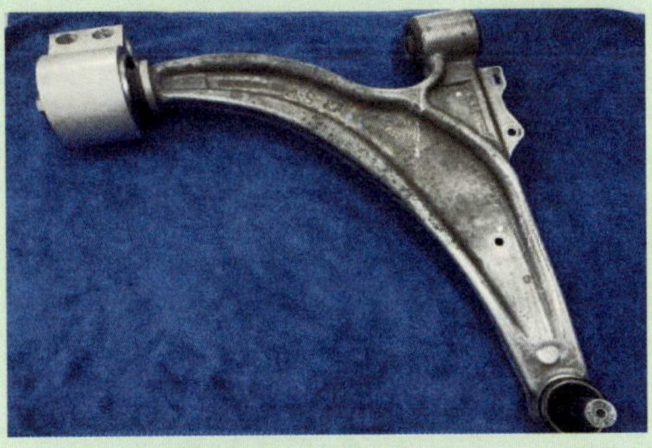
	检查并清洁下摆臂螺纹有无损坏	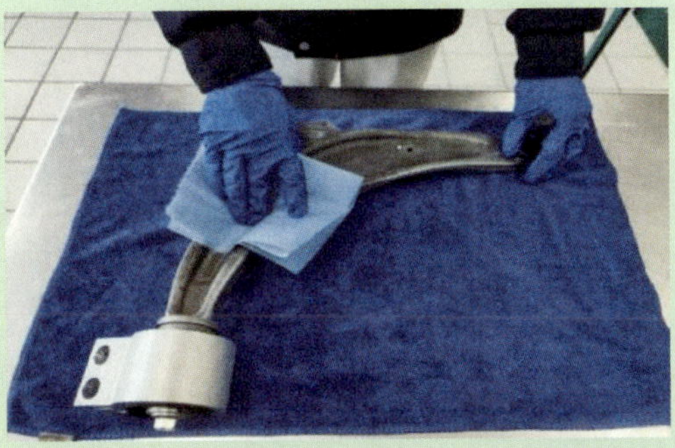
安装下摆臂	将下摆臂置于托座	

续表

<table>
<tr><th>步骤名称</th><th>操作步骤</th><th>图示</th></tr>
<tr><td rowspan="3">安装
下摆臂</td><td>安装并手动紧固新的后下摆臂衬套螺母和螺栓</td><td></td></tr>
<tr><td>安装并手动紧固新的前下摆臂螺母和螺栓</td><td>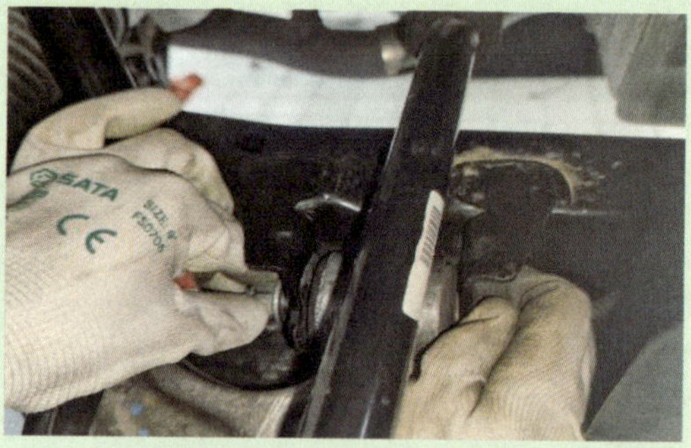
</td></tr>
<tr><td>使用新的螺母将新的球节安装至转向节螺栓，并紧固至规定力矩后再转 60°～75°</td><td>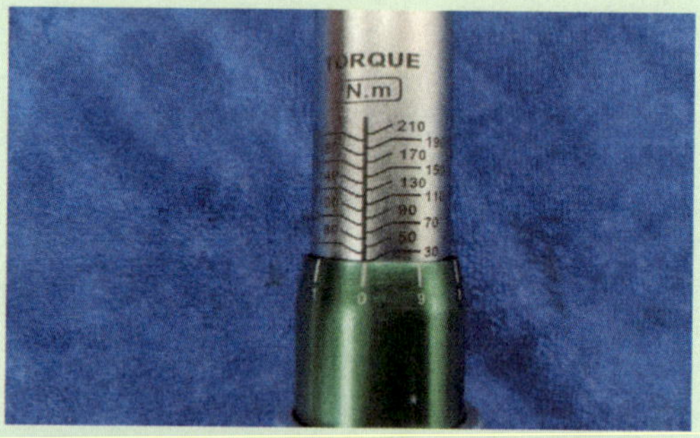

</td></tr>
</table>

续表

步骤名称	操作步骤	图示
安装 下摆臂	使用新的螺母将新的球节安装至转向节螺栓，并紧固至规定力矩后再转 60°～75°	
	将后下摆臂螺栓和螺母紧固至规定力矩后再转 75°～90°；将前下摆臂螺栓和螺母紧固至规定力矩后再转 75°～90°	 

3. 前减振器总成的更换

前减振器总成的更换见表 5-1-2。

表 5-1-2　　　　前减振器总成的更换步骤

步骤名称	操作步骤	图示
前期准备	检查车辆设备完好情况	 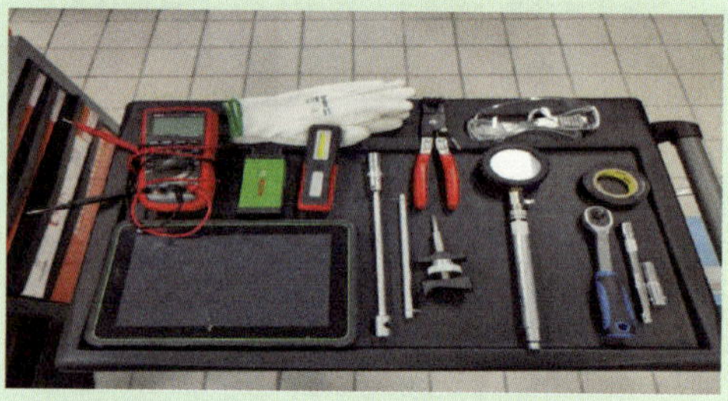
	安装翼子板布、转向盘保护套、前排座椅保护套等车辆防护用品	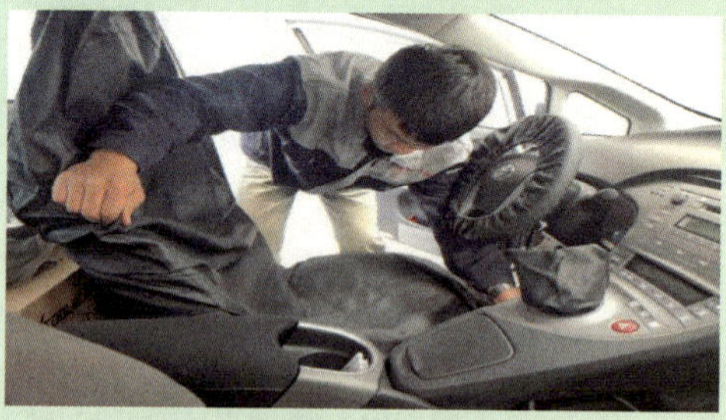 
安装附件	安装举升机支承垫块	

续表

步骤名称	操作步骤	图示
拆卸轮胎	拧松轮胎螺栓	
	举起车辆，取下轮胎	
拆卸减振器	拆卸制动系统管线及支架	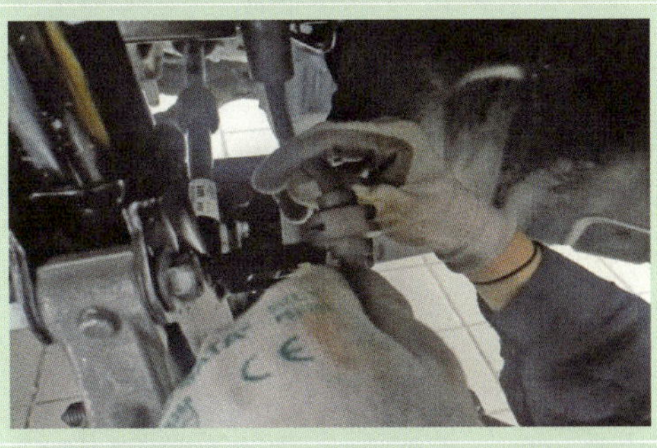
	拆下稳定杆连杆螺栓	
	拧松减振器下支柱与转向节下摆臂固定螺母	

续表

步骤名称	操作步骤	图示
拆卸减振器	拧松减振器下支柱与转向节上摆臂固定螺母	
	拆卸减振器上部车身固定螺母和悬浮支座，取下减振器总成	
	组装减振器螺旋弹簧压紧器	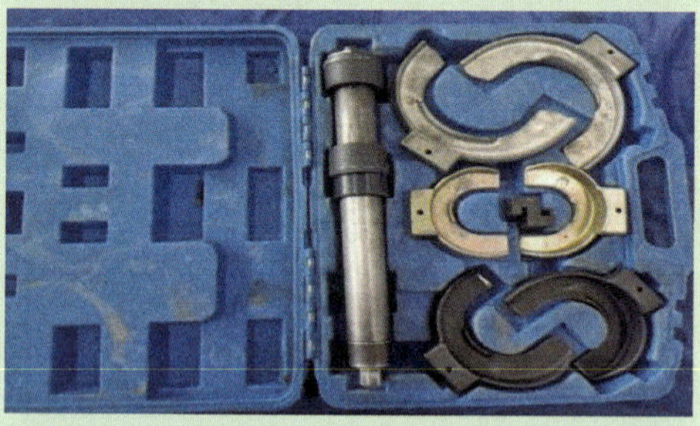
	分解减振器螺旋弹簧	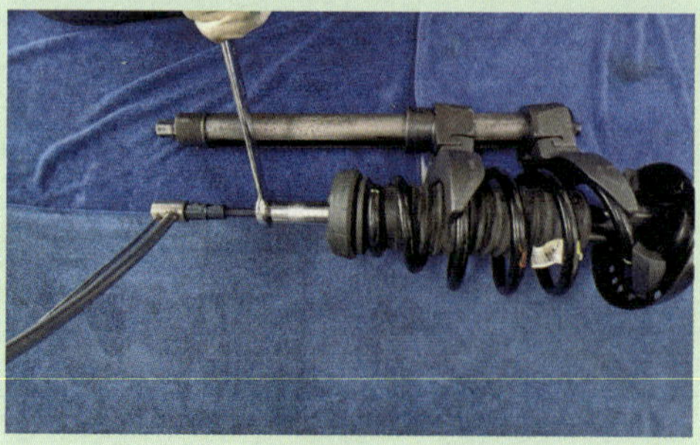

续表

步骤名称	操作步骤	图示
检查减振器配件	检查减振器下垫圈是否损坏	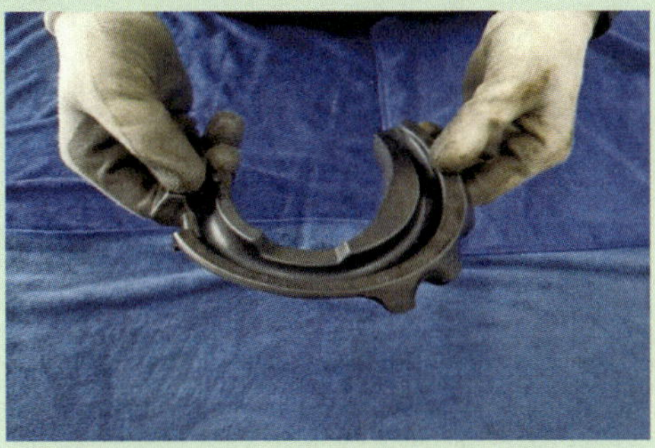
	检查减振器限位块	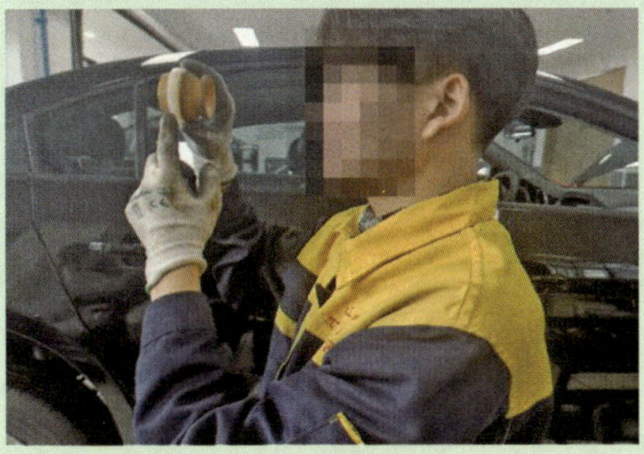
	检查减振器防尘套	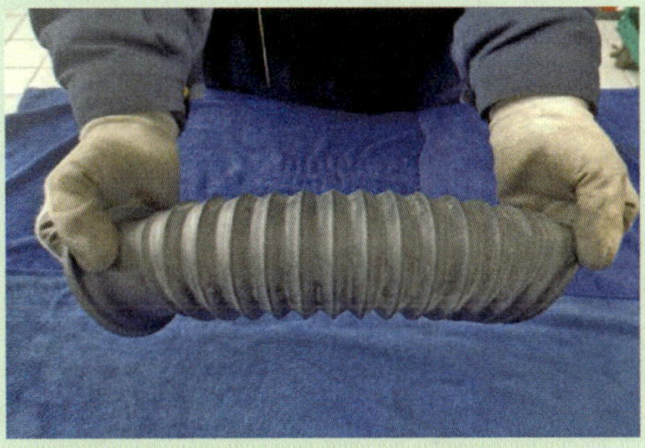
	检查减振器上垫圈是否损坏	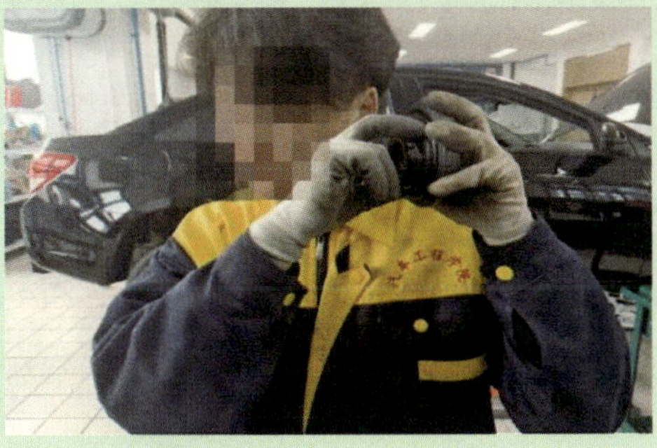

续表

步骤名称	操作步骤	图示
检查减振器配件	检查减振器螺旋弹簧	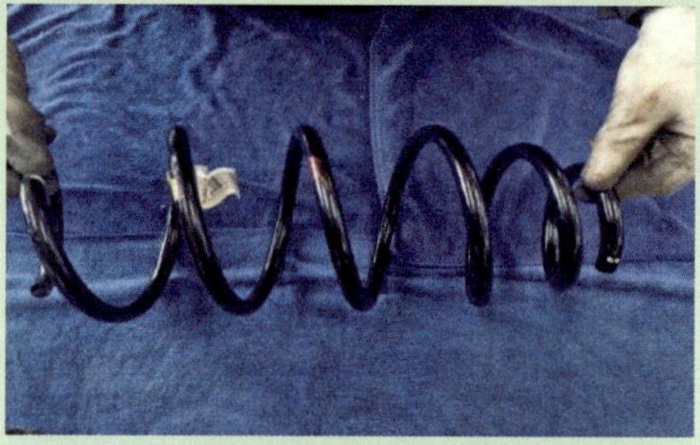
更换并检查减振器	压紧并组装减振器螺旋弹簧 **注意：操作时螺旋弹簧不要对着人**	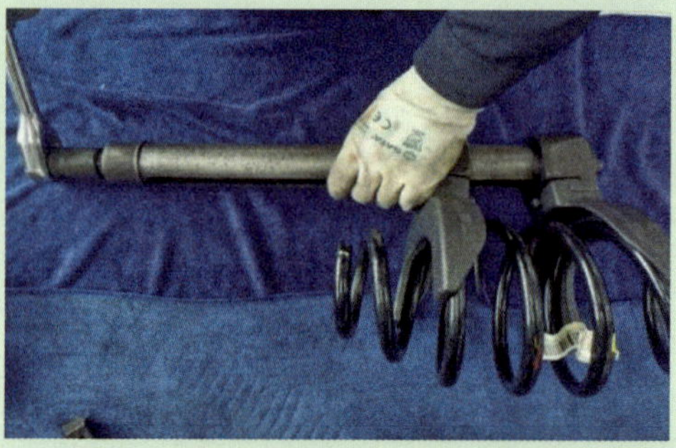
	检查减振器的工作状态	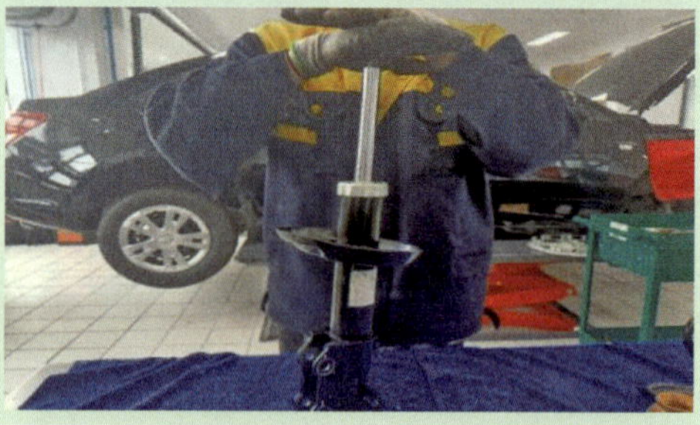
	更换新的减振器并安装螺旋弹簧	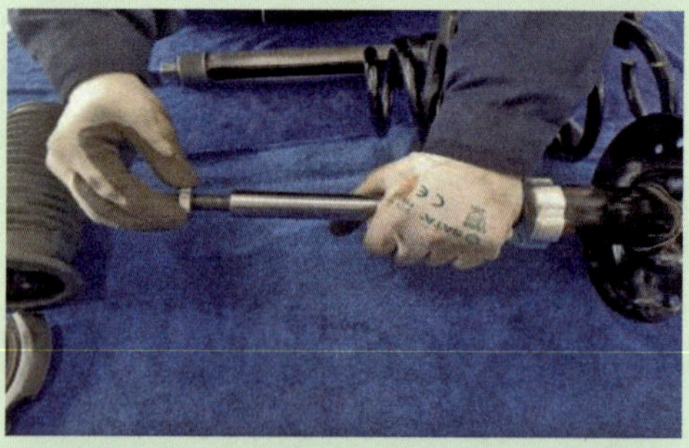
	用规定力矩紧固减振器螺母	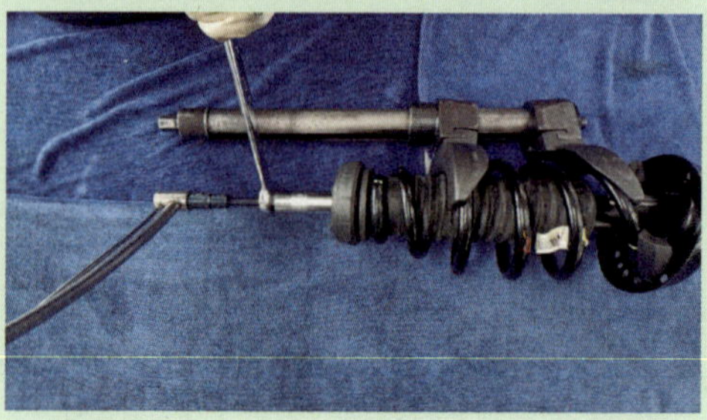

续表

步骤名称	操作步骤	图示
复位安装减振器	安装前减振器总成，用规定力矩紧固减振器上支座螺母 注意： （1）减振器的边缘不得超过惰性块的边缘，钢架的支承面积应不小于减振器的面积 （2）在安装前，应检查减振器的静态压缩变形不得超过安装时允许的较大值 （3）减振器应避免与酸性或碱性有机溶剂等物质接触	 
	安装减振器下支座	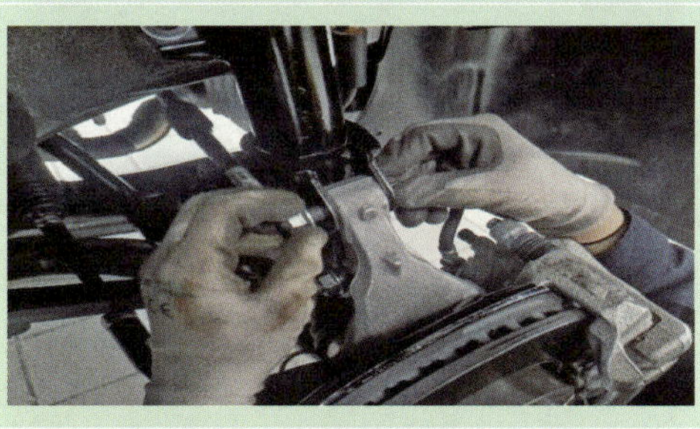
	安装稳定杆连杆螺母	
	安装制动系统管线及支架	

思考与练习

1. 简述行驶系统的主要作用及结构组成。
2. 简述汽车车架的作用。
3. 简述非独立悬架的结构特点及优缺点。
4. 简述独立悬架的结构特点及优缺点。

课题二 | 车辆四轮定位

学习目标

1. 掌握车辆四轮定位的作用。
2. 掌握车辆四轮定位的参数及其作用。
3. 能够对车辆进行四轮定位操作。

任务描述

某新能源汽车行驶跑偏，经维修技师检查后，发现该车辆更换过右侧悬架，现要求维修工通过四轮定位检查调整底盘。应该如何进行检查与调整？

任务分析

车辆四轮定位的作用是保持汽车直线行驶的稳定性，保证汽车转弯时转向轻便，使转向轮能自动回正，减少轮胎的磨损等。

相关理论

一、车辆四轮定位的作用

当汽车行驶一定的里程后，各部位零件都有磨损变形，特别是悬架机构，由于长时间受到来自地面和零件之间的摩擦，加上在各种不同路况下行驶，甚至受到外力的撞击，很容易对零部件造成磨损变形，因此必须对车辆进行四轮定位。

四轮定位是通过专用四轮定位仪对车辆进行精确测量后，根据测量数据及原厂设计标准，对车辆的各种角度和零部件进行更换、修复、整形、调整，使车辆的技术指标达到原厂要求，从而保证汽车行驶的安全性、舒适性、稳定性和经济性。

常见的四轮定位仪有前束尺和光学水准四轮定位仪、拉线四轮定位仪、激光四轮定位仪和三维影像四轮定位仪。图 5-2-1 所示为三维影像四轮定位仪。

图 5-2-1　三维影像四轮定位仪

二、车辆四轮定位的参数及其作用

汽车的转向车轮、转向节和前轴三者之间的安装具有一定的相对位置，这种相对位置关系称为转向车轮定位，也称车辆四轮定位，包括主销后倾（角）、主销内倾（角）、前轮外倾（角）和车轮前束，如图 5-2-2 所示。

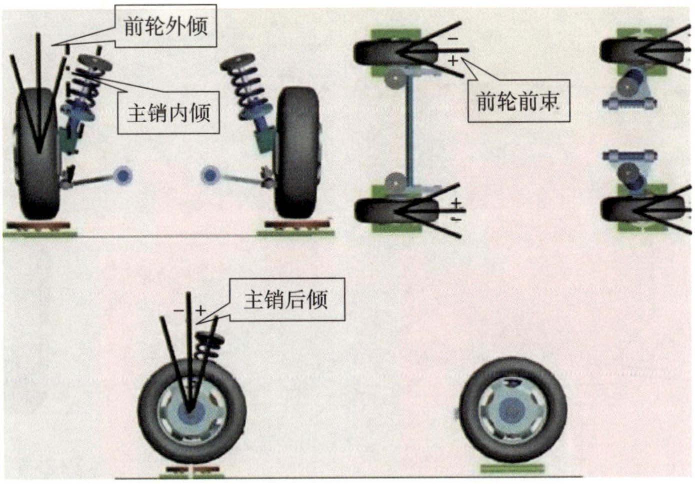

图 5-2-2　车辆四轮定位

1. 主销后倾

主销后倾角是指转向主销中心线在车辆纵向中心平面的投影与铅垂线间的夹角，如图 5-2-3 所示。主销后倾的作用是保持汽车直线行驶的稳定性，并使汽车转弯后能自动回正。主销后倾角越大，车速越高，车轮的稳定性越强，但是主销后倾角过大会造成转向沉重，因此主销后倾角不宜过大，一般为 2°～3°。现代汽车为了提高行驶速度，普遍采用扁平低压胎，轮胎变形增加则汽车行驶稳定性增加，主销后倾角可以减小甚至接近于零。

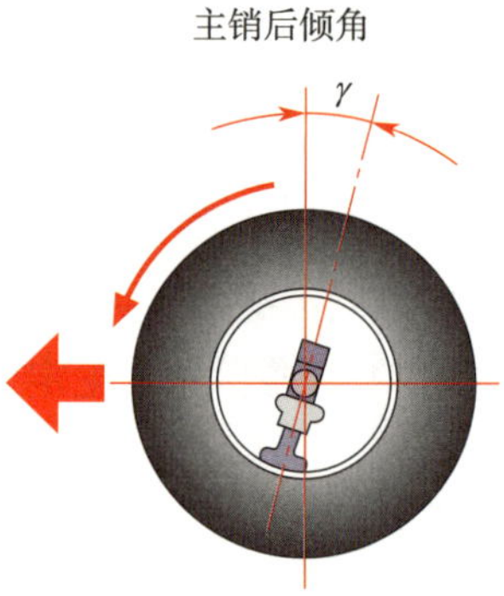

图 5-2-3　主销后倾角

2. 主销内倾

主销在垂直于汽车纵轴的横向平面上的投影线与地平面的垂线所构成的锐角，称为主销内倾角，一般为 5°～8°，如图 5-2-4 所示。主销内倾的作用是使车轮转向后能自动回正，且操纵轻便。主销后倾与主销内倾都有使汽车转向后自动回正、保持汽车直线行驶的作用，二者的主要区别在于主销后倾的回正作用与车速有关，而主销内倾的回正作用与车速无关。汽车高速行驶时主销后倾的回正作用大，低速时主要靠主销内倾的回正作用。直线行驶时，车轮偶尔遇到冲击而发生偏转，主要靠主销内倾的回正作用。

3. 前轮外倾

前轮中心面与铅垂线间的夹角称为前轮外倾角，一般为 1°，如图 5-2-5 所示。前轮外倾与主销内倾相配合能使汽车转向轻便。前轮外倾角不宜过大，否则会使轮胎偏磨。

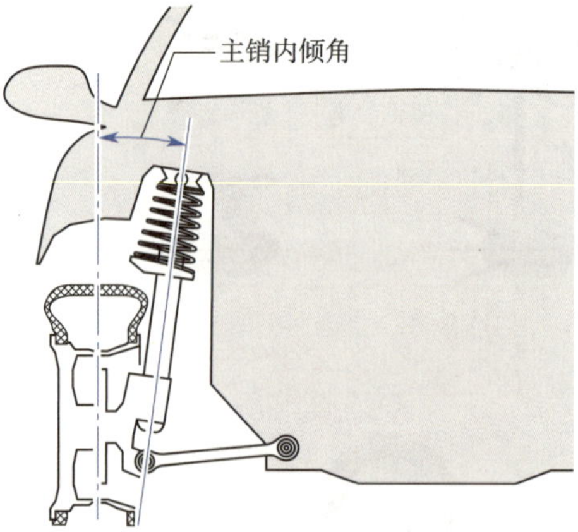

图 5-2-4　主销内倾角

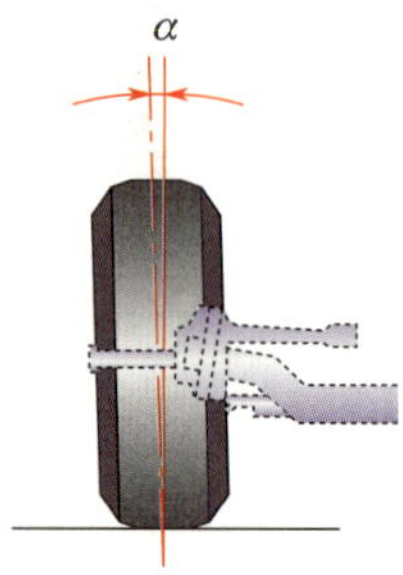

图 5-2-5　前轮外倾角

4. 车轮前束

俯视车轮，汽车的两个车轮的旋转平面并不完全平行，而是略带一些角度，这种现象被称为车轮前束，如图 5-2-6 所示。车轮前束的作用是消除车轮外倾所引起的圆锥状滚动。

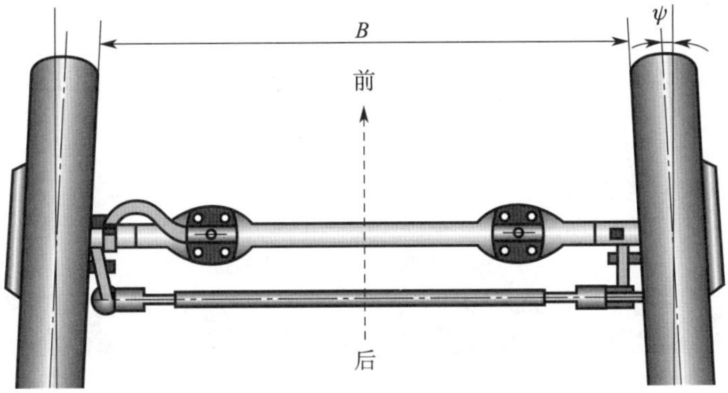

图 5-2-6 车轮前束

三、行驶系统常见故障

1. 车辆跑偏

车辆跑偏是指在平直道路上行驶时，在驾驶人不对转向盘施加任何外力的情况下，车辆不能维持直线行驶的状态而自行偏离的现象。车辆跑偏会造成轮胎严重磨损、报废，严重时还会引发爆胎、车辆失控等危险状况。

车辆跑偏的原因如下。

（1）四轮定位不合格

1）前束角左右不对称，偏差超过 0.2°，车辆向前束角较小的一侧跑偏。

2）前轮主销后倾角左右不对称，偏差超过 0.5°，车辆向主销后倾角较小的一侧跑偏。

3）前轮外倾角左右不对称，偏差超过 0.5°，车辆向前轮外倾角正值较大的一侧跑偏。

4）后轮外倾角左右不对称，偏差超过 0.5°，车辆向后轮外倾角较小的一侧跑偏。

（2）转向中位标定不正确

转向中位标定不正确时，松开转向盘，转向盘自然转动角度会造成车辆跑偏，需要在四轮定位完成后，重新进行转向中位标定。

（3）车轮胎压不正确

驱动轮两侧胎压不一致会造成轮胎与地面的摩擦程度不同，因此胎压一致是确保方向不跑偏的最基本要求。

（4）两侧轮胎花纹不一样

全车都应使用同一种型号的轮胎，前轴和后轴的两个轮胎必须是一样的，并且花纹深度必须一样。

2. 轮胎偏磨

轮胎偏磨是指轮胎在使用过程中，由于四轮定位、轮胎安装、装载货物不平衡等外部因素造成的轮胎单边磨损。轮胎偏磨后，胎壁变薄，抵抗路面冲击的能力下降，若行驶至有坑洞、凸起等非规整路面时，会造成轮胎内伤，可能引起轮胎鼓包和爆胎，引发安全事故。

常见的轮胎偏磨现象及主要原因见表 5-2-1。

表 5-2-1　　常见的轮胎偏磨现象及主要原因

轮胎偏磨现象	主要原因
轮胎外缘磨损	前轮外倾角太大或悬架件磨损
轮胎内缘磨损	前轮外倾角太小或悬架件磨损
轮胎外缘羽毛状磨损，轮胎外缘快速磨损	前束角太大形成内八字
轮胎内缘羽毛状磨损，轮胎内缘快速磨损	前束角成负值形成外八字
轮胎块状磨损	车轮静态不平衡或后轮前束不良
轮胎凸波状磨损	车轮动态不平衡或后轮前束不良

3. 转向盘抖动

车辆在高速行驶时，由于路面激励会引起转向盘抖动现象，造成这种现象的原因如下。

（1）汽车行驶时速在 60 ~ 90 km 时，出现转向盘抖动现象，时速超过 90 km 恢复正常。主要原因是四轮定位不合格，须检查前轮各定位角和前束是否符合要求，如失准应调整。

（2）汽车行驶时速在 100 km 以上时，出现转向盘抖动现象。主要原因是轮胎动平衡不合格，须拆下轮胎重新进行动平衡，确保动平衡符合设计要求。

（3）怠速抖动。怠速时，转向盘抖动不常见，且幅度不是很大，一般是由于共振所引起的，对车辆的使用影响不大，需要检查转向盘传动装置的胶套是否有问题，固定转向盘传动装置的螺栓是否松动，还有检查转向盘抖动是否和发动机怠速、转向器有关系。

4. 其他由于四轮定位不合格产生的故障现象

（1）车辆发飘。主要原因是主销后倾角接近于零或主销后倾角为负值。

（2）转向沉重。主要原因是主销后倾角过大；前轮外倾角为负值；剧烈颠簸后的悬架零件轻微变形。

（3）转向盘回正能力差。主要原因是主销后倾角和主销内倾角太小；转向器故障；轮胎气压有问题。

（4）车辆摆尾。主要原因是车辆在高速（40 km/h 以上）通过减速带时，后轴产生横向偏移的现象，主要原因是后轮前束角、前轮外倾角不合格。

四、车辆四轮定位

1. 准备工作

（1）做好车辆安全防护与隔离。

（2）准备常用工具套装等。

（3）关闭电源开关。

2. 车辆四轮定位的步骤

车辆四轮定位步骤见表 5-2-2。

表 5-2-2 车辆四轮定位的步骤

步骤名称	操作步骤	图示
前期准备	检查车辆停放位置 注意：转向盘要在中间位置，车轮中心平面与转角盘零刻度线要尽量相垂直，用力弹压车身前部和后部，使悬架处于自由状态	
	找到车辆型号、VIN 码、车辆生产日期等并记录在作业表上	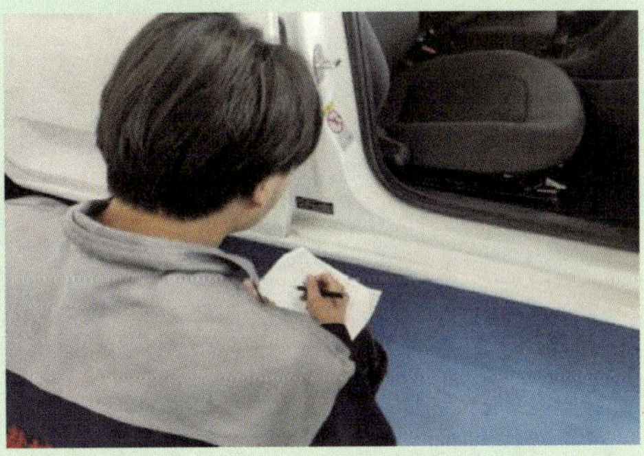

续表

步骤名称	操作步骤	图示
前期准备	检查并调整四轮胎压，检查实车安装轮胎型号是否与车辆铭牌要求一致 **注意：检查左右车轮轮胎气压是否在正常范围内；左右轮胎花纹及磨损程度是否一致**	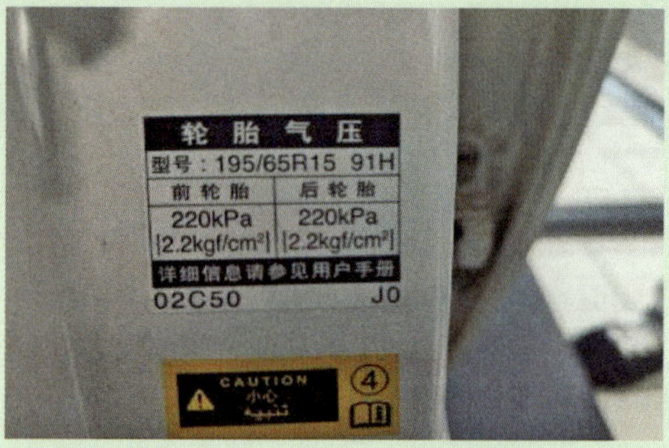 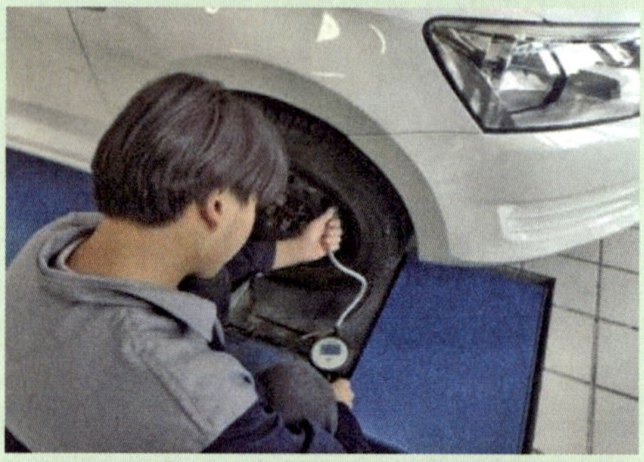 
输入车辆信息	在定位程序中输入操作员姓名和车辆 VIN 码	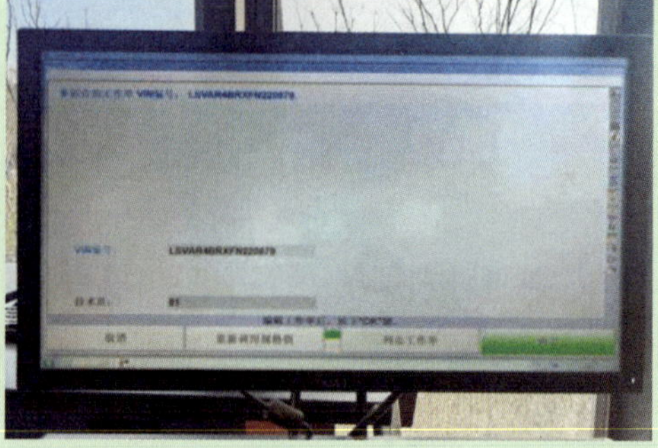

续表

步骤名称	操作步骤	图示
正确选择车型数据	在数据库中找到相应车型，完成车型数据选择	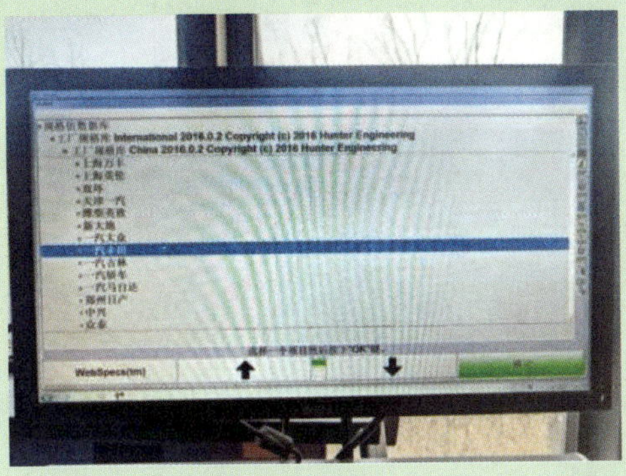 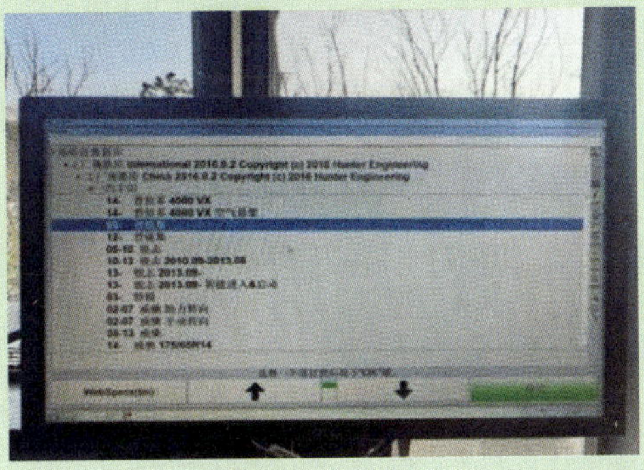 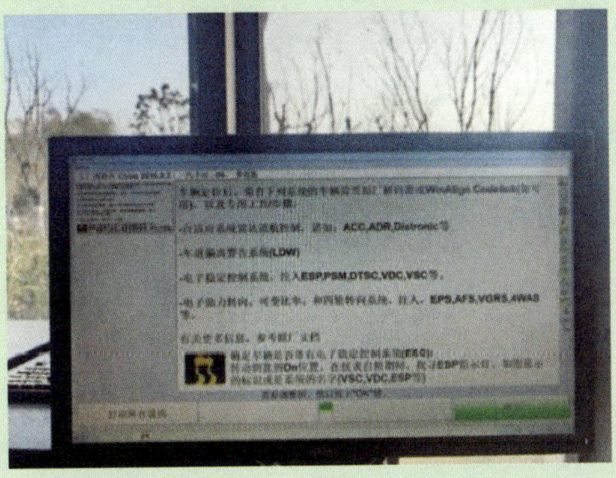
测量操作	放置举升机支承垫块，举升车辆，使车轮离开地面至合适高度后锁止举升机	

续表

步骤名称	操作步骤	图示
测量操作	放置举升机支承垫块，举升车辆，使车轮离开地面至合适高度后锁止举升机	
	按压前后车身数次，使车辆悬架复位	 
四轮定位仪传感器的安装	安装卡具和标板，将 4 个支架安装在 4 个车轮的轮辋上，并将保险绳固定到轮辋上，防止支架掉落 将 4 个传感器按照规定安装在支架上，用数据通信接线把 4 个传感器接好，并连接到四轮定位后部的接线孔上	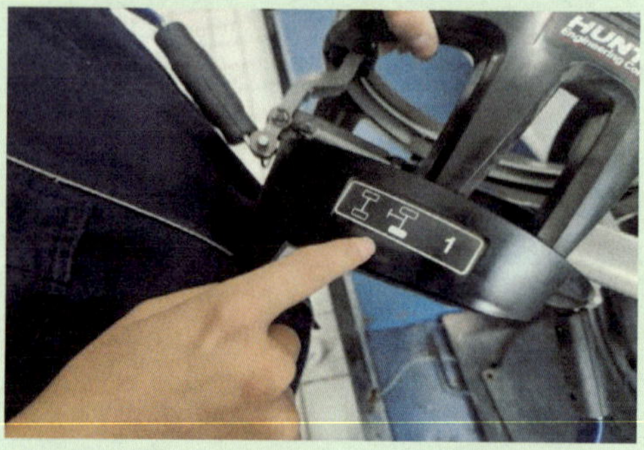

续表

步骤名称	操作步骤	图示
四轮定位仪传感器的安装	注意：禁止对着打气孔螺母安装传感器支架，防止支架安装不稳造成支架和传感器掉落、损坏	
	进行轮辋偏位补偿，补偿方式选择三点补偿 移动二次举升装置到车桥下，二次举升起汽车 长按传感器上的补偿按钮，直到绿灯熄灭红灯闪烁后，旋转传感器的旋钮，松开传感器 逆时针转动车轮，直到绿灯亮后，将水平仪中的气泡调整到中心，旋转传感器的旋钮，锁紧传感器使其不能与车轮相对转动 如果系统界面没有反应，重复以上步骤，直到红灯不闪烁，红绿两盏灯同时亮。这时，计算机屏幕上的红色字“传感器需要补偿”变为黑色字“传感器良好”，说明轮辋偏位补偿完毕 按以上步骤对余下的轮胎进行补偿，直到四个车轮完成补偿后，单击继续按钮进行下一步操作	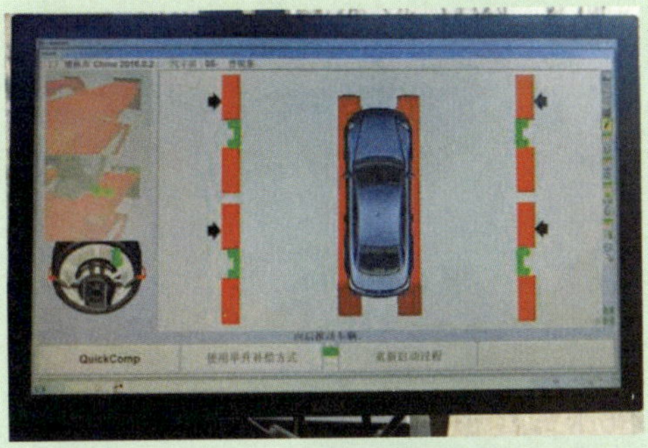 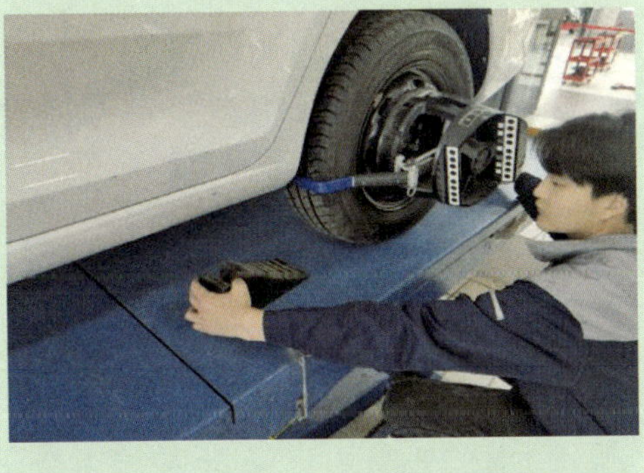 

续表

步骤名称	操作步骤	图示
四轮定位仪传感器的安装	注意： （1）传感器是四轮定位仪的重要元件，在安装和拆下的过程中应防止发生碰撞，以免传感器损坏 （2）使用前，要对传感器进行校正，以保证测试精度 （3）传感器间是靠红外线传递信号的，在检测过程中应避免传感器之间有人或物遮挡红外线的传递	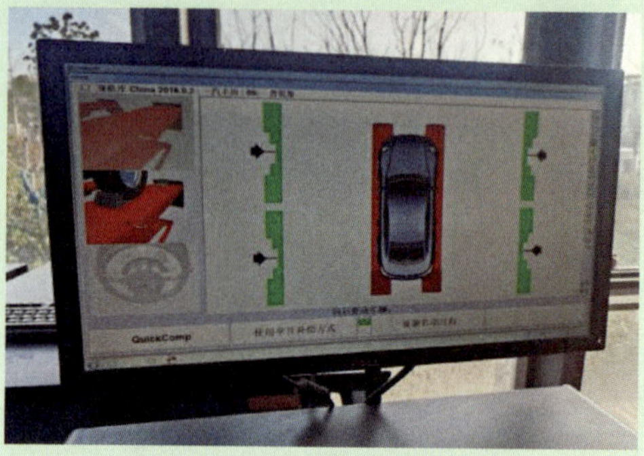 
调整前的检测准备工作	使用制动锁顶住脚制动踏板	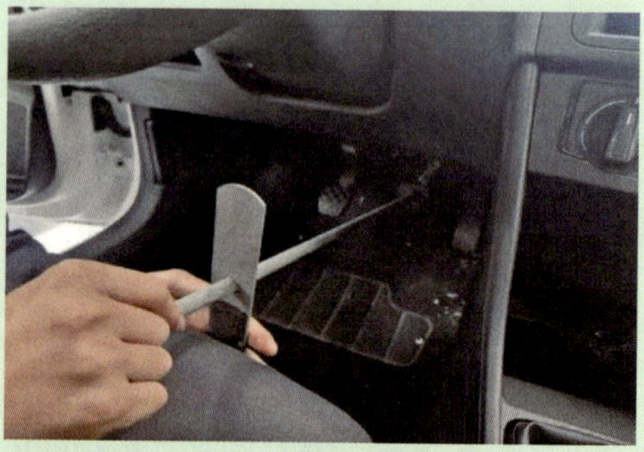
	拔出转盘和滑板固定销并取下垫板	

续表

步骤名称	操作步骤	图示
调整前的检测准备工作	拔出转盘和滑板固定销并取下垫板	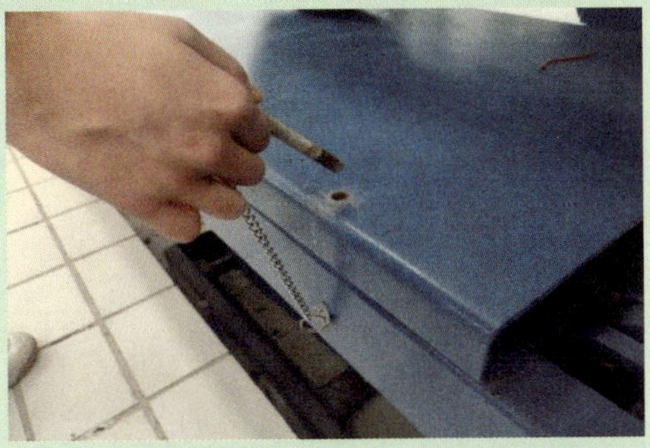 
按照程序检测车辆	按照程序引导，使车轮方向对中	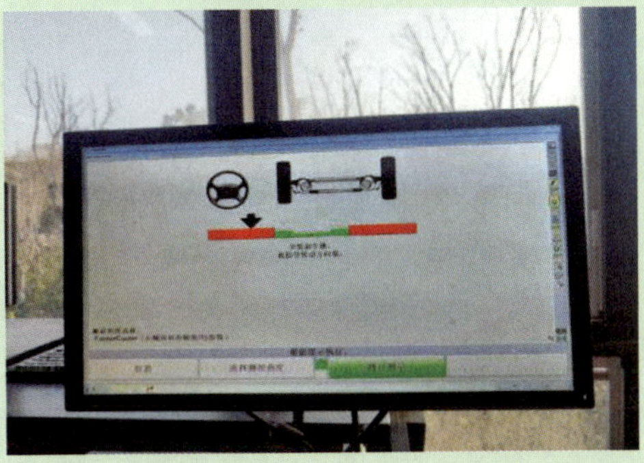
	按照程序引导，分别向左、右转向20°	

续表

步骤名称	操作步骤	图示
按照程序检测车辆	注意：将“调整前检测结果”与车辆标准数据相对比，调整所检测出定位参数不在范围内的项目	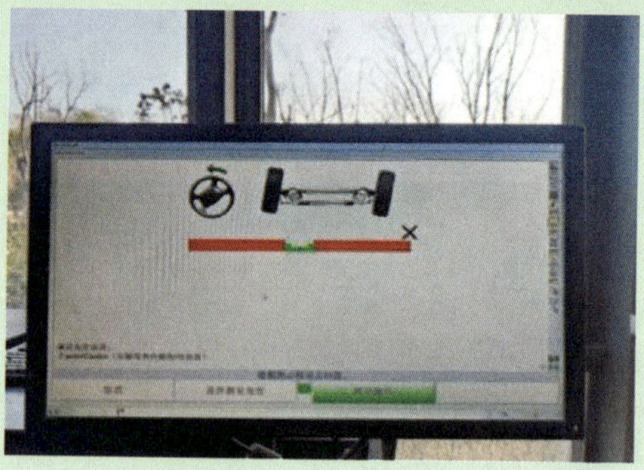 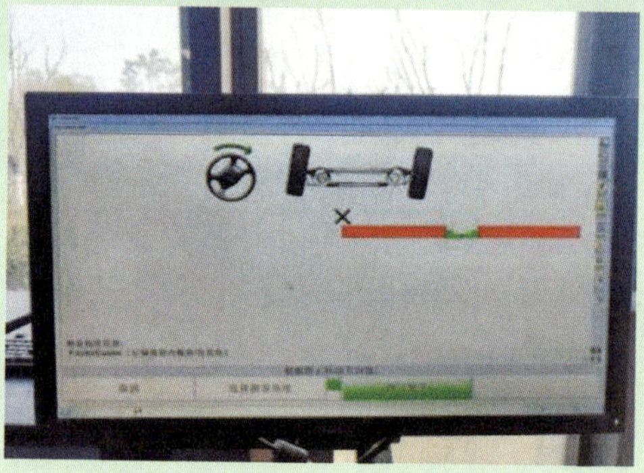
	按照程序引导，车轮方向对中，当屏幕显示前轮前束值时，进入最大转向角测量 选择“调整”功能，切换到前轮调整，进入到总前束调整，点击进入放大调整画面，举升起车辆，按屏幕显示把各参数调到最佳值，调整完毕，锁紧固定螺母	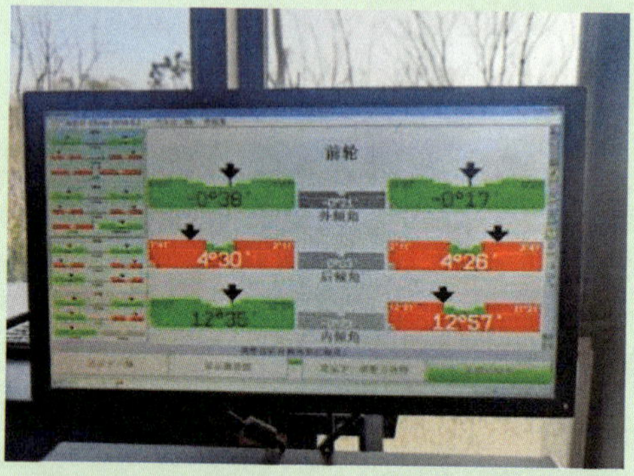 

续表

<table>
<tr><th>步骤名称</th><th>操作步骤</th><th>图示</th></tr>
<tr><td rowspan="3">按照程序检测车辆</td><td>按照程序引导，车轮方向对中，当屏幕显示前轮前束值时，进入最大转向角测量
选择“调整”功能，切换到前轮调整，进入到总前束调整，点击进入放大调整画面，举升起车辆，按屏幕显示把各参数调到最佳值，调整完毕，锁紧固定螺母</td><td>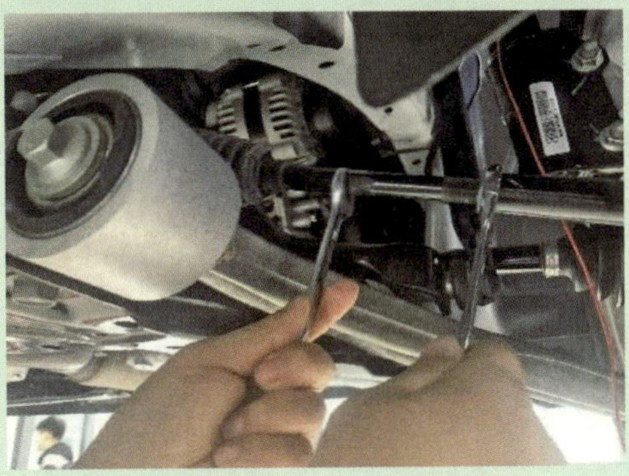</td></tr>
<tr><td rowspan="2">降下车辆，进行调整后检测，打印调整结果，整理设备和场地</td><td>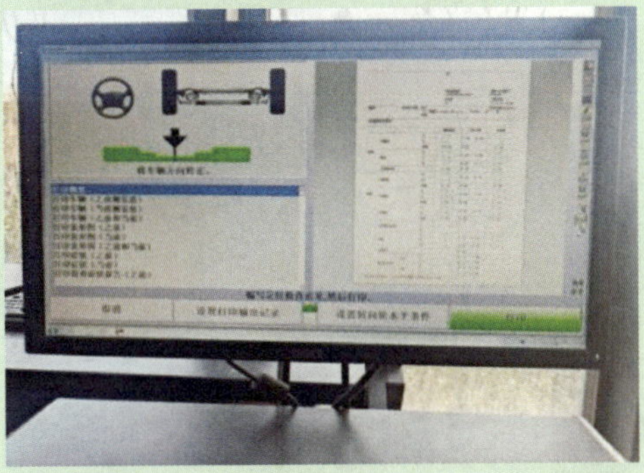</td></tr>
<tr><td>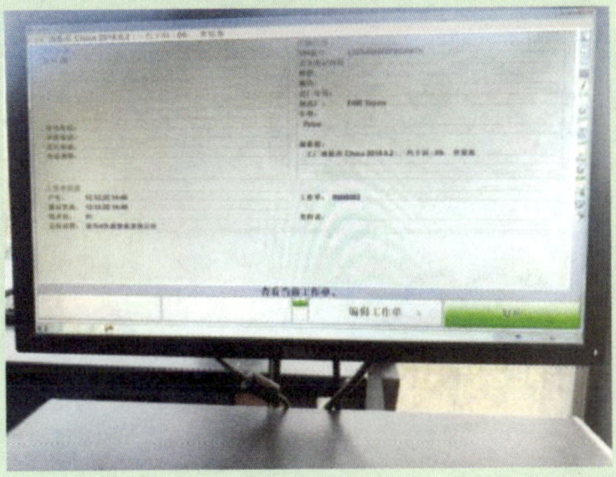</td></tr>
</table>

思考与练习

1. 简述车辆四轮定位的作用。

2. 简述车辆四轮定位的主要参数。

3. 简述四轮定位的操作步骤及注意事项。

技能实训 5　减振器总成的拆装

技能实训		日期		成绩	
学生姓名		学号		班级	

一、实训目标

1. 能明确悬架系统的结构组成和作用。
2. 能根据技术标准进行减振器总成的拆装。

二、实训器材

查阅相关资料，写出下列实训器材的名称及用途。

外形	名称	用途

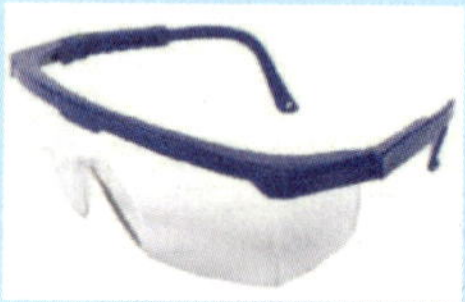		

续表

外形	名称	用途

三、实训内容及步骤

1. 作业前准备

准备作业工具及设备，检查工作场地和设备设施是否清洁，是否存在安全隐患，如不正常请汇报给实训教师。

检查项目	检查内容
安全防护用品	
作业工具	
实训设备设施	
辅助资料	
举升机	
尾气排放设备	
高压空气	

2. 编写减振器总成的拆装流程

编写减振器总成的拆装流程，填写下表。

序号	拆装流程

续表

序号	拆装流程

3. 小组分工

分工	组员	分工	组员
操作员		记录员	
监护员		展示员	

4. 安全注意事项

查阅相关资料，填写下表。

序号	注意事项

5. 减振器总成的拆装步骤

通过相关知识的学习，填写下表。

序号	图示	操作步骤
1		
2	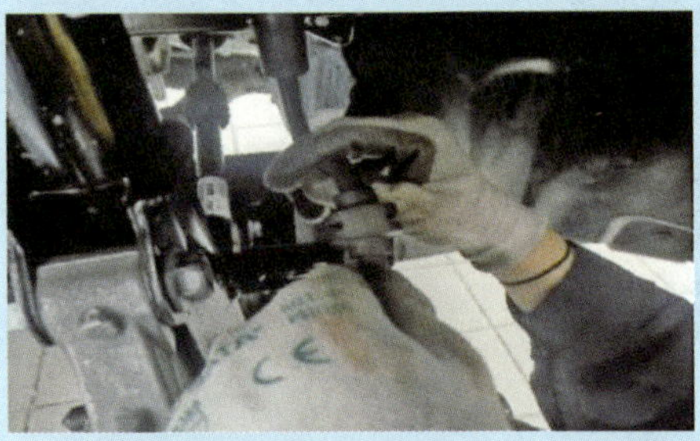	
3		
4	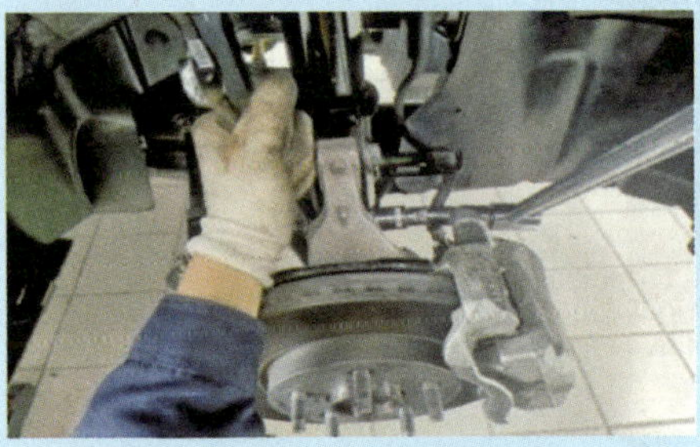	
5		

续表

序号	图示	操作步骤
6	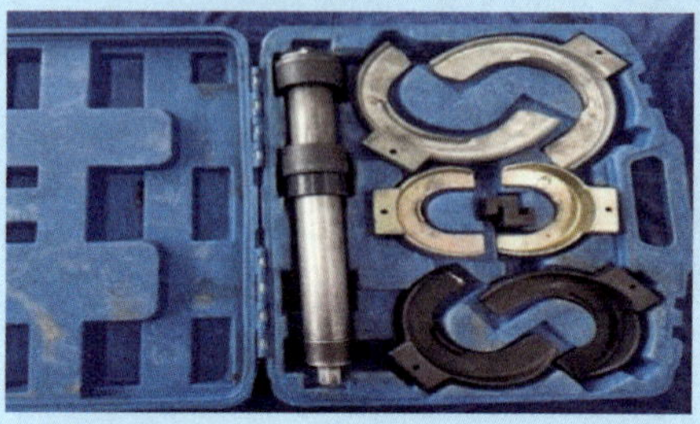	
7	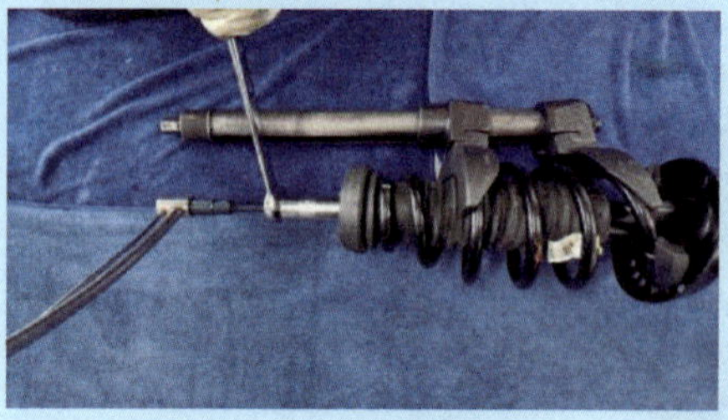	
8	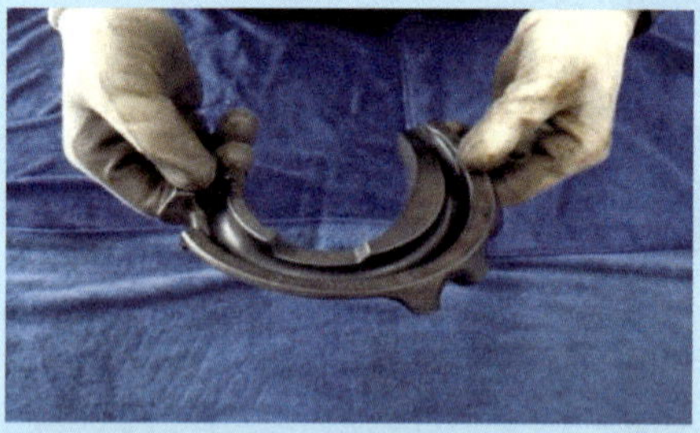 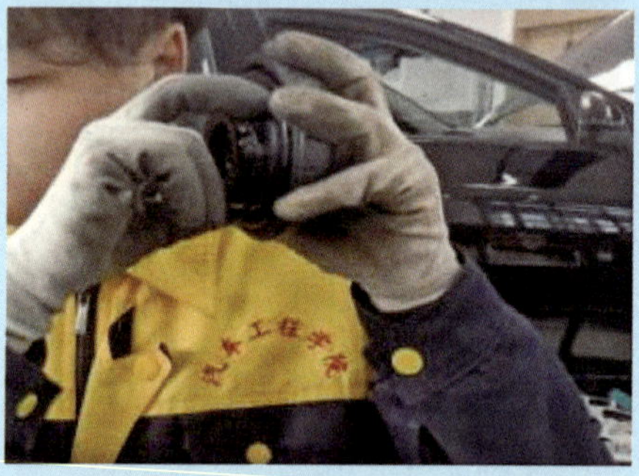	
9	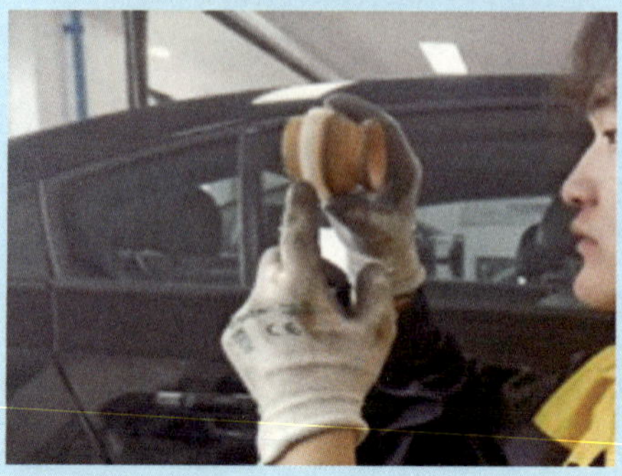	

续表

序号	图示	操作步骤
10	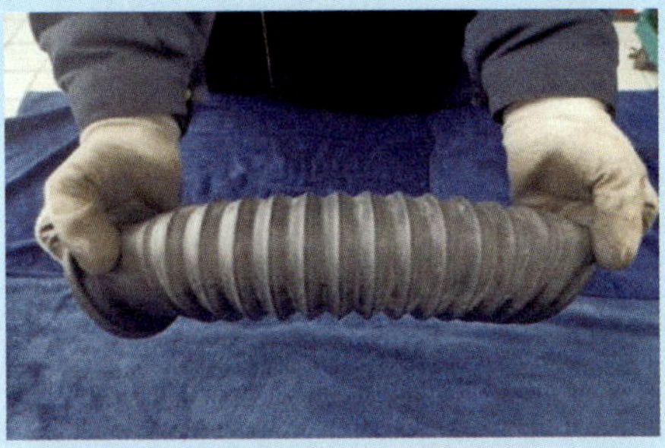	
11	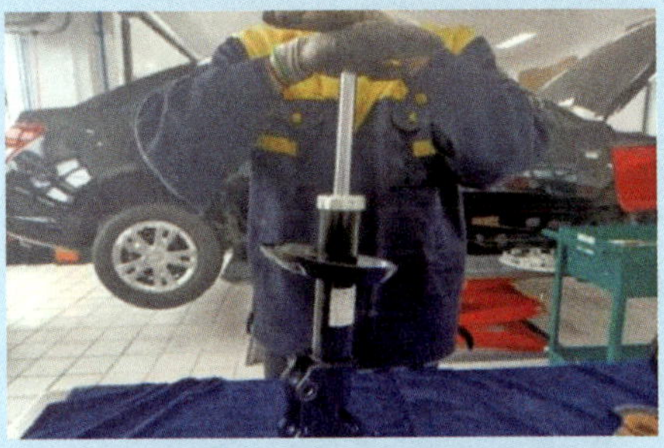	
12	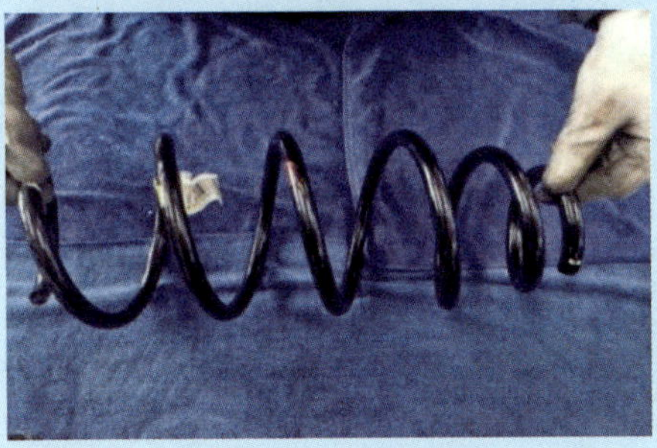	
13	复位安装减振器的注意事项：	

四、检验与评估

1. 小组互评

小组选派代表进行实训操作展示，其余小组根据展示和阐述进行评价，并记录评价结果。

序号	评价标准	评价结果
1	任务目标制定是否合理	
2	任务过程表述是否清晰	
3	任务结果是否符合实际情况	
4	任务计划是否切实、有效执行	
5	任务体会是否深刻	
综合评价		

2. 组内互评

每个成员对组员的表现进行打分，并填写下表。

组长：________　　组号：________

序号	1	2	3	4	5	6
姓名						
分工						
评价						

注：评价采用 5 分制。

3. 自我反思和评价

根据个人在课堂上的实际表现，填写下表。

自我反思	
自我评价	

五、实训考核

对各小组技能实训情况进行考核，并完成下表。

项目	评分标准	分值	得分
工作任务接收	能正确接收并理解工作任务及要求	10	

续表

项目	评分标准	分值	得分
资料收集	熟知行驶系统的组成结构、作用和拆装方法	10	
计划制订	能按规范作业要求，制订完成任务的计划，写出减振器总成的拆装步骤	15	
计划实施	减振器总成的拆卸	15	
	减振器总成的检查	15	
	减振器总成的安装	15	
质量检查	任务完成良好，操作过程规范	10	
评价反馈	能根据自身及组员表现进行客观评价	5	
	能在任务实施过程中发现自身及组员的问题	5	
合计		100	

模块六
制动系统的检修

课题一 制动系统的结构组成与拆装

学习目标

1. 掌握制动系统的组成。
2. 掌握制动系统的工作原理。
3. 掌握制动系统各部件的安装位置。
4. 能够对制动系统进行拆装与检修。

●任务描述

某新能源汽车踩制动踏板时不能正常快速回位，经维修技师诊断后，发现该车辆长时间未更换摩擦片、制动液，初步确认需更换制动液和摩擦片，应如何操作？

●任务分析

新能源汽车制动系统与传统汽车制动系统的区别不大，主要不同在于新能源汽车在传统汽车液压制动系统的基础上增加了电动真空助力系统，部分车型已采用电子制动集成系统，取消了真空助力系统，或采用制动能量回收模式。该新能源汽车采用了电子真空泵技术，当驾驶人操纵制动器时，电子真空泵已经工作，产生最佳的制动性能，因此还要注意真空助力装置的检查。

相关理论

一、制动系统概述

汽车制动系统的作用是使行驶中的汽车按照驾驶人的意愿进行强制减速或停车，使已停驶的汽车在各种道路条件下（包括坡道）稳定驻车，使下坡行驶的汽车速度保持稳定。要满足汽车在使用过程中的制动安全性要求，需要制动系统具有良好的制动性能，包括制动效能、制动效能的恒定性、制动时的方向稳定性，同时还要操纵轻便，制动平顺性好，制动力矩能迅速、平稳的增加，也能迅速解除；对有挂车的制动系统，还要求挂车的制动作用略早于主车，挂车自行脱钩时能自动进行应急制动。

制动系统通常可分为行车制动系统、驻车制动系统、应急制动系统及辅助制动系统等。用以使行驶中的汽车降低速度或停车的制动系统称为行车制动系统；用以使已停驶的汽车驻留原地不动的制动系统称为驻车制动系统；在行车制动系统失效的情况下，保证汽车仍能实现减速或停车的制动系统称为应急制动系统；在行车过程中，辅助行车制动系统降低车速或保持车速稳定，但不能将车辆紧急制动的制动系统称为辅助制动系统。

新能源汽车的制动系统包括行车制动系统、驻车制动系统和辅助制动系统。在行车制动方面，绝大多数厂商在新能源汽车中所采用的制动系统都是在传统能源车辆现有结构基础上进行技术改进而来，即保留原有的真空助力器以及相关管路，管路的另一端连接电子真空助力泵。

二、制动系统的组成

制动系统由供能装置、控制装置、传动装置和制动器等组成，供能装置主要包括供给、调节制动所需能量以及改善传动介质状态的各种零部件；控制装置主要由产生制动动作和控制制动效果的各种零部件组成，如制动踏板；传动装置主要包括将制动能量传输到制动器的各个零部件，如制动主缸、轮缸；制动器是产生阻碍车辆运动或运动趋势的部件。

三、制动系统的类型

1. 前轮盘式制动系统

前轮盘式制动系统由前转向节、前制动钳总成、前轮毂总成、前制动盘等部件组成，如图 6-1-1 所示。

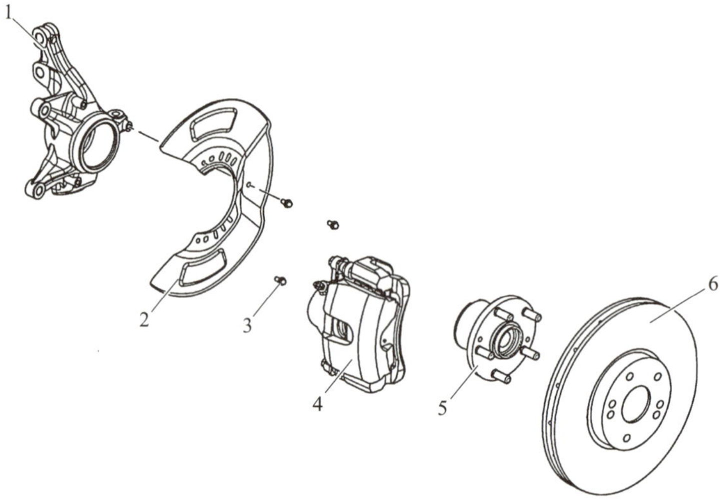

图 6-1-1　前轮盘式制动系统

1—前转向节　2—前防尘罩　3—前防尘罩安装螺栓　4—前制动钳总成
5—前轮毂总成　6—前制动盘

当踩下制动踏板时，制动总泵内的活塞会被推动，在制动油路中产生压力，压力经液压油传递到制动钳上的活塞，活塞在受到压力作用后，会向外移动并推动摩擦片夹紧制动盘，以降低车轮转速，使汽车减速或停止，如图 6-1-2 所示。

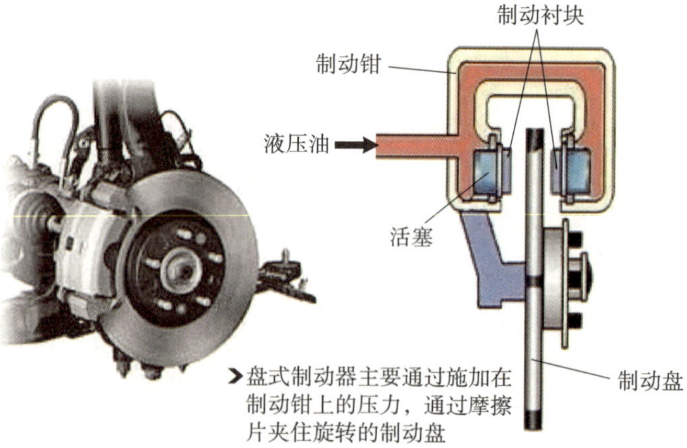

图 6-1-2　前轮盘式制动系统的工作原理

2. 后轮带驻车制动的盘式制动系统

后轮带驻车制动的盘式制动系统由后轮毂总成、后制动盘、后制动钳总成等部件组成，如图 6-1-3 所示。

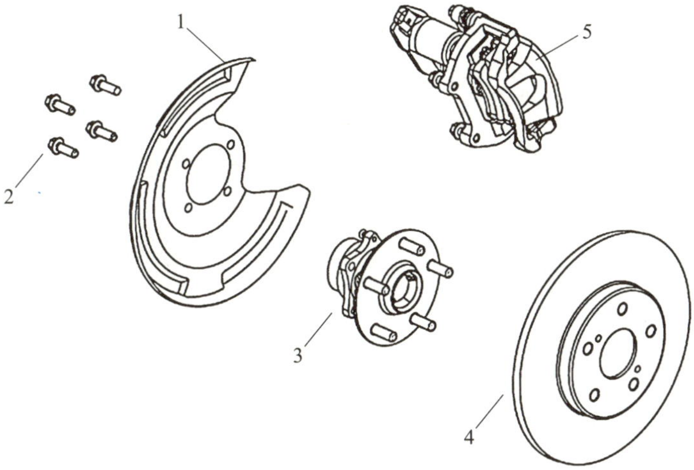

图 6-1-3 后轮带驻车制动的盘式制动系统

1—防尘罩 2—后轮毂安装螺栓 3—后轮毂总成 4—后制动盘 5—后制动钳总成

后轮带驻车制动的盘式制动系统的工作原理是将来自制动钳上活塞的机械输出力作用在内制动衬块上，当活塞向外推压内制动衬块时，制动钳壳体同时向内拉动外制动衬块，使输出力均匀分配，制动衬块将输出力作用到制动盘两面的摩擦面上，从而减慢轮胎和车轮总成的转速。

3. 电子驻车制动系统（Electrical Park Brake，EPB）

EPB 系统是由驻车制动控制电动机直接控制后轮制动卡钳来实现驻车制动的，如图 6-1-4 所示，其主要部件包括驻车制动开关、驻车制动控制单元和驻车制动执行电动机等。

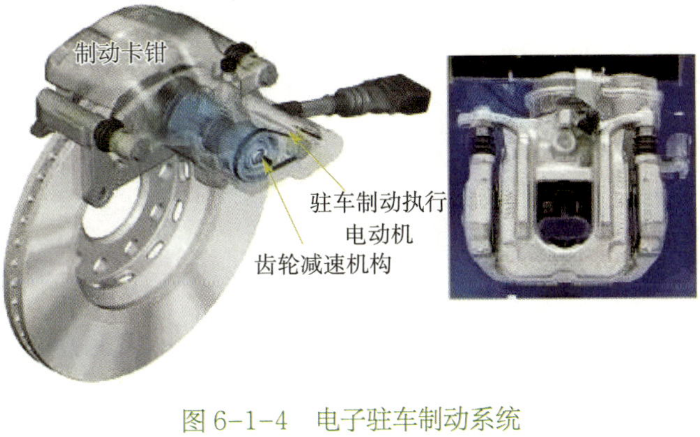

图 6-1-4 电子驻车制动系统

驻车制动开关位于换挡杆左侧控制面板上，向上拉动驻车制动开关时驻车制动锁止，向下按下驻车制动开关时驻车制动释放。

EPB 系统设计有独立的驻车制动控制单元，其主要功能是接收 EPB 开关和控制器局域网数据总线上的信息，通过对这些信息的处理和分析，对驻车制动执行电动机进行控制。

驻车制动执行电动机分别安装于后轮的左右制动卡钳上，该电动机分为直流电动机和齿轮箱两部分，并且与后轮制动卡钳集成到一起，部件出现故障后需更换带有 EPB 执行电动机的制动卡钳总成。驻车制动执行电动机在驻车制动期间工作，其内部没有相应的传感器检测制动片的夹紧力，而是通过啮合制动盘时负荷的变化导致电动机电流的变化来了解制动盘的夹紧力，由 EPB 控制单元控制直流电动机的工作情况。

EPB 系统的优点是驱动电机关闭后自动施加驻车制动；不同驾驶人力量大小有差别，EPB 系统制动力稳定，不会因人而异，可以通过手动开关操作来实现驻车制动，提升了整车的舒适性与安全性；可以增加辅助起步等自动功能；占空间较小，使车辆内部设计更加合理。

4. 液压制动系统

液压制动系统由制动踏板、真空助力器、电动真空泵、制动总泵、制动分泵等组成，如图 6-1-5 所示。来自制动踏板的机械力由制动总泵转换为油液压力，经过液压电子控制单元的调整后，通过制动硬管和软管输送到制动分泵，制动分泵再将油液压力转换成机械力，从而使制动衬块压紧制动盘，进行车辆制动。

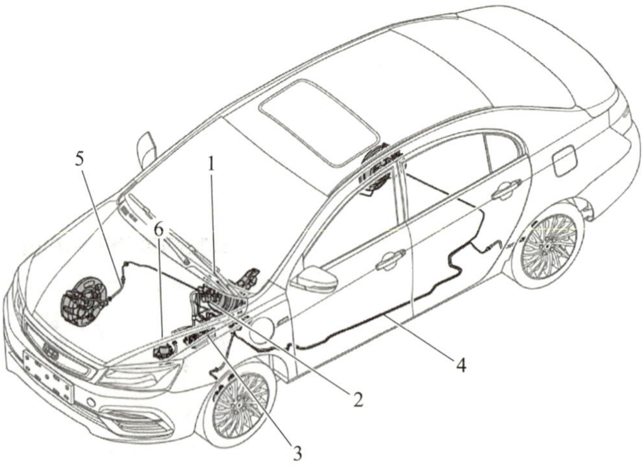

图 6-1-5　液压制动系统

1—真空助力器　2—制动主缸　3—液压电子控制单元
4—制动硬管　5—制动软管　6—电动真空泵

制动踏板从驾驶人处接收、放大和传输制动系统输入力，并由制动踏板推杆传递到真空助力器，经过真空助力器助力后施加到液压制动总泵。制动总泵将机械输入力转换为液压输出力，液压输出力从总泵分配到两个液压油路，为对角式车轮制动油路供油。

5. 制动控制系统

制动控制系统中装配有电子稳定控制单元（Electronic Stability Controller，ESC），ESC 包含 ESC 电子控制单元、液压控制单元，其实现的基本功能有电子制动力分配、制动防抱死功能等，以及 ESC 的增值功能，如坡道起步辅助、紧急制动辅助、液压制动助力等，真空管理系统、制动能量回收模块软件集成在 ESC 电子控制单元中。

（1）ESC 电子控制单元

ESC 电子控制单元包括 ESC 控制模块、ESC 泵及其继电器、进油阀（每个进油阀控制一个车轮）、排油阀（每个排油阀控制一个车轮）、电磁线圈继电器等。ESC 控制模块控制系统功能并检测故障。当点火开关接通并且未出现防抱死制动系统故障诊断码时，系统给电磁线圈继电器通电，从而向电磁阀和 ESC 泵提供蓄电池正极电压。ESC 控制模块检测车轮的状态，控制车轮的滑移率保持在一定的范围内，从而保持车辆的稳定性。

（2）电子制动力分配功能（Electric Brakeforce Distribution，EBD）

EBD 功能能够识别后轮先于前轮抱死的趋势，及时调整后轮制动力，保证后轮不先于前轮抱死，保证车辆稳定性。系统为自动开启状态，当驾驶人制动时，系统自动监控前后轮的滑移率并进行比较，在防抱死功能起作用前，通过阀门调节后轮管路压力，使前后轮能够同时抱死。系统监测到故障时，EBD 功能会立即关闭。EBD 失效时，仪表上黄色的 EBD 故障灯会点亮，直至故障排除。故障排除后，在下一点火循环恢复功能。

（3）制动防抱死功能（Antilock Brake System，ABS）

ABS 功能能够识别出某一个或几个车轮抱死的趋势，并降低这一个或几个车轮的制动压力，保证在紧急制动车辆时，驾驶人能够降低车速或停车。系统为自动开启状态，当驾驶人制动时，系统自动监控各前后轮的滑移率，在车轮抱死前，通过调节轮缸液压，使车轮滑移率处于规定范围，防止车轮抱死。系统监测到故障时，ABS 功能会立即关闭。系统上电时会进行自检，此时仪表指示灯常亮，若无故障则熄灭。系统监测到 ABS 失效时，仪表上黄色的 ABS 故障灯会点亮，直至故障排除。故障排除后，在下一点火循环恢复功能。

（4）坡道起步辅助功能（Hill-start Assist Control，HAC）

HAC 功能能够在坡道起步时，松开制动踏板，使车辆保持原位，简化坡道起步操作。系统为自动开启状态，车辆在坡道上踩制动踏板静止，当驾驶人意图行驶，松开制动踏板去踩加速踏板时，HAC 系统继续在四个车轮上施加液压制动力，防止车轮滑动，保持车辆停止时间为 1 s，当驱动力大于起步阻力时，该系统会立即释放车轮上的液压制动力，让车辆起步。

（5）紧急制动辅助功能（Electronic Brake Assist，EBA）

EBA 功能可防止紧急情况下驾驶人踩下制动踏板的力度不足，能够在需要紧急制动时为驾驶人提供最大制动辅助，减少制动距离。系统为自动开启状态，若监测到驾驶人踩下踏板的速度和力度超过限值，则自动增加制动液压至车轮抱死压力。

（6）液压制动助力功能（Hydraulic Brake Boost，HBB）

HBB 功能能够在真空度不足时，由 ESC 提供液压制动。系统为自动开启状态，若检测系统真空度低，ESC 自动按照设定曲线增加制动液压，当制动灯开关、助力器、轮速传感器故障时，系统按照设定的方案进行液压助力，保证基本减速度的情况下又不至于制动力过大造成车轮抱死。

（7）真空管理系统功能

真空管理系统对电动真空泵工作进行控制管理。系统默认为自动开启状态，当助力系统真空度低于设定值时，ESC 控制电动真空泵工作，为助力器提供真空，真空度值高于设定值时，ESC 控制电动真空泵停止工作。

（8）制动能量回收系统功能（Regenerative Braking System，RBS）

制动能量回收系统可在满足整车稳定的前提下，踩制动踏板时，进行电动机制动力矩输出控制，进而回收制动能量。系统默认为自动开启状态，当驾驶人需要减速时，RBS 会控制电动机进行制动能量回收，电动机制动力矩与液压制动力矩直接叠加，整车制动能量回收率约为 9%。

四、制动系统的工作原理

新能源汽车的制动方式包含液压制动和再生制动两种类型，液压制动和再生制动之间的制动力分配根据车速和施加制动时间的不同而变化，如图 6-1-6 所示。通过控制液压制动器，使液压制动和再生制动的总制动力符合驾驶人所需的制动力，完成液压制动和再生制动之间的制动力分配。如果因控制系统故障而使再生制

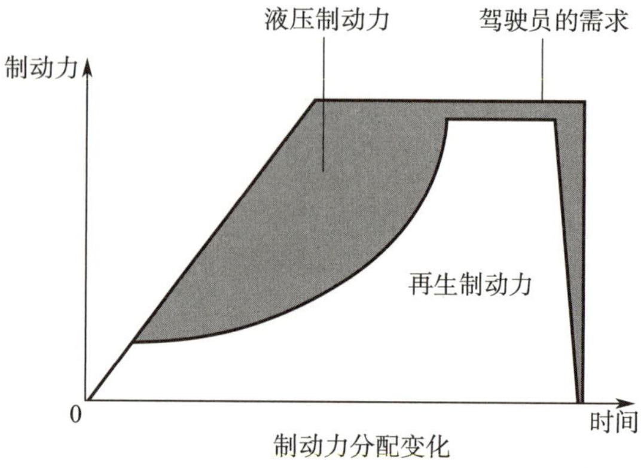

图 6-1-6　制动力的分配

动不起作用，则制动系统执行控制，使液压制动系统能够提供驾驶人所需的全部制动力。

1. 电子控制制动系统工作原理

新能源汽车采用电子控制制动系统，已经停止使用常规型制动助力器。在混合动力电动汽车和部分纯电动汽车中电子控制制动系统由制动输入、电源和液压控制部分组成。正常制动期间，制动主缸分总成产生的液压并不直接驱动轮缸，而是用作液压信号。实际控制压力是通过调节制动执行器总成的液压获得的。调节后的液压驱动轮缸，如图 6-1-7 所示。

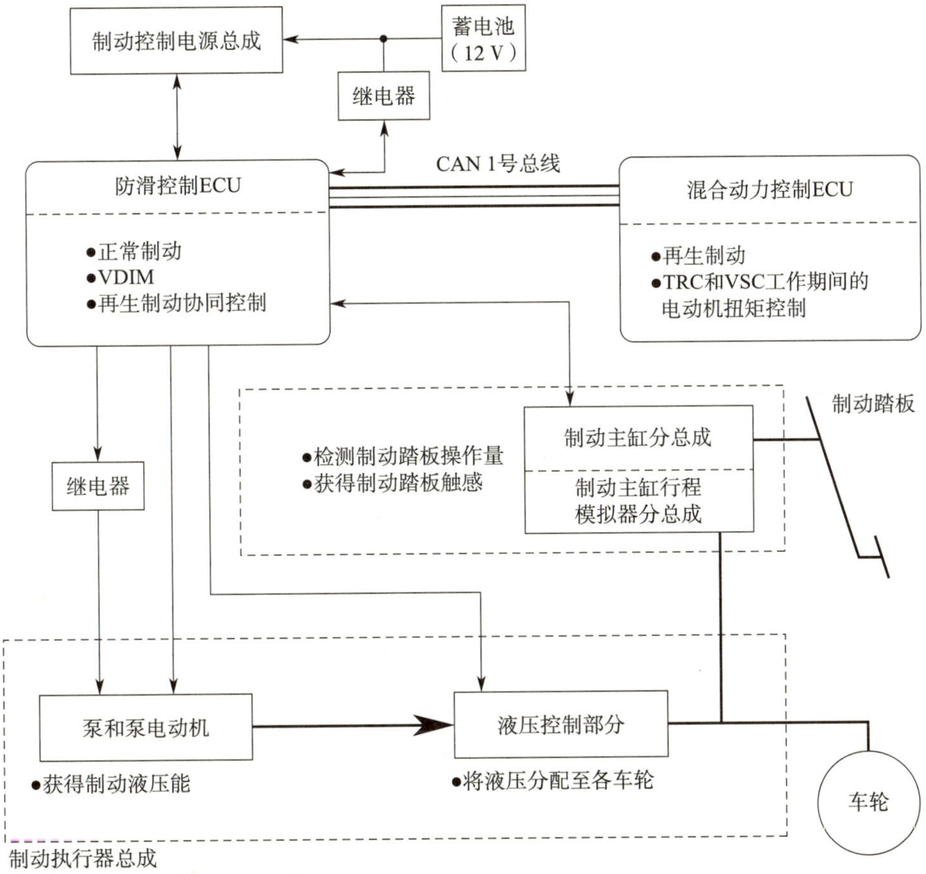

图 6-1-7　典型新能源汽车制动系统工作原理

2. 再生制动

再生制动系统是一种高效、节能的制动系统，它通过将汽车在制动时产生的动能转换为电能，存储在电池中，以便在需要时再次使用。这种制动系统通常用于混合动力电动汽车和纯电动汽车中，它们通过电动机将电能转换为动能，从而驱动汽车。

在再生制动系统中，当车辆行驶时，通常使用电动机进行牵引，将电能转换为动能。

当驾驶人需要制动时，电动机会变成发电机，将动能转换为电能，并将其存储在电池中，这样制动时产生的能量不会被浪费，而是用于充电电池，从而增加了车辆的续航里程。以丰田普锐斯为例，再生制动由作为发电机的 MG2 产生的旋转阻力构成，发电机转子旋转发电产生的阻力与车轮旋转方向相反，迫使车轮减速，产生的电流强度（蓄电池充电电流强度）越大，阻力就会越大。驱动轮的旋转运动驱动 MG2，使其作为发电机运转，如图 6-1-8 所示。

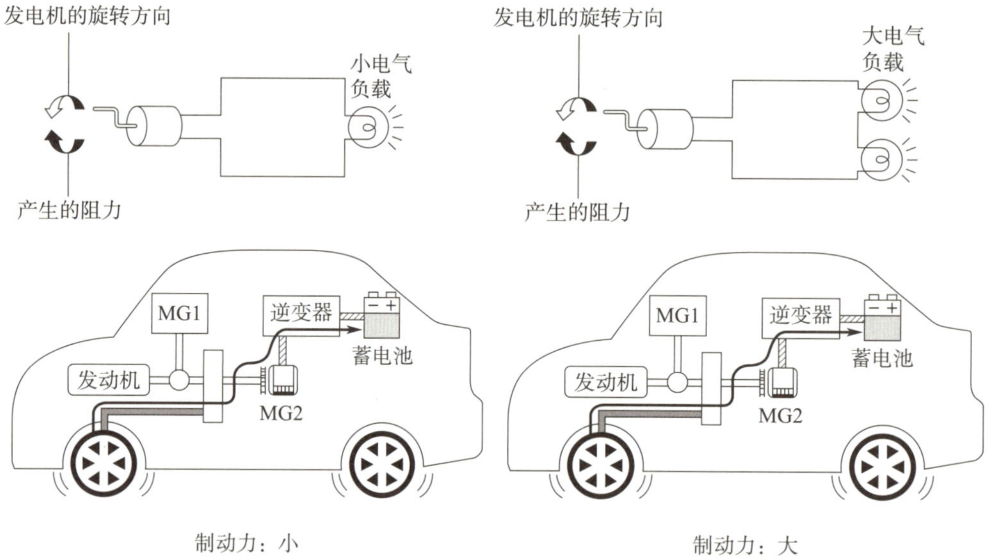

图 6-1-8　再生制动

3. 智能集成制动系统（Integrated Power Brake，IPB）

IPB 技术是以电动机作为驱动单元的制动系统，替代了传统燃油车和大多数新能源车使用的由真空泵、储气罐、制动总泵构成的带有助力的制动系统，如图 6-1-9 所示。IPB 制动系统还接收车辆偏航率等传感器信号，将车身电子稳定装置也集成进系统。对比传统真空助力的制动系统，IPB 制动系统的质量更小，占用的空间也更少。

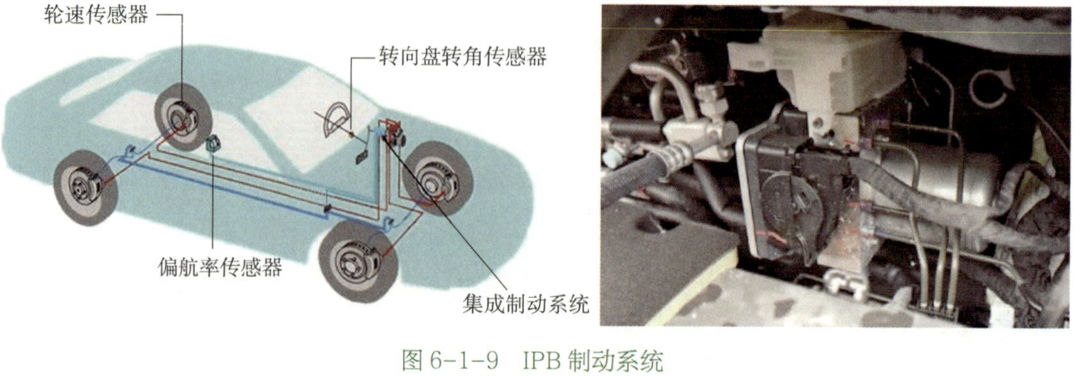

图 6-1-9　IPB 制动系统

驾驶人踩下制动踏板，或者是驾驶辅助系统主动发出制动信号，IPB 制动系统会将制动信号传到 ECU 控制器，进而对制动需求进行计算。IPB 系统采用伺服电动机驱动活塞泵来快速建压，可在短时间内建立最大制动力，以实现快速停车、躲避危险的目标。

IPB 制动系统通过行星轮和滚珠丝杠配合，把无刷电动机的旋转运动转化成线性运动，从而推动活塞，建立压力，通过压力传感器和电动机角度传感器实现闭环控制，并且通过轮缸增压阀和泄压控制来实现不同的制动防抱死等功能。

因此，IPB 制动系统能给整车带来多功能的配置方案，如 ABS、EBD 等基础功能，也可以实现陡坡缓降、自动驻车等辅助制动功能，与主动安全功能相关的主动制动功能和自适应巡航功能都能通过它来实现。

五、制动系统的拆装与检修

1. 准备工作

（1）做好车辆安全防护与隔离。

（2）准备常用工具套装、专用拆装工具、专用量具、内饰板拆装工具等。

2. 制动衬块的拆装与检修

以丰田普锐斯车型为例，制动衬块的拆装与检修步骤见表 6-1-1。

表 6-1-1　制动衬块的拆装与检修步骤

步骤名称	操作步骤	图示
前期准备	检查车辆设备完好情况	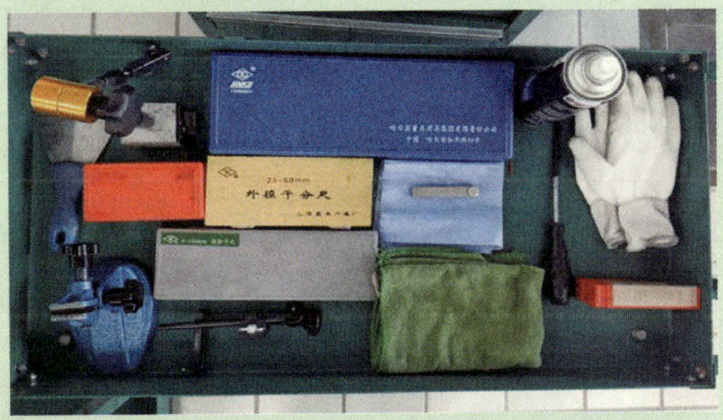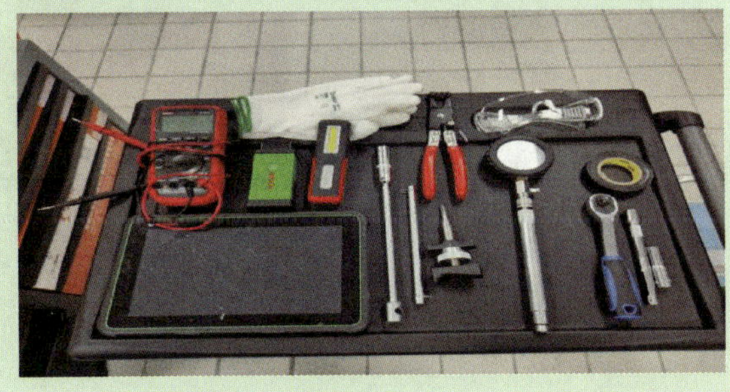

续表

步骤名称	操作步骤	图示
前期准备	安装翼子板布、转向盘保护套、前排座椅保护套等车辆防护用品	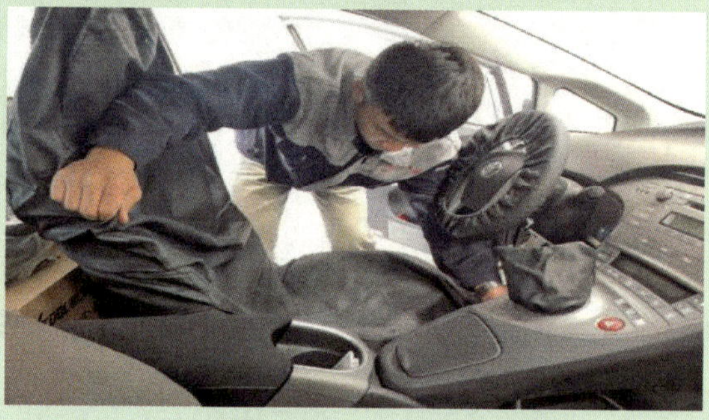 
安装附件	安装举升机支承垫块	
拆卸轮胎	拧松轮胎螺栓 注意：车辆可以举升，但不要将轮胎离开地面，方便拆卸；安装轮胎时要按规定力矩分次按对角顺序拧紧	

续表

步骤名称	操作步骤	图示
拆卸轮胎	举起车辆，取下轮胎螺栓 注意：检查轮胎使用情况，并对轮胎进行保养	
拆卸制动分泵	拆卸制动分泵固定螺栓	
	将制动分泵取下并悬挂在车身边上 注意：制动分泵若漏油或分泵活塞卡死都应更换	
	取下摩擦片，不要与油污接触 注意：摩擦片的成分为有毒物质，经常吸入其尘屑会有害健康，因此应避免吸入其尘屑	

续表

步骤名称	操作步骤	图示
拆卸制动分泵	清洁摩擦片，除去锈蚀，并检查其是否有沟槽或裂纹 注意：切勿使用吸气软管或毛刷清理制动器总成，必须使用真空清洁吸尘器	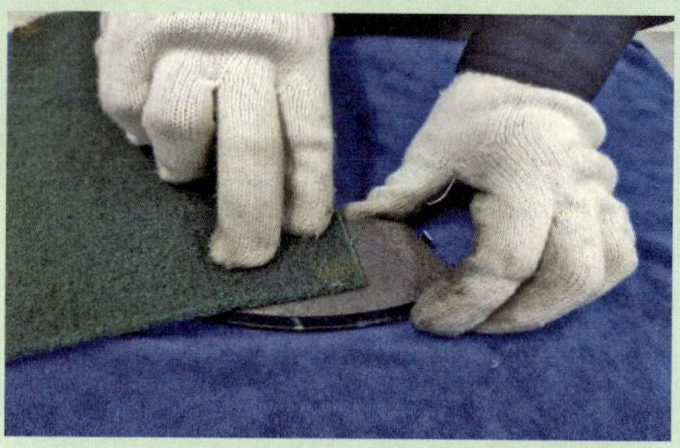
测量摩擦片	检查游标卡尺并校零，检查摩擦片磨损情况 注意：摩擦片磨损极限值为 2 mm，超出极限需要更换；摩擦片的标准厚度为 18～18.5 mm，维修极限为 8.5 mm，超出极限则需要更换，且必须同时更换左右车轮	 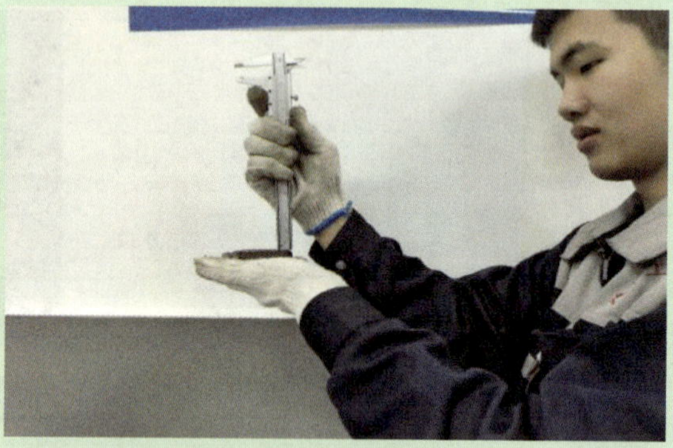
测量制动盘	每次测量时，千分尺与制动盘外缘的距离相等，约 13 mm（使用游标卡尺或直尺标记）	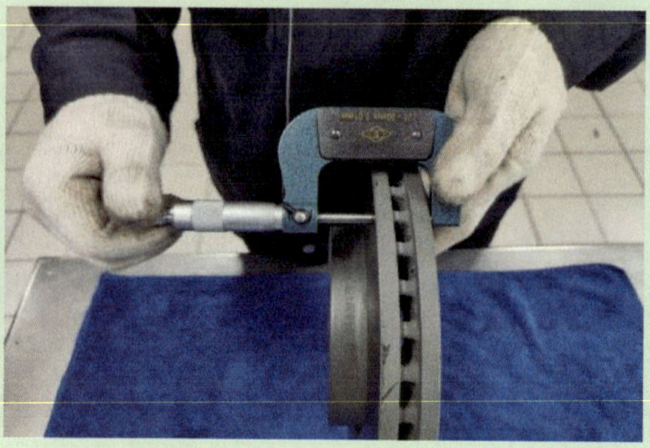

续表

步骤名称	操作步骤	图示
测量制动盘	对准拆卸前所做的装配标记，将制动盘安装到轮毂上	

更换新的摩擦片以倒序进行，按规定力矩装配以确保各插接件安装到位，无松动。摩擦片刚换上时，可能需要较大的踏板行程，踩踏几次制动踏板可恢复正常的踏板行程；安装结束后，检查制动软管及管路接口是否有泄漏，必要时重新紧固。

3. 制动软管的拆装与检查

制动软管的拆装与检查步骤见表 6-1-2。

表 6-1-2 制动软管的拆装与检查步骤

步骤名称	操作步骤	图示
前期准备	将工位卫生清理干净，准备好所需要的工具，检查车辆设备完好情况 注意：培养良好的工作习惯，做好事前准备，有利于安全操作和提高工作效率	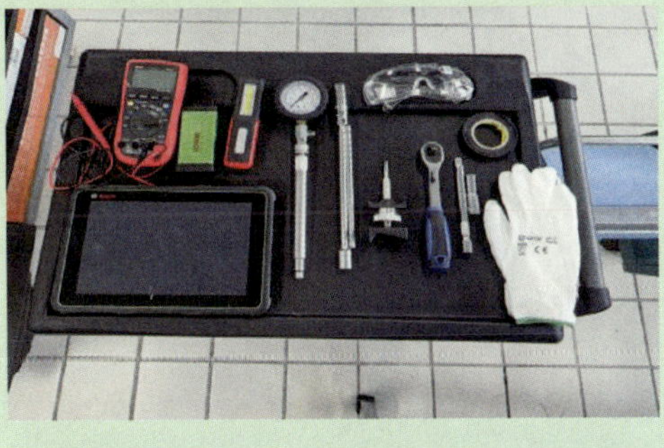 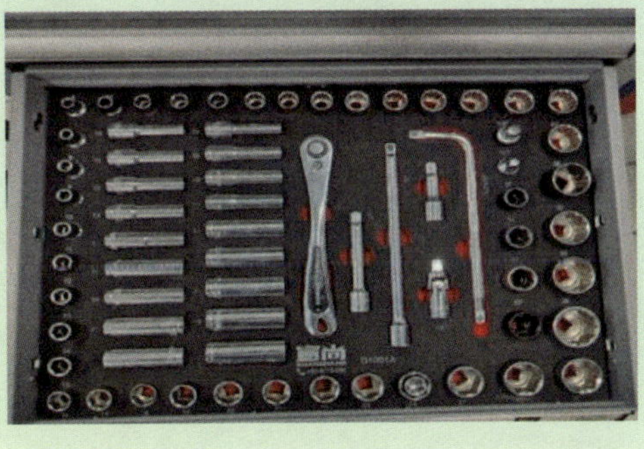

续表

步骤名称	操作步骤	图示
前期准备	安装翼子板布、转向盘保护套、前排座椅保护套等车辆防护用品 注意：翼子板布内侧面有固定磁铁或挂钩，用于固定，且翼子板布要护在有效位置；维修人员进入车内要将随身钥匙等坚硬的物品取下来，以防划伤坐垫	
安装附件	安装举升机支承垫块 注意：支承垫块应垫在举升机和车辆相应位置	
拆卸轮胎	拧松轮胎螺栓	
	举起车辆，取下轮胎螺栓	

续表

步骤名称	操作步骤	图示
检查底盘制动系统	检查制动主缸是否损坏或有无漏油	
	检查制动软管是否损坏或有无漏油，尤其是管路接头与制动器连接端扁接头、软管和管路，还要检查制动软管是否扭曲或损坏	
	检查制动钳是否损坏或有无漏油，尤其是活塞密封圈、制动软管扁接头、排气阀螺钉	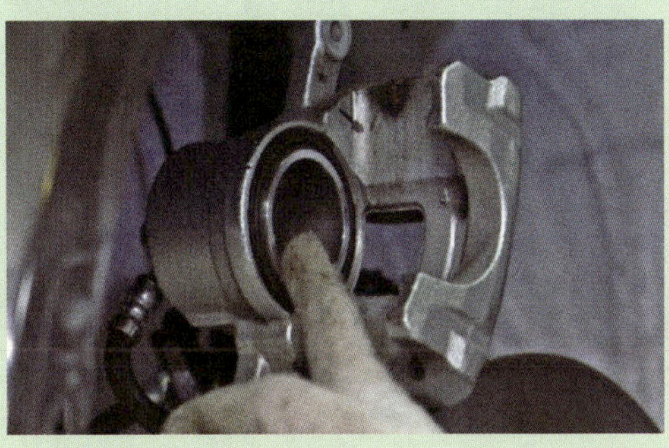
	检查 ABS 控制单元是否损坏或有无漏油，尤其是管路接头、液压单元阀体 检查 ABS 控制单元连接线路是否腐蚀	

续表

步骤名称	操作步骤	图示
检查底盘制动系统	检查真空泵是否损坏或有无进气现象 检查真空管路及其接头密封性 检查真空单向阀、真空泵是否工作正常	
拆卸并更换制动分泵连接软管	以规定力矩拆卸并更换制动分泵连接软管螺栓	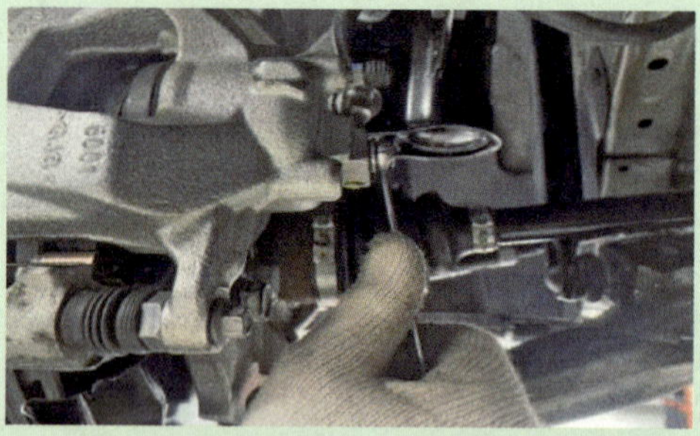

	取下制动分泵连接软管	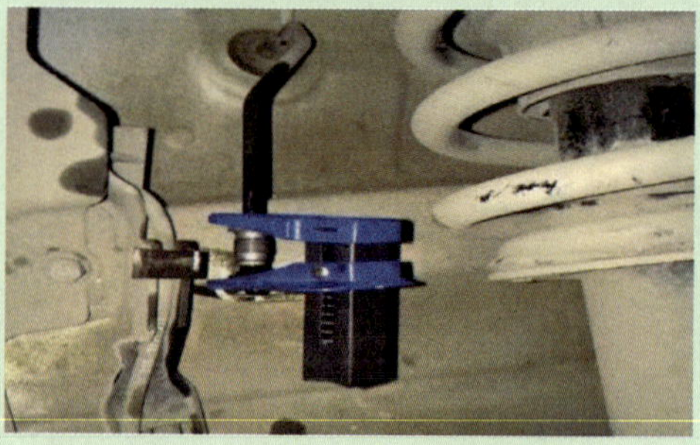

续表

<table>
<tr><th>步骤名称</th><th>操作步骤</th><th>图示</th></tr>
<tr><td>拆卸并更换制动分泵连接软管</td><td>检查制动分泵连接软管，注意生产日期、软管接头螺纹等</td><td>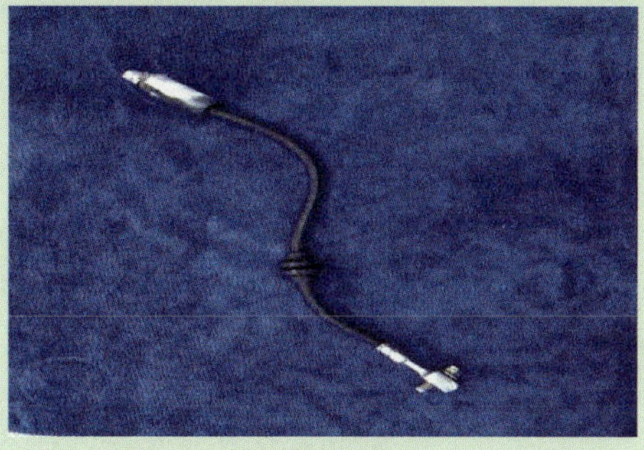</td></tr>
<tr><td>维修更换</td><td colspan="2">更换新的制动分泵连接软管以倒序进行，按规定力矩装配以确保各插接件安装到位，无松动</td></tr>
<tr><td rowspan="2">制动系统排气</td><td>确认储液罐中制动液液位处于最大液位标志处（“MAX”上液位）</td><td>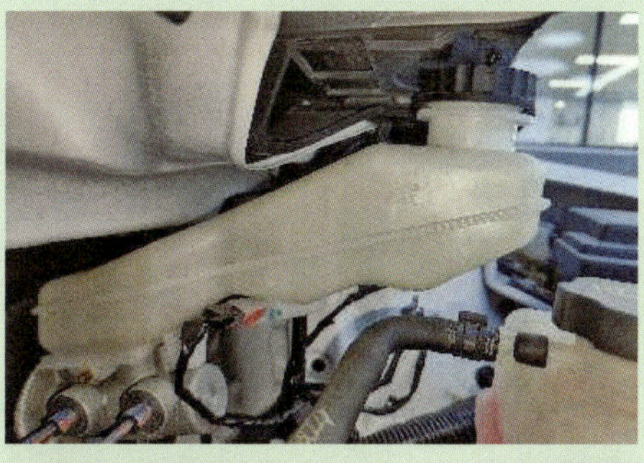
</td></tr>
<tr><td>将一段干净的排放管接到排放螺栓上</td><td></td></tr>
</table>

续表

步骤名称	操作步骤	图示
制动系统排气	缓慢踩下制动踏板几次，然后施加持续不变的压力	 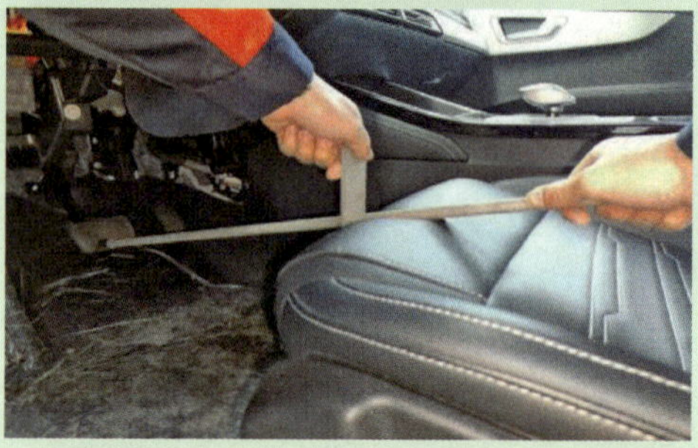
	从左后方开始，松开制动器排气螺栓，让空气从系统中释放出来，然后牢固地拧紧排气螺栓 **注意：排出的制动液不可再用**	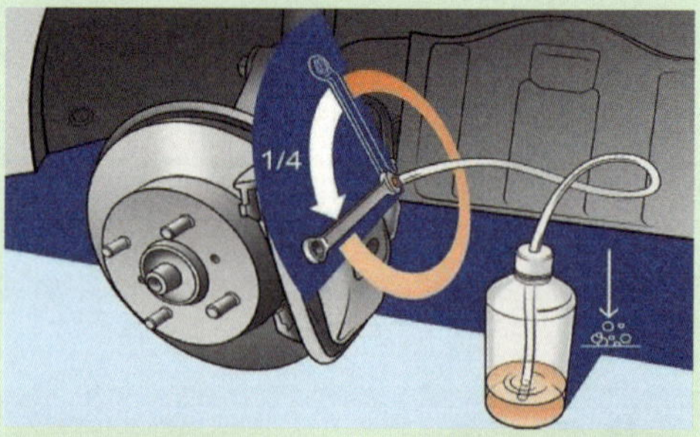 
	按右图所示顺序，依次对每个车轮进行上述操作，直到排放管中排放出的制动液无气泡为止	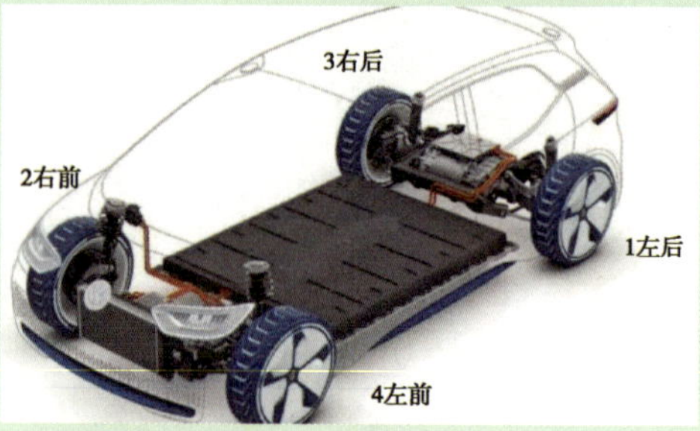

思考与练习

1. 简述制动系统的作用。
2. 简述制动系统的类型。
3. 简述制动系统的基本组成。
4. 简述再生制动系统的组成。
5. 简述 IPS 制动系统的工作原理。

课题二 | 电子驻车制动系统的检修

学习目标

1. 掌握电子驻车制动系统的定义。
2. 掌握电子驻车制动系统的分类。
3. 掌握电子驻车制动系统的工作原理。
4. 能够进行电子驻车制动系统的故障检修。

任务描述

某新能源汽车仪表提示“请检查 ESP 系统”，该故障出现已经有几天时间，但车辆重启后仍可以正常行驶，应如何对 ESP 系统进行检修？

任务分析

该新能源汽车配备了电子驻车制动系统，电子驻车制动系统中的电动机组件被集成在左右后轮制动卡钳上，电子控制单元（ECU）和电动机组件直接通过电气线束进行连接，当按下电子制动器按钮时，电子控制单元会控制集成在卡钳当中的电动机来带动卡钳活塞，从而与制动盘产生摩擦，达到制动效果。

相关理论

一、电子驻车制动系统的概述

电子驻车制动系统（Electrical Park Brake，EPB）是指将行车过程中的临时性制动和停车后的长时性制动功能整合在一起，并且由电子控制方式实现停车制动的技术。EPB 系统去掉了普通机械式驻车制动系统的手柄或踏板等机械装置，通过一个 EPB 开关对驻车制动器进行控制，该系统不仅实现了驻车制动的电子化控制，同时 EPB 控制单元通过数据总线与 ESP 系统连接，可以实现车辆的自动驻车功能和动态的应急制动。

1. 电子驻车制动系统的分类

电子驻车制动系统有两种形式，一种是通过驻车制动执行电动机驱动制动拉索使驻车制动系统工作的拉索式电子驻车制动系统，如图 6-2-1 所示；另一种是将驻车制动执行电动机安装于后轮两侧的制动卡钳上，由驻车制动执行电动机控制制动卡钳活塞的卡钳集成式电子驻车制动系统，如图 6-2-2 所示。

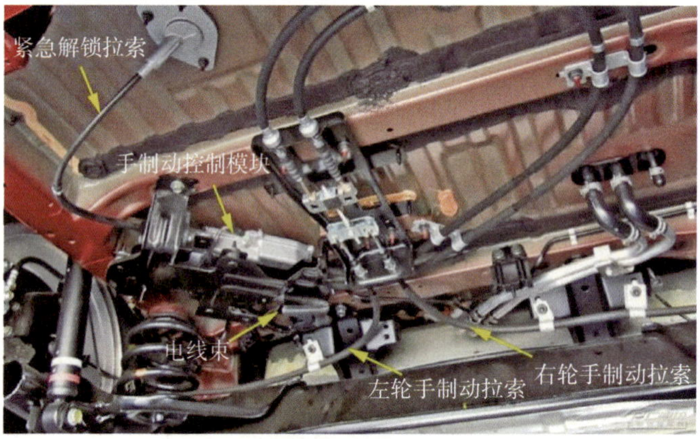

图 6-2-1　拉索式电子驻车制动系统

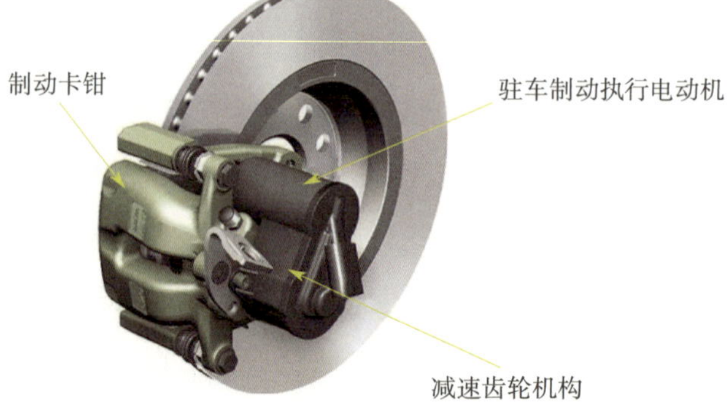

图 6-2-2　卡钳集成式电子驻车制动系统

2. 电子驻车制动系统的工作原理

电子驻车制动系统用电子按钮、电动机组件替代了传统的驻车制动手柄、机械杠杆和拉线等控制件，电动机组件被集成到了左右后轮制动卡钳上，电子控制单元（ECU）和电动机组件直接通过电气线束进行连接。驻车时，当驾驶人按下电子驻车制动系统电子按钮后，电子控制单元将控制集成在左右后轮制动卡钳中的电动机动作，并带动制动卡钳活塞移动产生机械夹紧力完成驻车。

二、电子驻车制动系统的功能

1. 静态驻车制动

驻车时，按下 EPB 开关，EPB 系统制动锁止车辆。释放驻车制动时，点火开关处于 ON 位置（发动机工作或熄火均可），踩下制动踏板，拉起 EPB 开关，EPB 系统解除制动锁止。如果车辆的发动机舱盖、行李舱盖以及车门都是关闭状态，变速器杆从 P 挡移到 R 挡或 D 挡时，EPB 系统也会自动释放。

2. 动态应急制动

车辆在行驶过程中，驾驶人按下 EPB 开关，EPB 控制单元收到信号后通过数据总线要求 ESP 系统控制行车制动，如果行车制动系统或是 ESP 系统故障，由 EPB 控制单元直接控制驻车制动系统工作（仅限于后轮）来应对这种紧急情况。

3. 制动力自动保持功能

制动力自动保持功能主要是为了应对车辆由于路面交通信号在 D 挡停止时，对车轮进行液压制动的控制，同时也是为了保证车辆在上坡起步时车辆不会后移。当制动力自动保持功能被激活时，车辆在遇到路面交通信号灯停止后，即使驾驶人不踩制动踏板，车辆也会因 ESP 控制单元的控制而制动，同时制动灯继电器被闭合，制动灯点亮。在制动力自动保持期间，如果踩下加速踏板，制动控制会释放，车辆就可以行驶。

4. 制动间隙自动调整

对于安装鼓式制动器的电子驻车制动系统，当制动蹄因磨损而导致制动间隙过大时，EPB 控制单元在每次执行驻车制动操作时会通过执行电动机内的拉力传感器感知这一变化，然后执行电动机就会适时收紧制动拉线，从而自动调整间隙。对于安装盘式制动器的电子驻车制动系统则是通过每次执行驻车制动操作时，执行电动机内的霍尔传感器测量到的执行电动机旋转的圈数来感知制动间隙的改变，然后利用电动机齿轮箱的工作推动螺杆来自动调整间隙。

5. 应急释放功能

当 EPB 系统出现机械故障或是因为电压不足导致系统不能释放制动器时，可以使用车辆上配备的专用工具，插入到执行电动机上预留的应急释放孔内，通过放置或拉动的方式松开制动蹄片或制动卡钳，以解除后轮的驻车制动功能。

6. 系统自诊断

EPB 控制单元通过数据总线与其他控制单元实现数据交换，可以使用故障诊断仪对 EPB 系统进行自诊断、数据流的读取及系统的一些功能设置。

三、电子驻车制动系统的工作电路

电子驻车制动系统工作电路由 EPB ECU、左 EPB 电动机、右 EPB 电动机及相关控制线路和通信线路等组成，如图 6-2-3 所示。

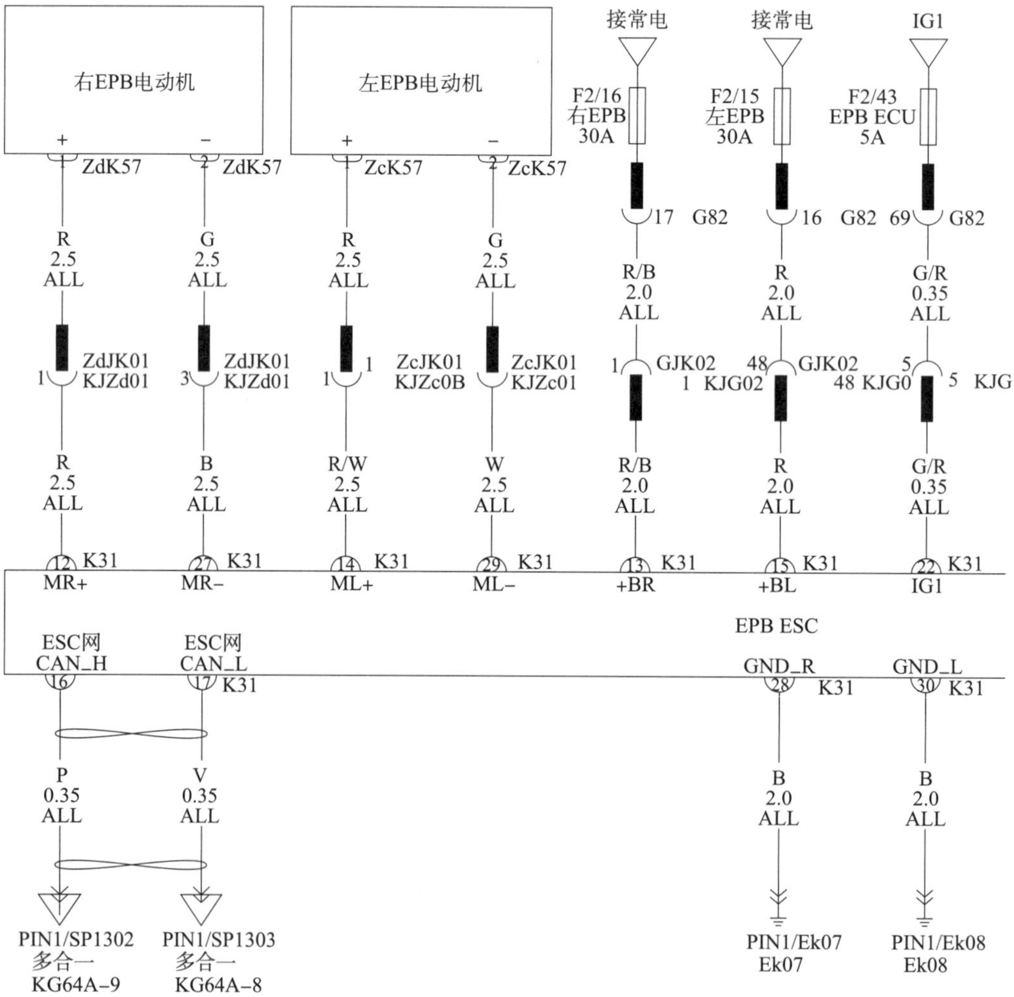

图 6-2-3　电子驻车制动系统的工作电路

四、电子驻车制动系统的检修

1. 准备工作

（1）做好车辆安全防护与隔离。

（2）准备常用工具套装、绝缘工具套装、数字万用表、内饰板拆装工具等。

（3）关闭电源开关。

2. 电子驻车制动系统的检修

以比亚迪秦车型为例，电子驻车制动系统的检修见表 6-2-1。

表 6-2-1　　电子驻车制动系统的检修步骤

步骤名称	操作步骤	图示
测量线束端电压	断开 K31 连接器	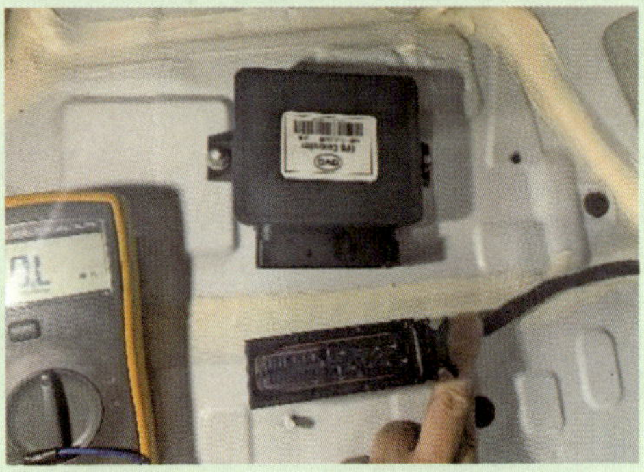
	测量 K31/13 与车身的电压，标准值应为 11～14 V	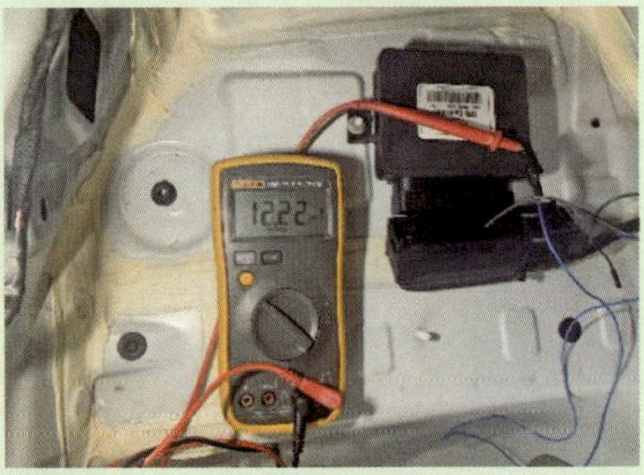
	测量 K31/15 与车身的电压，标准值应为 11～14 V	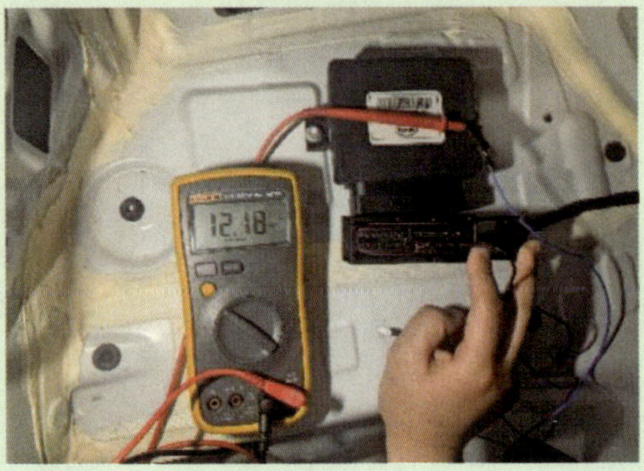

续表

步骤名称	操作步骤	图示
测量线束端电压	测量 K31/22 与车身的电压，标准值应为 11～14 V	
	测量 K31/28 与车身的电阻，标准值应小于 1 Ω	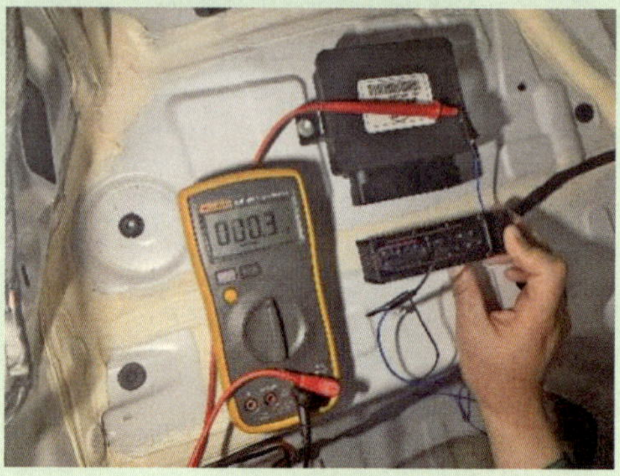
	测量 K31/30 与车身的电阻，标准值应小于 1 Ω	
检查电动机电阻	断开电动机连接器	

续表

步骤名称	操作步骤	图示
检查电动机电阻	用数字万用表测量电动机端子电阻 zdk57/1-zdk57/2，标准值应为 0.1～0.8 Ω 用数字万用表测量电动机端子电阻 zck57/1-zck57/2，标准值应为 0.1～0.8 Ω	
检查电动机与 ECU 连接线束	测量 zdk57/1 和 zdk57/2 分别与 ECU 连接线束之间的电阻，标准值应小于 1 Ω 测量 zck57/1 和 zck57/2 分别与 ECU 连接线束之间的电阻，标准值应小于 1 Ω	 
检查 EPB ECU	连接好所有插接件	

续表

步骤名称	操作步骤	图示
检查 EPB ECU	启动并释放 EPB 系统	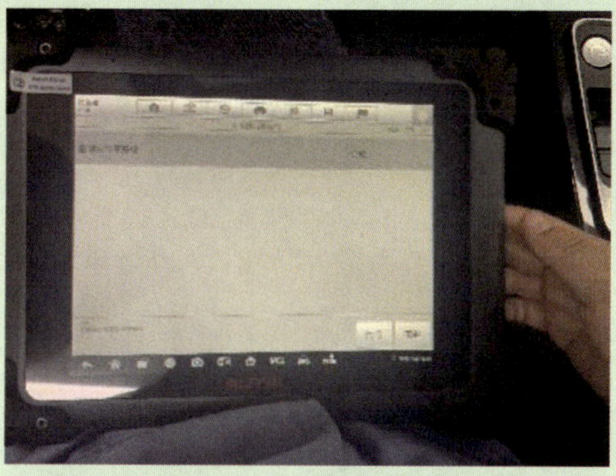
	读取故障码，如故障码再次出现，则更换 EPB	

思考与练习

1. 电子驻车制动系统有哪几种类型？
2. 简述电子驻车制动系统的工作原理。
3. 电子驻车制动系统能实现哪些功能？

技能实训 6　电子驻车制动系统的检修

技能实训		日期		成绩	
学生姓名		学号		班级	

一、实训目标

1. 能明确电子驻车制动系统的定义和分类。
2. 能明确电子驻车制动系统的工作原理。
3. 能够进行电子驻车制动系统的故障检修。

二、实训器材

查阅相关资料，写出下列实训器材的名称及用途。

外形	名称	用途

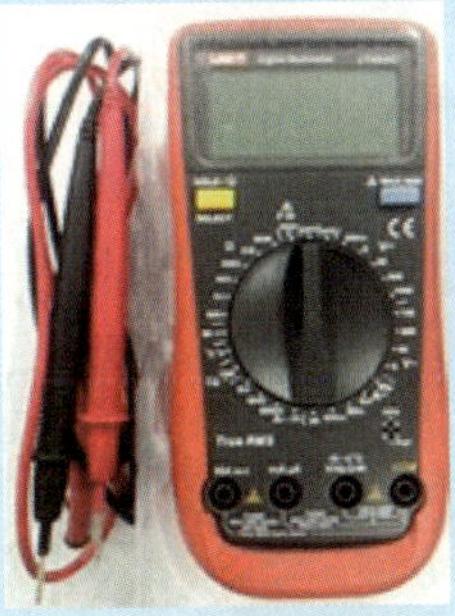		

续表

外形	名称	用途
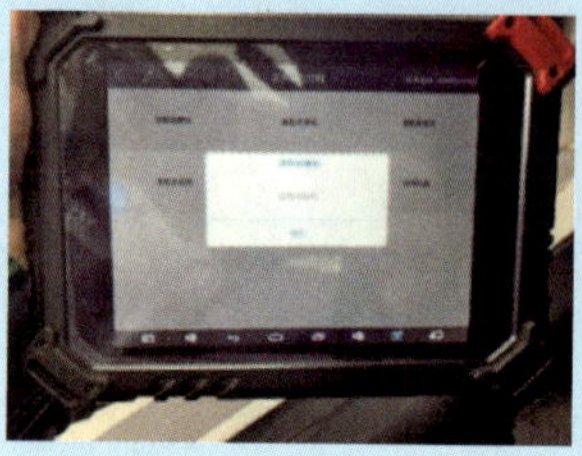		

三、实训内容及步骤

1. 作业前准备

准备作业工具及设备，检查工作场地和设备设施是否清洁，是否存在安全隐患，如不正常请汇报给实训教师。

检查项目	检查内容
安全防护用品	
作业工具	
实训设备设施	
辅助资料	
举升机	
高压空气	

2. 编写电子驻车制动系统的检修流程

编写电子驻车制动系统的检修流程，填写下表。

序号	检修流程

续表

序号	检修流程

3. 小组分工

分工	组员	分工	组员
操作员		记录员	
监护员		展示员	

4. 安全注意事项

查阅相关资料，填写下表。

序号	注意事项

5. 电子驻车制动系统的检修步骤

通过相关知识的学习，填写下表。

序号	图示	操作步骤
1	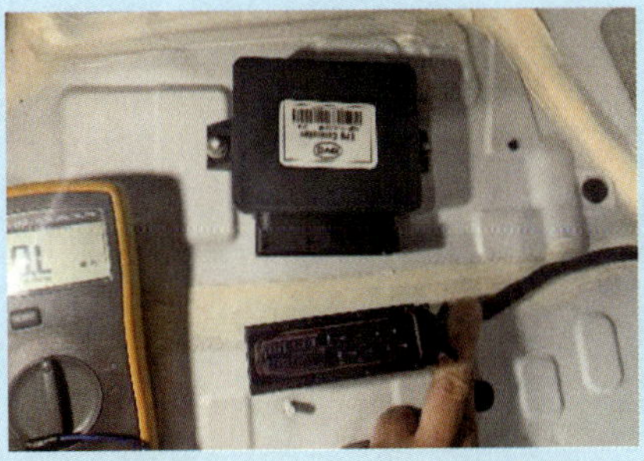	

续表

序号	图示	操作步骤
2	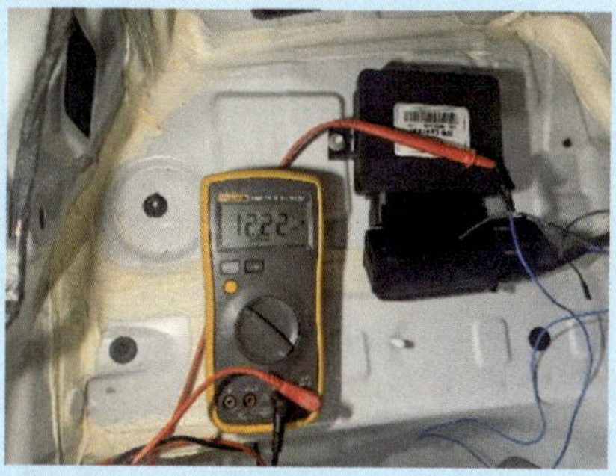	
3	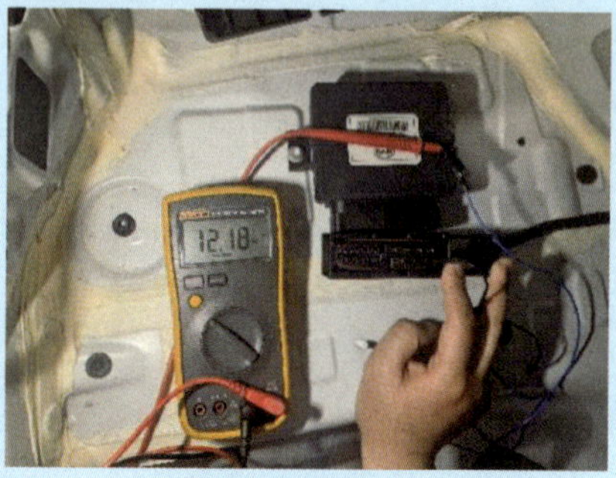	
4		
5	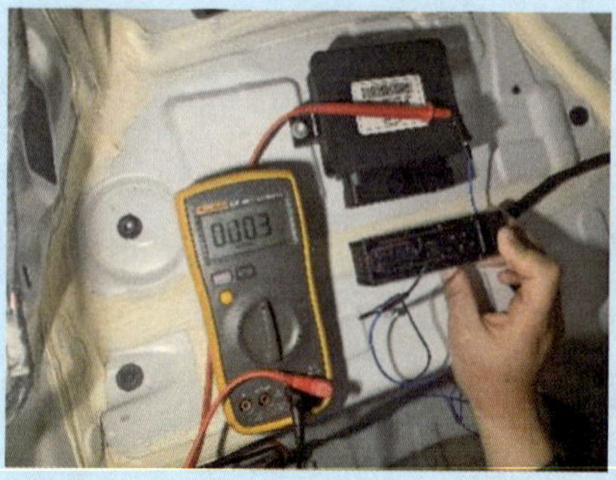	

续表

序号	图示	操作步骤
6		
7		
8		
9		

续表

序号	图示	操作步骤
9		
10	 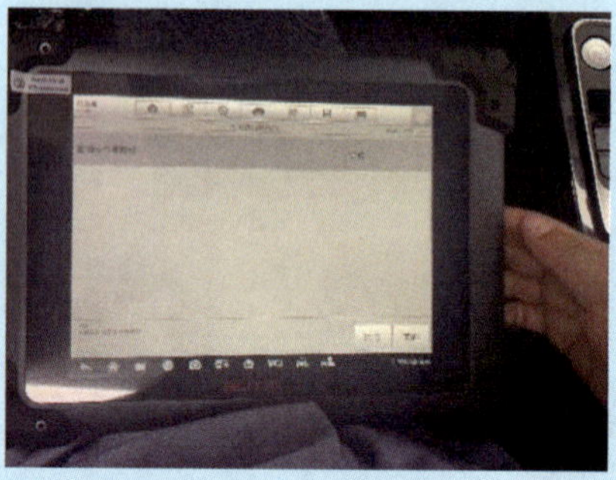	
11		

四、检验与评估

1. 小组互评

小组选派代表进行实训操作展示，其余小组根据展示和阐述进行评价，并记录评价结果。

序号	评价标准	评价结果
1	任务目标制定是否合理	
2	任务过程表述是否清晰	
3	任务结果是否符合实际情况	
4	任务计划是否切实、有效执行	
5	任务体会是否深刻	
综合评价		

2. 组内互评

每个成员对组员的表现进行打分，并填写下表。

组长：________　　组号：________

序号	1	2	3	4	5	6
姓名						
分工						
评价						

注：评价采用 5 分制。

3. 自我反思和评价

根据个人在课堂上的实际表现，填写下表。

自我反思	
自我评价	

五、实训考核

对各小组技能实训情况进行考核，并完成下表。

项目	评分标准	分值	得分
工作任务接收	能正确接收并理解工作任务及要求	10	
资料收集	熟知电子驻车制动系统的定义、分类、工作原理和检修方法	10	
计划制订	能按规范作业要求，制订完成任务的计划，写出电子驻车制动系统的检修步骤	15	
计划实施	测量线束端电压	20	
	检查电动机电阻、电动机与 ECU 连接线束	20	
	检查 EPB ECU	5	
质量检查	任务完成良好，操作过程规范	10	
评价反馈	能根据自身及组员表现进行客观评价	5	
	能在任务实施过程中发现自身及组员的问题	5	
合计		100	